[◎ 何婧 著]

A Comparative Study on
Small and Medium-sized Banks
between China and US

中美中小银行
比较研究

金融博士论丛·第十六辑

中国金融出版社

责任编辑：张　超
责任校对：张志文
责任印制：陈晓川

图书在版编目（CIP）数据

中美中小银行比较研究（Zhongmei Zhongxiao Yinhang Bijiao Yanjiu）／何
婧著．—北京：中国金融出版社，2013.11
（金融博士论丛．第 16 辑）
ISBN 978 - 7 - 5049 - 7188 - 3

Ⅰ．①中…　Ⅱ．①何…　Ⅲ．①银行发展—对比研究—中国、美国
Ⅳ．①F832②F837.12

中国版本图书馆 CIP 数据核字（2013）第 253011 号

出版
发行　**中国金融出版社**

社址　北京市丰台区益泽路 2 号
市场开发部　　（010)63266347，63805472，63439533（传真）
网 上 书 店　http：//www.chinafph.com
　　　　　　　（010)63286832，63365686（传真）
读者服务部　（010)66070833，62568380
邮编　100071
经销　新华书店
印刷　保利达印务有限公司
尺寸　169 毫米 ×239 毫米
印张　15
字数　265 千
版次　2013 年 11 月第 1 版
印次　2013 年 11 月第 1 次印刷
定价　36.00 元
ISBN 978 - 7 - 5049 - 7188 - 3/F.6748
如出现印装错误本社负责调换　联系电话(010)63263947
编辑部邮箱：jiaocaiyibu@126.com

序　言

　　银行是金融体系的核心主体，通过调剂金融资源的余缺引导着实物资源的配置，为经济发展提供重要的支撑。我国银行体系已经形成了多元化银行机构共存的市场格局，既有国有大型商业银行和全国性的股份制银行这种全国性经营的大型银行，也有地方性经营的城市商业银行、农村商业银行、农村合作银行、村镇银行和农村信用社等中小银行业机构（简称中小银行）。中小银行作为我国银行体系的重要组成部分，数量上在我国银行机构中占多数，但市场份额却较小，往往不如大型银行那样受人关注。事实上，与全国性或跨区域经营的大型银行在全国范围内配置资源不同，中小银行以服务地方经济为主，对于解决区域经济发展不平衡问题起到了积极作用。近年来，中小银行的发展问题得到了越来越多的重视。在中国二元经济结构的背景下，发展中小银行有利于区域经济平衡发展，能更好地满足中小企业的融资需求和新农村建设需要，对于改变二元经济结构有着重要意义。

　　有关中小银行的众多研究常常以美国为例，研究美国社区银行的发展经验作为借鉴。美国银行体系以中小银行为绝对主体，中小银行的数量曾多达几万家。之后随着银行体制改革和银行兼并浪潮，中小银行数量持续下降到目前的五六千家，但始终占到了美国银行数量的90%以上。长期来看，美国中小银行整体经营比较稳健，在服务地方经济和减少地区差异方面发挥了重要作用。以社区银行为代表的美国中小银行在业务特点、贷款技术、组织结构等方面与大型银行形成了典型区别，通过差异化竞争赢得了自身的可持续发展。既有研究文献将社区银行的发展经验主要总结为其在关系型贷款上的比较优势，与中小企业和农户等当地客户建立了长期稳定的业务关系。美国中小银行主要服务于当地中小企业和农户的发展模式对我国中小银行的发展具有重要的借鉴价值。然而，中美两国毕竟国情不同，银行体制、中小银行的发展路径和机构特征等诸多方面都存在典型区别。只有通过系统的比较，探寻两国中小银行发展的共性与差异，在认识到各自特殊性的基础上总结一般规律，才能更好地借鉴美国中小银行的发展经验。本书正是以比较研究的范式，就中美中小银行的发展历程、现状和可持续发展影响因素等进行了系统的研究，在借鉴美国中小银行发展经验的基础上，结合中国的现实状况，提出促进中国中小银行可持续发展的对策建议。

　　本书是何婧博士在其博士学位论文《中美中小银行比较研究》的基础上修改而成。作者对中小银行的研究始于参加本人主持的国家社会科学基金重点项目《我国地方中小金融机构发展研究》，研究内容涉及二元经济结构条件下中国地方中小金融机构的功能与发展，需要对发达国家和发展中国家的中小银行业机构进行比较研究。由于研究涉及中美中小银行发展的诸多方面，并不容易驾驭，比较之时既要注重系统全面，又不能简单的面面俱到缺乏深入讨论。作者根据研究需要，确定了系统的逻辑框架和清晰的比较要点。作者突出了在中国二元经济结构的背景下，为地方经济增长极和特色产业提供金融支撑是历史赋予中国中小银行的战略使命。中小银行应定位于在当地经营，服务于地方的中小企业和"三农"服务，为地方经济发展和二元经济结构的改变作出贡献。本书的研究视角是基于二元经济结构下发展中小银行的积极意义，探讨中小银行的可持续发展模式。作者认为中小银行可持续发展的理论依据在于其在关系型贷款领域具有比较优势，这一比较优势的形成和发挥需要一定的内部条件，也离不开外部环境的配合促进。作者将其概括为业务经营模式、公司治理模式、市场结构与竞争、宏观环境四个方面的内外部因素合力。因此，本书对中美中小银行的比较研究具体针对宏观环境、市场结构、经营模式和公司治理四个方面分别展开。

　　作者通过中美比较指出，中小银行的产生与发展基于特定的外部环境，受经济基础、制度约束、技术条件等宏观环境的综合影响；适度的市场竞争压力是中小银行形成比较优势的外部压力；经营模式和公司治理的协调配合是中小银行比较优势形成的内因，中小银行经营模式的选择以关系型贷款为核心，其产权结构、组织层次、激励和监督机制等公司治理因素则为关系型贷款形成支持。作者进一步对中美中小银行经营绩效的影响因素进行了实证检验，结果表明，宏观环境、市场结构、经营模式和公司治理四种因素对中小银行的经营绩效均存在显著影响。实证结果说明了这四种因素是中国中小银行可持续发展的充分条件。据此，提出了优化外部宏观环境、培育竞争型的银行市场结构、突出经营模式的特色定位、构建激励相容的公司治理结构等中小银行可持续发展的相关建议。

　　本书的研究角度新颖，从二元经济结构下中小银行的功能定位出发，围绕中小银行的可持续发展展开中美中小银行的比较，目的明确，思路清晰。基于中小银行的比较优势理论，本书从中小银行比较优势形成的内外部条件展开分析，要点突出，结构合理。作者采用了翔实的资料数据进行了系统的比较和充分的论证，并通过实证检验进一步证明了分析结论，逻辑比较严谨，政策建议具有说服力和针对性。

　　中小银行的发展研究具有重要的理论价值和现实意义。作者以自身的努力在此领域作出了积极有益的探索，期待作者今后在高等学校从事金融学教学的同时继续在这一领域深入研究，有更多更好的成果问世。

彭建刚

2013 年 10 月于长沙

目　录

1

绪论

1.1 选题背景及意义

从 20 世纪 90 年代开始，国际银行业兼并收购浪潮让航空母舰级的大银行越来越多，并且相对小银行更容易受到关注。推动银行并购的动机来源于银行对规模经济效应的追求，希望增强市场地位和优势，通过提高市场集中度增加抗风险能力。除此之外，与并购浪潮同步的还有国际大银行的全能化。业务多元化扩展的银行追求范围经济性，各大银行纷纷开始了多渠道、多品种的金融创新和投资，认为银行借此能分散风险和提高盈利能力。

但是，始于美国的次贷危机不仅给国际银行业带来了沉重的打击，也促使我们重新思考商业银行国际化、巨型化趋势和银行业混业经营模式的发展潮流。事实表明，商业银行混业经营的多元化发展模式不一定能让银行享有范围经济的好处，却可能在风险管控没有跟上的情况下带来巨大的隐患。规模的扩张和市场集中度的提高并不一定会增强抗风险能力，反而会在监管不力的情况下导致风险的聚集。大银行并不总是必然具备规模经济和范围经济优势，而且由于大型银行资产规模庞大，一旦其出现问题遭受重大损失时，银行系统的支付和流动性困难会通过金融市场网络产生"蝴蝶效应"，进一步放大并向全球扩散。由于金融系统是各国经济体系的命脉，各国政府在危机出现后纷纷救市，很容易陷入被大银行绑架的境地，出现所谓的大银行"大而不倒"（Too Big to Fail）。金融危机爆发时，大银行的"道德风险"问题也得以充分暴露。

值得注意的是，同样受金融危机波及的中小银行，虽也出现了一轮破产潮，但由于其资产规模相对较小，产生的负外部效应也相对较小。以美国为例，虽然有一定数量的中小银行在危机中破产退出，但并没有产生大的社会波动和成本，大部分中小银行依然健康地生存发展。尽管中小银行倒闭的绝对数量超过大银行，但这是建立在美国中小银行数量众多的基础上。从相对比例来看，资产规模 10 亿美元以下的银行中倒闭银行数量占比 4.1%，而资产规模 10 亿至 100 亿美元的银行倒闭数量占该类银行总数的比例为 10%，资产规模 100 亿美元以上的银行中倒闭银行占比则达到了 16.8%。[1]截至 2011 年底，美国联邦存款保险公司承保的中小银行仍有 5 776 家，占商业银行总数的 92% 左右。如此数量庞大的中小银行虽然资产规模和创造的利润与大型银行不具可比性，但却是美国金融市场上不可缺少的重要力量。中小银行在服务当地企业和个人客户、促进区域经济平衡发展方面发挥了关键的作用，在农村地区更是具有举足轻重的地位。在此次大的金融危机中，美国中小银行整体表现相对稳健，充分显示了中小银行的生命力。

近些年，中国银行业整体规模和实力大增，根据英国《银行家》杂志 2010 年银行排名，中国已有 84 家银行跻身全球银行前 1 000 名的榜单，高于一年前的 52 家。2011 年全球前 1 000 家银行排名显示，中国工商银行、中国建设银行和中国银行更位居全球十大银行之列。在银行规模不断扩张的同时，中小银行的发展问题在中国引起了越来越多的讨论和重视。中国在二元经济结构的背景下，迫切需要发展大量的中小银行，促进经济平衡发展。一方面，占企业总数 99% 的中小企业一直面临融资难的困境，大力发展中小银行有利于更好地满足中小企业的融资需求。另一方面，中国新农村建设需要地方中小银行提供特色的金融服务。美国中小银行数量众多，发展历史长，其发展历程对中国具有启示作用。借鉴美国中小银行业发展的成绩和教训，对中国中小银行业的存在和发展进行深入研究，具有重要的现实意义。通过中美中小银行发展的比较研究，可以为中国中小银行的发展模式和发展策略提供有战略价值的参考和启示。

关于中小银行的研究，从事中小银行比较优势的理论分析和实证研究较为多见。一些学者在分析中小银行比较优势形成机理时，强调中小银行在对中小企业的关系型贷款上具有比较优势。尤其是以美国的社区银行为研究对象的一些研究证明了中小银行能够发挥这一关系型贷款优势，从而与大银行形成了差异化竞争。然而中小银行与中小企业关系型贷款并不具有必然的联系。目前中国的现实情况是，中小银行发展较快且势头良好，但与大银行相比，定位并无明显差异，业务竞争雷同。虽然不少中小银行名义上宣传为中小企业和当地服务，但实际上仍是偏好大企业、追求"垒大户"，不大积极开拓小企业信贷市场，或是由于自身问题重重，心有余而力不足。即便同为中小银行，发展较快的城市商业银行与发展相对滞后的农村信用社之间经营绩效的差距却非常明显。总体而言，这意味着中小银行并不因其规模小而自动形成中小企业信贷的比较优势。这一比较优势的形成和发挥既要有内部条件，又要有适当的外部环境加以促进，并引入适度的市场竞争压力。所以，在进行中美中小银行比较研究时，本书将从金融环境、产业竞争和市场因素、银行内部因素等多方面进行系统的比较，探讨形成和发挥中小银行比较优势的各种条件，从而为中国中小银行打造核心竞争优势提供发展思路和建议。

1.2　中小银行的界定

　　银行规模的衡量标准一般包括资本总额、资产总额、员工人数、分支机构数量、经营地区和业务范围，等等。规模大小本是一个相对的概念。不同国家和地区、不同经济发展阶段对中小银行有不同的界定。美国联邦储备体系根据资产规模制定银行的划分标准。1999 年以前，美联储把资产总额小于或等于 3 亿美元的银行归为中小银行，资产规模大于 3 亿美元的银行归为大银行；自 1999 年起，将资产规模小于或等于 10 亿美元的银行归为中小银行（1 亿美元以下的银行属于小规模银行，1 亿美元以上 10 亿美元以下的银行属于中等规模银行），把资产规模大于 10 亿美元的银行归为大银行（Dymski，1999）[2]。这一划分标准也成为当前许多机构和学者采用的银行业划分标准。Gratton（2004）定义的小型银行同样是资产规模在 10 亿美元以下的银行；将大型银行定义为总资产排名在前 25 位的银行；中型银行则是指资产排名在 25 位之后且总资产超过 10 亿美元的银行，也叫地区银行（Regional Bank），主要集中在一个州经营。[3] Bankscope 数据库中设立的大银行检索键，用于检索全球的大银行，将大银行划分标准设定为最近一年总资产在 10 亿美元以上的银行。

　　总体上说，国外对中小银行的定义通常具有如下特征：一是规模较小。中小金融机构在资产和负债规模、从业人员规模等方面都相对较小。二是没有设立或只有少数分支机构。对于美国银行业市场而言，由于单一银行制度下产生了大量的只有单一或少数分支机构的中小银行，即便对分支机构的限制放开，中小银行因自身实力不雄厚，资金规模较小，管理能力有限，通常也不会依靠机构的扩张来发展业务，而是更多地专注大型金融机构无暇顾及的经营空间，以避免与大银行产生正面竞争。三是为特定的客户群体服务。中小银行一般选择特定的区域且为特定的客户服务。中小银行大多属于地方性银行，经营范围主要局限于本地区内，如美国的社区银行、印度的地区农业银行、韩国的地方银行等都是在一定区域内经营，主要为地方经济发展服务。

中国学术界对中小银行有不同的定义。一种定义是把四大国有商业银行以外的全国性或区域性股份制商业银行、城市商业银行、城市信用社和农村信用社（包括改革后形成的农村合作银行和农村商业银行）统称为中小银行或中小银行业机构。周立、戴志敏（2003）认为中小银行是指除工、农、中、建四大国有商业银行以外的全国性或区域性股份制商业银行、城市商业银行、农村商业银行、城市信用社、农村信用社以及农村合作银行。[4]程惠霞（2003）认为，发展中国家的银行规模界定有不同特点，以所有制和垄断力为主要特征。[5]中国国有商业银行之外的银行机构发展时间相对短，其资产和资本总量很小，业务和经营区域有限，基本都属于中小银行的范围；它包括全国性股份制商业银行、区域性股份制银行、城市商业银行、农村商业银行等。另一种观点则认为，股份制商业银行的银行业务迅速在全国范围内扩展并向全国性大银行的方向发展，中小银行更多的是指规模较小的、为区域经济发展提供资金支持的银行，它主要包括城市商业银行、农村商业银行、城市信用社、农村信用社等。如李炜（2000）探讨区域经济发展中的中小金融机构问题时指出，中小金融机构主要指城市合作银行、城市商业银行、农村信用社等。[6]林毅夫（2000）认为中小银行应是地方性的，只包括各地的城市商业银行、城市信用社和农村信用社。[7]赵平（2004）认为中国现阶段的中小银行机构主要指的是农村信用社、城市商业银行和城市信用社这三类银行机构。[8]彭建刚（2010）认为中小银行指不跨省（自治区、直辖市）经营的中小银行机构，包括城市商业银行、农村商业银行、农村合作银行等。[9]

中小银行的概念本身是相对的、动态的。本书不仅仅着眼于中美中小银行的直接对比，更关注中美银行业市场上中小银行相对于大银行的特征和表现。因此，本书对中小银行的定义是根据中美银行业发展的现实状况，从银行业机构的相对大小和相互关系来进行分析、研究和判断。根据研究需要，本书采用了美国联邦储备体系的划分标准，将美国中小银行界定为资产规模在10亿美元以下的商业银行①，以社区银行作为美国中小银行的典型代表。美国社区银行是指在一定地域的社区范围内按照市场化原则自主设立、独立运营，主要服务于社区中小企业和个人客户的中小银行，通常资产规模处于 10 亿美元以下②。在中国，国有大型商业银行长期以来占据行业的主导地位，从规模上看是行业的绝对主力。全国性的股份制商业银行经过近几年的发展，不仅资产规模和综合实力有了很大发展，与国有大型银行越来越接近，全国性经营的模式也与国有大型商业银行基本类似。虽然银监会的统计中将这些全国性的股份制商业银行归为中小银行之列，但以目前的现实和国际标准来看，中国十多家全国性股份制商业银行在规模、实力和经营模式等方面都与规模较小、地方性经营的城市商业银行、农村商业银行和农村信用社等存在明显的差异。从融资区域、融资功能和融资结构的角度，将股份制商业银行归为中小银行的划分显得不合时宜。因此，本书将国有大型银行和 12 家全国性经营的股份制商业银行划分为大型银行，本书所指的中小银行则主要包括城市商业银行、农村商业银行、农村合作银行、农村信用社以及近年来新出现的村镇银行等不跨省（市、自治区）经营的地方中小银行业机构。

需要说明的是，尽管中国中小银行业机构中有的银行的资产规模远远超过了美国联邦储备银行关于中小银行的资产划分标准，但如前所述，规模的绝对标准并不是划分银行类型的关键，根据银行业发展需要和相关研究的相对区分才是重点。另外，在中国，同被划分为中小银行的银行业机构之间的差异也非常明显。比如，一般地，城市商业银行与农村信用社、村镇银行之间的规模和实力相差巨大。有的城市商业银行资产质量好，经营绩效高，规模发展迅速，远远超过了美国大型银行的规模标准，但它们与全国性经营的国有大型银行仍然存在本质的区别，主要在当地经营，可以看做是中型银行的代表。虽然有个别城市商业银行在经营区域上有跨区域发展的势头，但绝大部分城市商业银行仍然是不跨省经营的地方性银行业机构；村镇银行、农村信用社则是县域经营的地方性小型银行的代表。由于各类型的银行业机构特征各异，本书在具体比

---

① 美国银行业机构包括商业银行（Commercial Banks）、储蓄机构（Savings Institutions）以及信用合作社（Credit Unions）。其中商业银行居主导地位，占银行业总资产的 80% 以上。由于储蓄机构根据规定必须将 65% 以上的资产用于住房相关方面，且企业贷款比例不得超过 10%，信用合作社则是合作制的非营利性机构，免税经营，因此本书讨论的美国中小银行只针对商业化运作的商业银行。

② 由于数据可得性的原因，本书中美国中小银行的相关数据来源于不同的渠道并基于不同口径。部分数据以社区银行的数据替代中小银行数据。有的社区银行数据，如美国独立社区协会（ICBA）统计的社区银行数据中包括个别资产规模高于 10 亿美元的大型社区银行，但只占极少比例，数据差别和对结论的影响可基本忽略不计。

较时也会适当突出重点，选择有代表性的类别进行分析。

1.3   文献综述

1.3.1   关于中小银行比较优势的研究

对中小银行的研究最有代表性的是针对中小企业融资问题提出的关系型贷款理论，以及中小银行在关系型贷款上具有比较优势的观点。美国20世纪70年代银行业大规模的并购浪潮引发了学术界对银行功能与作用的讨论，产生了金融中介理论，强调银行在企业融资中的作用，指出了银行在信息不对称情况下生产和处理借款者信息具有优势，可通过关系型贷款向信息不完备的借款者提供融资（Diamond，1984，1991；Ramakrishna & Thakor，1984）[10][11][12]。大量实证研究在比较不同规模银行机构的小企业贷款情况后，发现小银行比大银行更专注于小企业贷款，小银行的小企业贷款占银行全部企业贷款或总资产的比率明显高于大银行（Berger & Udell，1995）[13]。

Berger和Udell（1996）利用美国联邦储备银行对银行贷款条件的调查数据，考察了大银行和社区银行在小企业贷款行为上的差异，实证结果证明大银行对小型的"关系型借款人"提供相对较少的贷款，而如果是对通过审查借款人的财务比率来决定授信与否的借款人，贷款则并没有减少。[14]研究还发现社区银行的小企业贷款利率高于大银行，表明大银行通过交易型贷款技术发放的小企业贷款主要针对财务信息完整且相对安全的小企业。Hauswald和Marquez（2006）研究了银企间物理距离对信息传递的影响，证明了由于小银行一般比大银行更接近潜在客户，信息距离（Informational Distance）的降低可以减少生产借款人信息的成本，因此在开展关系型贷款上具有优势。[15] Cole、Goldberg和White（2004）[16]，Berger等（2005）[17]发现，大银行与借款人之间的交往更多地具有非人际化特征，贷款决策更依赖于可量化、易核实传导的硬信息，比较不愿意对没有正规财务记录、信息不透明的企业提供信贷；而小银行比大银行更善于处理不可量化、难证实和传导的人际化软信息，并据此发放贷款。

Berger和Udell（2002）[18]认为小银行的关系型贷款优势还与其规模小及组织管理层次少相关。相比组织结构复杂的大银行，小银行较少的管理层次和扁平的结构管理成本更低，更适合处理软信息。由于关系型贷款的实施依赖于银行基层经理对企业软信息的长期收集和积累，必须把贷款决策权下放给掌握着这些软信息的基层经理，并且能够有效控制由于权力下放所带来的委托—代理问题。而中小银行正是在控制代理问题上具有比较优势。Deyoung（2001）发现，美国的小银行股权封闭，股东和员工数量少，股东将日常控制权授予管理人员并采用员工持股制度实施激励，控制委托—代理问题，减轻代理成本，对于提高经营绩效有明显的效果。[19] Brickley、Linck 和 Smith（2003）研究发现，规模较大的银行的董事会和经理一般只占总股份的 25%，而规模较小的银行的董事会和经理占总股份的比例约为 67%，这说明小银行的所有权相对集中，管理者即所有者的情况下委托—代理问题相对较少。[20]该研究结论强调小银行的所有权激励和社区股东的有效监督是中小银行对中小企业关系型贷款具有比较优势的关键。

国内学者对中小银行的比较优势也作出了许多探讨。张捷（2002）总结，银行规模与借款企业的规模、贷款额、银企距离都正相关，与银企融资关系的持续时间负相关。[21]小银行与企业之间的面对面人际接触较多，与客户之间的关系更加持久稳定，可以利用长期的银企关系更多地贷款给财务记录不完备的企业；而大银行的贷款对象主要是较大的或拥有较好财务记录的企业，中小企业在缺少小银行而被迫选择向大银行贷款时，面临更大的信贷约束。林毅夫、李永军（2001）证明了小银行基于与中小企业建立的长期合作和在此过程中的共同监督，在向中小企业提供融资时具有明显的信息优势，具有关系型借贷的优势。[22]李志赟（2002）通过假设小银行比大银行向中小企业贷款更具信息优势，在银行业垄断的模型中引入中小金融机构后发现中小企业可获信贷和社会整体福利都得到增加。[23]

但有学者对关系型贷款理论和中小银行的比较优势提出质疑。Ongerna 和 Smith（2000）认为现代经济中金融交易的方式发生了改变，越来越多的交易通过自动化的、匿名的市场方式来实现，银企间关系的重要性也随之减弱。[24] Petersen 和 Rajan（2000）认为，随着信息处理和传输技术的进步，市场中出现了专业从事采集、存储和加工企业信息的信息中介，这些机构可以高效地为贷款机构提供信用信息。[25]虽然这些信息中介不能提供包含人际化的软信息，但可以使贷款人及时地拥有更多贷款人的硬信息，减少贷款人信息成本，使距离对借贷行为的影响越来越不明显。[26]

基于以上研究结论不难发现，对中小银行比较优势的研究以其在生产和处理适应中小企业特点的信息问题上的优势为核心，强调中小银行在解决中小企业借贷中的信息不对称问题上的作用。由于中小银行的产权特点和组织结构更适合中小企业信息生产和处理过程的需要，因此更强化了中小银行在关系型贷款上的优势。但后期也有研究指出，随着技术的进步和金融交易方式的改变，中小银行是否具有关系型贷款优势值得怀疑。总体而言，中小银行比较优势形成的关键和机理还需进一步梳理清楚，变化的环境是否影响了这种比较优势的形成和发挥值得进一步研究。

1.3.2 关于银行业竞争与效率的研究

银行业竞争与结构的研究对银行机构间的竞争、信贷资产在不同银行间的分布状况、银行业结构产生的原因和造成的影响等方面都有考察。国外很多实证研究将市场结构和经济增长之间的关系作为研究对象。基于垄断会减少社会福利的产业组织观点，许多研究指出银行结构越集中，银行的垄断权力越大，越倾向于设定较高的贷款利率或降低存款利率，收取更高的佣金，因而阻碍资本的积累，不利于经济增长。Cetorelli（2011）的研究表明，对于依赖银行融资的部门而言，较高的银行集中度有利于提高其效率，但对整个经济而言，则产生效率的损失。[27]Rajan 和 Zingales（2001）认为，在经济发展的早期，垄断较强的银行结构，对于以物质资本积累为主的行业是相对有效的，贷款可以以资产抵押为基础；而对于以无形资产积累为主的行业，项目回报不确定性增强，分散的银行结构则更有利。[28]研究文献表明，法律和政府对银行业市场结构和竞争也产生影响。Stiroh 和 Strahan（2003）指出，管制政策的改变和信息技术的进步是直接推动美国银行集中度变化的两大因素。美国银行业地域管制放松后，业绩好的银行市场份额增大。[29]Dick（2004）的研究发现，放松管制引起的银行并购活动并未使小银行完全消失，取消地域管制使美国银行业信贷市场竞争更激烈，降低了银行业信贷组合的风险和利差。[30]对中国银行市场结构的不少研究指出中国银行业的市场结构更多是历史和体制所形成的，而不是内生于经济体系的（季恒，2003）[31]。

银行业结构与竞争关系还涉及银行绩效表现、银行规模扩张、跨区域经营和业务多元化等行为的效应等。研究文献关于银行规模或地域扩张对银行收益与风险的影响缺乏一致的结论。[32]例如，有实证发现分支机构全在同一社区的银行在扩张到其他区域后，并没有获得地域分散化好处。大银行的兼并可能确实带来了利润的提高，但与规模经济并没有必然联系。[33]分支机构全在同一社区的小银行经营利润比分支机构在多个社区的小银行更高，一定程度表明了地域经营的相对集中性对社区银行的重要性（邱兆祥、范香梅，2009）[34]。Frame 和 Kamerschen（1997）证明了美国银行业的市场集中度对银行效率具有显著的正效应，集中度提高可以使市场势力增强，利润提高。[35] Boyd 和 Gra-ham（1993）的结论却是，银行规模越大不等同于利润率越高。[36]获利能力高的银行也并不是那些位于市场进入壁垒高或者市场集中度高的区域的银行（Berger et al.，1998）[37]。Berger（1995）的研究表明，银行一味追求规模扩张只会导致市场的垄断，大银行通过垄断力量一定程度可能增加银行利润，但并不是盈利的充分条件，更无助于提升银行效率与社会效率。[38] DeYoung 等（1998）认为，银行之间的竞争会带来效率的提高，在美国，随着外州银行进入的增加，本州银行的效率因竞争增加而逐步得到提高。[39] Berger 和 Hannan（1998）进一步指出市场集中度与获利能力之间并非一定存在正向关系。[40]虽然市场集中度较高时，拥有市场势力的银行可以实行较低的存款利率和较高的贷款利率，但由于经理人存在追求舒适工作环境、高在职消费等个人目标的可能，可能选择增加职员利益而不是尽力提高银行利润率，或者在提供银行产品时不顾成本高低。况且经济、金融和技术条件的发展变化使整个金融业的竞争都更加激烈，不仅银行业机构之间存在竞争，还面临其他金融机构和金融市场的挑战，银行也越来越难以依靠市场势力索取更有利的价格。

银行信贷市场结构因素对关系型贷款也有影响。Petersen 和 Rejian（1994，1995）认为垄断有利于小企业的关系型贷款，原因在于关系型贷款建立于银行在贷款前花费资源建立的银企关系上，银行之所以愿意进行这些投入是期待在企业发展后期将会得到回报。而如果银行市场上竞争激烈，将会降低企业后期的贷款利率，减少银行收益，同时竞争激烈也会使银企关系的稳固性受到考验。银行市场竞争激烈反而会使银行投入资源发展关系型贷款没有稳定的收益预期，会降低其关系型贷款的积极性。[41][42] Yafeh 和 Yasha（2001）则认为市场竞争有利于关系型贷款，交易型贷款市场的竞争会增强对银企关系的投资。[43] Berger 等（2007）首次引入市场规模结构（Market Size Structure）这一变量，发现小企业贷款的利率与大银行的市场份额呈显著负相关，意味着，大银行与小银行对小企业贷款的利率都随着小企业贷款市场竞争的加剧而降低了；当市场规模结构被考虑时，小企业贷款的利率不会显著地受贷款银行规模的影响，因而银行规模的重要性被排除了。[44] Craiq 和 Hardee（2007）指出，银行业的集中使美国本地市场在贷款额度上有所减少，对小企业发放的贷款量下降了。[45]研究近年来的文献发现，关系型贷款的数量并没有随着在银行业中加剧的竞争而减少，竞争和关系型融资是可以共存的（李江，2009）[46]。

国内关于银行业市场竞争与绩效表现的研究比较丰富。于良春和鞠源（1999）对中国银行业的市场结构、行为、绩效的实证研究，是中国比较早期的银行产业结构和规模经济的代表研究之一。[47]其结果表明中国银行业市场结构高度集中,呈现国有银行垄断与低效并存现象,国有大银行的获利能力和经营绩效明显低于新兴中小银行。为了促进中国银行业效率提升,应适当放松行业进入管制。袁鹰(2000)分析认为,中国商业银行的市场集中度虽高,但并没有表现出明显的银行规模经济特征。[48]形成大银行垄断和低水平竞争并存格局的原因,在于市场进入壁垒的存在和有效退出的缺失。李建国等(2001)提出,要提高中国银行业的市场效率,关键是要打破现有的垄断格局,形成银行业合理的竞争性市场结构。[49]赵旭等(2001)的研究同样指出,中国银行业的集中度、市场份额与绩效负相关,造成这种现象的关键原因在于银行业的高集中度和国有银行的市场势力不是竞争的结果,而是来自于传统体制,因此不能保证效率的提高,必须优化银行业的市场结构,包括鼓励和支持更多功能多样化的中小银行的发展来促进市场竞争和提高效率。[50]林毅夫和李永军(2001)认为,中国中小型银行发展不足是银行业过于集中的一个突出表现,对中小企业融资也产生了不利影响,建议放松行业准入。徐传谌等(2002)估算了中国商业银行1994—2000年的成本—规模弹性,认为规模经济受所有制偏好和不良贷款沉淀的影响,指出打破银行业的长期垄断、改善产权、发展民营银行是金融改革的关键。[51]高波和于良春(2003)指出,银行业的规模经济受到市场结构、银行制度等因素的影响,缺乏一种有效竞争的市场结构是中国银行规模不经济的重要原因之一。[52]许庆明和应智明(2004)研究发现了中国银行的总体规模效率随着市场集中度的降低而上升。[53]陆益美(2005)测算了中国银行业市场资产、存款、贷款的市场集中度,证明中国银行业垄断竞争的市场结构明显,既不利于解决中小企业的融资困境,同时也制约了区域经济的发展。[54]蔡卫星和曾诚(2012)考察了市场竞争与产权改革对中国商业银行贷款行为的影响,发现中国银行业市场竞争改善了商业银行贷款行为,推动了商业导向的转变,但产权改革仍需加强。[55]

上述相关研究虽不是专门针对中小银行的讨论,但可以反映出大银行与中小银行在整个银行体系中的相互关系,体现中小银行所处的地位和特点。对银行业竞争程度与信贷资源配置、银行业机构的行为、效率之间关系的相关研究,与银行规模、地域扩张和多元化发展的效应也紧密相关,从中可以得到中小银行发展与定位的启示。

1.3.3　对中小银行发展与定位的研究

国外对中小银行定位与发展的讨论集中在社区银行的相关研究。Keeton、

Harvey 和 Willis（2003）重点分析了社区银行在小企业贷款这一特定银行服务方面所起的关键作用，社区银行与小企业借款人维持着一种紧密的长期关系，故可在整个贷款期限内对借款人进行有效的监督。[56]社区银行是美国小企业贷款的重要提供者，对美国经济发展较缓地区的农业也作出了积极贡献。社区银行在金融体系中的参与，还有助于实现美国政府在支付领域追求的三大公共政策目标——便利、效率与安全（Hoenig，2008）[57]。Bassett 和 Brady（2001）却发现社区银行在不利环境下的某些盈利指标反而超过大银行。[58]Robertson（2001）采用马尔可夫链模型来测试银行转移概率矩阵，估计银行规模变化、不变和退出的概率。[59]研究发现，虽然环境的变化或许会影响到社区银行的生存，但在 20 世纪 90 年代中期之后，美国的社区银行尤其是资产 1 亿美元以下的小型社区银行退出市场的速度开始放慢，意味着虽然管制的放松促进了全国性的银行服务市场的形成，但地方市场上固有的特异性仍将是美国社区银行生存和发展的基础。Deyoung、Hunter 和 Williams（2004）对社区银行的未来前景作出的分析指出，金融管制的放松对社区银行传统的比较优势产生了一定侵蚀，但在对小企业的关系型贷款这一特定领域，社区银行依然可以保持竞争优势，大型银行较难渗透到这一领域。[60]大多数研究者相信社区银行业凭借其独特性在未来依然具有自生和发展能力（Hein et al.，2005 等）[61]。

国内学者的研究充分强调了中国中小银行的重要性。从对银行业结构的影响来看，在现代发展中国家，最优的银行结构应当以区域性的中小银行为主体（林毅夫、孙希芳，2008）[62]。国有大银行垄断和低水平竞争的格局引致了银行业规模不经济和对实体经济支持乏力，中小银行群体在市场定位战略的制定与实施过程中必须充分考虑这些市场结构效应因素。王聪和邹朋飞（2004）[63]，孙秀峰、迟国泰和杨德（2005）[64]的研究发现，中国大部分商业银行规模不经济，且资产规模越大，规模不经济程度越高。在范围经济性方面，同样表现不明显（刘宗华、邹新月，2004）[65]。由于中小银行对中小企业贷款具有比较优势（李扬、杨思群，2001）[66]，关系型贷款是中小银行与中小企业的一致选择（彭建刚、向实，2007）[67]，发展区域性中小银行能为解决中国中小企业（包括个体经营户和农户）融资问题和为社区居民提供有效金融服务发挥积极作用。

国内大量研究针对中小银行在发展过程中存在的现实问题进行，包括股权结构与产权改革、跨区域发展的正负效应、经营绩效评价及其影响因素等诸多方面。陈晞和叶宇（2011）用数据包络分析方法对 25 家中小银行 2007—2009年跨区域经营效率进行了研究，发现样本银行的规模报酬递减且效率下降，异地分支机构数、资产规模与经营效率呈负相关关系，证明了中小银行急速跨区域扩展的弊端。[68]傅勇等（2011）[69]通过选取 13 家中小银行为样本，对中小银行的经营绩效和影响因素进行了分析。研究发现中小银行绩效受宏观因素影响显著，微观方面资产规模、薪酬激励、上市等都与经营绩效相关。因此，提高中小银行经营绩效应增强抗宏观风险的能力、保持适当的资产规模和注重激励机制。

樊大志（2011）指出，未来中国银行业将形成大中小银行各具特色、各司其职的格局：大银行服务全国，城商行服务本地，农商行、农信社和村镇银行等农村中小金融机构服务农村。[70]但从中国中小银行的市场实践来看，中小银行的差异化和特色化经营模式还未真正明确和落实。例如，中小银行的主要资产投向仍是大企业大项目。李扬（2002）认为其原因在于，中小银行由于资金规模相对较小，办一笔大贷款对其效益的贡献更加明显，向大企业贷款的冲动也就更大。[71]但陈小宪（2007）提出，更深层的原因是中国中小银行在发展过程中还没有形成真正的比较优势。[72]因此中国中小银行发展的实质就是通过形成并发挥中小银行的比较优势来解决中小企业融资难问题。赵新军（2011）认为，中小银行的发展与调整不仅受客观经济原因影响，也建立在政治法律背景之下。[73]为了解决中国中小银行发展中存在的问题，应从包括解决市场准入的政策性壁垒、市场退出机制和存款保险制度的建立、优化竞争环境等金融发展环境方面入手。

1.4 研究框架与研究方法

1.4.1 总体研究框架

中小银行是银行体系中不可或缺的组成部分。美国数量众多的中小银行的历史使命是什么？是如何有效地为地方经济发展提供金融服务的？中小银行是如何形成并发挥自身的比较优势的？与中国中小银行的功能和运行条件有何异同？基于改变中国二元经济结构的目的，本书将通过对中美中小银行发展过程中的外部环境和内在因素的系统性比较，通过比较和借鉴美国的经验和教训，探讨总结出中小银行形成并发挥其比较优势的条件，从而为中国中小银行打造竞争优势并发挥应有的功能提供理论依据和政策建议。

本书的总体研究框架如图 1 - 1 所示。

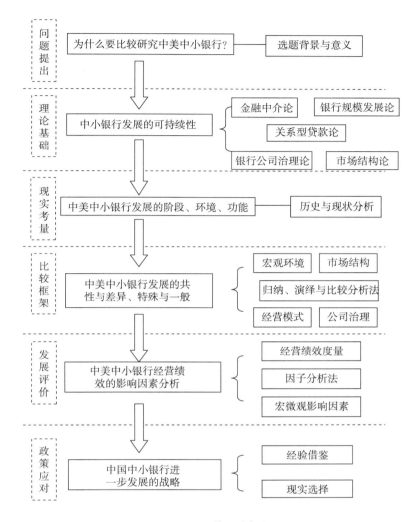

图 1 - 1　总体研究框架

1.4.2　各章研究内容

本书各章研究内容安排如下。

第 1 章：绪论。阐述本研究的选题背景及意义；界定中小银行的定义；对前期研究文献进行综述；提出本书的研究框架、研究内容和研究方法。

第 2 章：中小银行比较研究的若干理论基点。通过梳理相关理论，论证中小银行可持续发展的理论依据是形成和发挥关系型贷款比较优势。在理论基础上总结归纳中小银行发展的四个方面内外部影响因素，即宏观环境、市场结构、经营模式和公司治理，提炼中美中小银行比较研究的逻辑要点。

第3章：中美中小银行的历史演变与功能定位。基于对中美中小银行的发展历程和基本现状的比较分析，分析中小银行所发挥的作用，提出中小银行的功能定位和发展方向。

第4章：中美中小银行发展的宏观环境比较。本章从经济、制度、社会和技术等方面比较分析宏观环境对中美中小银行发展的影响。

第5章：中美中小银行发展的银行业市场结构比较。本章通过测算中美银行业市场结构相关指标和分析比较中美银行业市场竞争格局，研究银行业市场结构对中小银行发展的影响。

第6章：中美中小银行的经营模式比较。本章分析中美中小银行的经营模式，从服务对象、服务区域和服务产品三个方面具体研究中小银行的市场定位，明确中小银行比较优势的核心。

第7章：中美中小银行的公司治理比较。通过对中美中小银行公司治理的比较分析，讨论能促进中小银行比较优势形成和发挥的公司治理模式。

第8章：中美中小银行经营绩效的影响因素研究。在前文对宏观环境、市场结构、经营模式和公司治理四种因素分别比较的基础上，本章通过对中美中小银行经营绩效的度量，实证检验以上四种因素对中小银行绩效影响的显著性如何。

第9章：中国中小银行发展的战略思考与对策建议。本章根据前文比较研究所得结论，从宏观环境、市场结构、经营模式和公司治理四个方面提出促进中国中小银行可持续发展的具体策略建议。

1.4.3　研究方法

本书立足于中小银行可持续发展的角度，围绕中小银行关系型贷款优势的形成和发挥，对中美中小银行的发展进行了系统的比较研究，为中国中小银行的发展提供借鉴和启示。具体采用的研究方法有如下几种。

1. 比较分析方法

比较研究是本书的主题，比较分析方法是本书的重要研究方法。有比较，才有好的借鉴，从而得到深刻的启示。本书为了对中美中小银行的发展作出系统全面的比较，基于宏观环境、市场结构、经营模式、公司治理四种因素分别展开了具体比较。从总体到局部，由局部的细致比较有利于得出综合的系统总结。采用的比较研究方法，既比异同，也比优劣；既揭示共同的一般原理，也寻找不同的特殊规律；既有根据历史脉络对不同时期中小银行演变发展的纵向比较，也有对中小银行与大银行、中小银行相互之间特征与表现的横向比较，充分体现了历史与逻辑的统一。

2. 定性分析与定量分析相结合的方法

定性分析是定量分析的基本前提，没有定性的定量是一种盲目的定量，而且容易导致伪回归，得出并不可靠的结论。定量分析则是定性分析的深化与验证，定量分析可以使定性分析得出更精确的结论。本书的理论基点是在前人文献基础上的逻辑推演，是一种定性的归纳总结；在中美中小银行的具体比较中，通过定性分析由现实表象提炼出本质规律，得出中小银行的比较优势所在及形成机理、内外部影响因素如何影响中美中小银行发展等重要结论。书中在对中美中小银行发展进行比较时，同时也采用了定量分析方法，运用了大量的数据进行定量比较分析，包括计量模型的采用，有助于通过数据直观地体现结论和准确地把握规律。

3. 实证分析与规范分析相结合的方法

本书运用了因子分析法、回归分析等多种实证方法，对中美中小银行经营绩效的影响因素进行了实证检验。本书根据理论框架和比较研究的结论，在实证结果的基础上，采用规范分析的范式，提出了中小银行可持续发展的对策建议。

1.5　本书的创新点

本书对中美中小银行的发展进行了系统的比较研究，在以下几个方面作出了创新。

1. 从中小银行可持续发展角度分析了中小银行的比较优势，确立了中小银行的功能定位。在系统梳理金融中介论、银行业规模发展理论、关系型贷款理论、银行公司治理理论和银行业市场结构理论等相关理论基础上，通过对中美中小银行发展实践的比较研究，作者认为中小银行可持续发展的理论依据在于其在关系型贷款领域具有比较优势。中小银行与大银行之间不是此消彼长的关系，中小银行应是一国经济发展过程中不可缺少的金融组成部分。中小银行虽然规模偏小，但其经营方式灵活，具有较强的地方适应能力。中小银行的功能定位应当在于，在当地经营，服务于地方经济发展。中国现阶段的二元经济结构特征明显，中小银行应利用其比较优势进一步突出自己的特色，为地方的中小企业和"三农"服务，为改变二元经济结构作出贡献。为地方经济增长极和特色产业提供金融支撑是历史赋予中国中小银行的战略使命。

2. 证明了发展中小银行是缩小地区发展差异、改变二元经济结构和促进国家经济增长的有效途径。通过中国的实证分析表明，地区经济差异和金融差异对于经济增长存在不利影响。由于金融在现代经济中的核心作用，缩小地区金融差异对于减少地区经济差异有显著的积极作用。相对于国有银行而言，以农村信用社为代表的中小银行的发展对缩小地区经济差异的影响更加显著。因此，发展中小银行不仅有利于缩小地区发展差异，更能有效地促进经济协调稳定增长。

3. 通过对中美银行业市场集中度等反映市场结构的指标的测算和比较研究，论证了中小银行比较优势的形成需要适度的市场竞争压力。所测算的相关指标表明，美国银行业市场较为分散，但近年来整体市场集中度在不断提高，而中国银行业市场集中度在持续降低。实证分析结果说明，降低银行业市场集中度对于增强中小银行的竞争意识和提高经营绩效有正向影响。市场结构对关系型贷款的影响程度则因银行业市场的竞争格局而有所区别。在竞争较为充分的市场如果进一步加大竞争力度，则过于激烈的竞争对中小银行关系型贷款的发展不利；而在较为集中的市场上引入更多的竞争则对中小银行关系型贷款的发展具有促进作用。目前，中国农村地区的银行业市场集中度较高，加大金融市场竞争的力度，引入更多的农村中小银行业机构，将促进中小银行比较优势的发挥即促进关系型贷款的发展。

4. 采用中美中小银行比较研究的方式，运用理论和实证的方法论证了宏观环境、市场结构、经营模式和公司治理对中小银行可持续发展的关键作用。中小银行比较优势的形成和发挥既要有内部动力，又须有外部环境协同与促进。通过对中美中小银行发展的外部因素和内部因素的比较，得出如下结论：宏观环境是中小银行生存和发展的基础；适度的市场竞争是中小银行形成比较优势的外部压力；经营模式和公司治理是中小银行比较优势形成的内因。中小银行经营模式的选择以关系型贷款为核心，服务于当地中小企业和社区居民的定位有利于对当地软信息的收集和利用；中小银行组织层次、所有权特征和激励监督机制等公司治理因素则有利于减少关系型贷款的代理问题。通过对中美中小银行经营绩效影响因素的实证检验，研究结果证明了宏观环境、市场结构、经营模式和公司治理四种因素对中小银行的经营绩效均存在显著影响。因此，这四种因素是促进中国中小银行进一步发展的着力点。

2

中小银行比较研究的若干理论基点

本章对中小银行发展的相关理论进行了梳理，从中小银行可持续发展和功能定位的角度在理论层面分析中小银行的比较优势如何形成、作用如何发挥，为全书的比较研究提供相关理论基础。

2.1 金融中介理论

银行作为重要的金融中介，在金融市场上发挥着重要的作用。金融中介理论对于商业银行这种金融中介存在的意义和功能进行了解释。

2.1.1 金融中介理论对银行作用的解释

金融中介机构是金融市场交易和金融资源配置的重要媒介，是金融体系的重要组成部分。Gurley 和 Shaw（1955）认为金融中介的作用在于通过促使储蓄者和借款者之间的信贷循环实现信用的创造。[74]Goldsmith（1969）[75]、King 和 Levine（1993）[76]等证明了金融中介促进了储蓄向投资的转化，提高了增长效率，金融中介的发展与经济增长之间存在广泛的正相关关系。关于金融中介作用的核心理论是基于交易成本和信息不对称问题的相关研究建立的。从制度经济学和信息经济学的角度来看，解释金融中介机构的重要性的核心在于交易成本和信息成本。交易成本是在交易中经济主体付出的时间、物质和人力成本的总和。Gurley 和 Shaw（1960）指出，金融中介在资金借、贷两方面都存在规模性和专业性的好处，有利于节约交易成本。[77]具体而言，基于借款的角度，金融中介有大量的存款人提供资金，可以将小额零售的资金集合积累起来，平滑资金偿付要求，应对哪怕是流动性不足的资产需求。站在贷款的角度，金融中介资产规模大于个人投资者，既可以满足多种投资的大规模资金需要，又可以通过分散投资降低风险，期限结构上也可以相互搭配，更加灵活，有利于减少流动性危机。金融中介的存在是零散的资金提供者和资金需求者的桥梁，凭借丰富的经营可以大规模借贷和专业运作，使资金不足的投资成为现实，可以给资金提供者满意的资金回报，令债权人、债务人、股东都获得好处，也实现了社会金融资源的合理配置。因此，交易成本是理解金融中介存在理由的关键。金融中介机构是金融市场上降低经济参与主体的交易成本的一种制度安排，通过专业化管理与协作，有效地降低交易成本，分散风险。

基于信息经济学，从信息的角度也有利于揭示金融中介的作用。信息成本也属于广义的交易成本的一部分，由于市场的不完美，单个交易者信息的不完全带来了交易成本的上升，而金融中介由于具备更为完备的信息从而可以有效地降低交易成本。[78]自 Akerlof（1970）、Spence（1973）和 Stiglitz（1980）不对称信息理论奠定了信息经济学基础之后，Jaffee 和 Russell（1976）、Keeton（1979）、Stiglitz 和 Weiss（1981）开始将信息不对称下的逆向选择和道德风险因素引入金融中介理论模型。[79]Leland 和 Pyle（1977）指出，金融中介机构可以通过向特定资产的投资行为向其他投资者传递其信号，改善信息不对称状况。[80]在债权融资安排中，贷款人对借款人进行监督是需要成本的，有时候成本还会非常大（例如对贷款合约中限制性条款的实施状况进行监督），而金融中介机构可以通过分散化降低监督成本，在借款人数量趋向于无穷大时，对每个借款人的监督成本可以趋向于零，因此，与直接融资相比，通过金融中介的间接融资在监督方面具有净成本优势，从而可以充当投资者"代理监督者"的角色，克服信息不对称问题。

因此，银行作为间接融资中介，在解决信息不对称问题中的比较优势解释了银行存在的原因。银行解决信息不对称问题的过程主要包括事前甄别、合约制订和事后监督三个方面。事前甄别主要是解决逆向选择问题，银行通过对企业管理者或所有者的品行、企业经营状况和市场前景、企业提供的抵押和担保等信息进行搜集和分析，作为判断和决策的依据；合约制订过程中银行在所获得的相关信息的基础上订立企业的贷款合约，对贷款价格和期限、抵押担保要求以及其他限制性条款作出具体约定，借款人对合约条款接受与否也是一个避免逆向选择的甄别和筛选过程，而合约对抵押担保的要求和其他限制性条款都有助于减少道德风险；事后监督是银行还要在整个合约期限内，监督企业的生产经营活动和财务状况的变化，从而避免产生道德风险。

2. 1. 2 金融中介理论的新进展

基于交易成本和信息不对称的金融中介理论成为了解释银行功能和作用的核心理论。不过之后的金融中介理论也有新的进展，对理解银行的作用有新的见解。Allen 和 Santomero（1998）基于参与成本提出了金融中介的风险管理作用。[81]由于企业的管理者在追求企业盈利时面临不确定性，希望获得稳定的预期收益和市场价值，因而存在风险管理动机。但是企业和个人需要投入时间、精力，花费成本去学习管理风险，管理的过程中也需要投入成本并不断调整以获得预期收益，这些都是参与成本。金融中介的存在则为之提供了风险管理的服务，可以凭借自己的行业优势，为客户降低参与成本。Scholtens 和 Wensveen（2000）则强调了金融中介的价值增加的功能。[82]银行等金融中介并不是传统意义上储蓄和投资之间的简单桥梁或代理人，而是一个独立的市场主体。银行根据储蓄者和投资者的不同需求和各种偏好，通过创造合适的金融服务和金融工具迎合双方的需求，在此过程中创造的一系列的金融产品都是价值增值的产物。银行是价值的创造者，通过金融产品的创新为客户提供价值增加。

Merton（1995）认为金融市场的发展使得大量新的证券不断出现，信息技术的发展和金融理论的进步有效地降低了金融交易的成本，推动了证券市场上不同证券的大宗交易顺利完成，金融交易量大幅提高。[83]金融市场上的交易部分替代了金融中介的某些职能。但是 Merton 也指出金融中介与市场之间的关系并不是完全竞争的，两者之间可以根据金融产品的性质进行分工。相对而言，在金融市场上交易的主要是能服务于大量对象，比较容易理解并定价的标准化、成熟型的金融产品；而金融中介主要是针对具有相对特殊金融需求、信息不完全对称的对象，生产高度定做、相对量小的金融产品。Eichberger 和 Harper（1997）同样指出，市场的不完善在随着金融制度完善、信息和交易技术的发展而逐渐减弱，金融中介面临越来越多的来自金融市场的挑战。[84]越来越多的大公司能够利用资本市场，凭借自己的信用低成本地融资；信息技术的发展让最终的资金提供者能够借助市场获取筹资者的信息。市场运作中信息不对称程度的降低加强了金融脱媒的现象，对金融中介的存在和发展形成了挑战。不过，金融中介持续的发展也表明了金融中介仍然具有某种竞争优势，可通过改进服务和创新产品赢得发展。

不难发现，金融中介理论的新进展依然围绕信息不对称这个传统金融中介理论的核心概念。根据金融中介理论，减少交易成本和信息不对称是金融中介的一个重要特征。不确定性、交易费用和信息成本是金融中介演化的客观要求，制度、法律和技术则构成了金融中介演化的现实条件。

2.2   银行业规模发展理论

上述金融中介理论对金融中介降低交易成本的解释中突出强调了中介的规模效应，中介机构相对于个人可以有效地利用规模经济降低参与者的交易成本，分散风险。而在银行机构的发展过程中，同样存在追求规模经济性和范围经济性的规模发展动机，在不同规模的银行之间形成了差异。银行业规模发展理论解释了银行机构规模发展的动机和效应，有利于理解不同规模的银行机构之间的差异。

2.2.1   银行的规模经济性

规模经济（Economies of Scale）是指在各投入要素比例不变的条件下，在一定的产量范围内，随着产量的增加，平均成本不断降低的事实。企业在一定的生产技术组织条件下，通过对生产要素进行合理配置，选择和控制生产规模，追求生产量的增加和成本的降低，从而取得最佳经济效益。规模经济产生的主要原因来自于专业化生产的协调合作，规模大可以使企业有更细致的分工，聘用受过专业训练的工人，通过专业分工有效地提高效率；规模经济还可以来自于学习效应，工人的熟练程度随着产量的增加也在提高，从而带来效率的提升；或是由于规模增加使得企业在购买、运输生产要素等方面存在经济性；还有随着规模增大可以使得分摊承担的单位研发费用降低，在价格谈判时更强势等。现实中同样存在制约规模经济产生的因素。在各投入要素比例不变的条件下，随着生产规模的扩大，产量增加的比例小于投入要素增加的比例，即出现了规模收益递减的情况，也就是存在规模不经济现象。制约规模经济的因素主要有管理成本的增加和自然条件等的约束。随着协调成本的增加，当管理与协调的成本超过合作带来的效益就会导致规模收益递减。自然条件的约束、物质技术装备条件也会影响规模经济性。例如，石油储量决定了油田规模；化工设备和装置能力影响化工企业的规模。还有诸如市场潜力的大小、运输能力的高低等社会经济条件也会对企业规模的大小产生影响。

根据管理经济学原理，企业遵循利润最大化原则，生产经营符合成本利润分析的相关规律。平均成本曲线（AC）与边际成本曲线（MC）均呈现"U"形，两者在平均成本的最低点相交，当边际成本小于平均成本时，平均成本是下降的，当边际成本大于平均成本时，平均成本则上升，因此，只有两者相等时，平均成本最低，效益最高。由于规模收益呈现递增—不变—递减的规律，企业的长期平均成本曲线呈"U"形，在规模收益递增阶段，平均成本随规模的增加而下降，平均成本曲线呈向下倾斜趋势，生产具有规模经济性；在规模收益不变阶段，平均成本保持不变，平均成本曲线呈水平状，这时企业达到最优规模，产品成本最低；在规模收益递减阶段，平均成本随规模的增加而增加，成本曲线向上倾斜，产生规模不经济性。[85]

不同产业的规模经济特点不同。对银行业而言，金融中介理论中对银行降低交易成本的分析就与银行业的规模经济性有关。同时，银行的规模经济性与货币资本的同质性和存款规模的派生效应相联系，银行规模经营对于降低网点投入等固定成本、提高信用等级方面都有一定好处。银行的规模不经济则与协调成本增加、管理效能减退、竞争缺乏有关。实证研究表明，银行规模经济在一定范围内是客观存在的。Lawrene（1989）发现资产规模在 1 亿美元以下的美国小银行有规模经济性。当一家小银行扩大规模时，其平均成本会下降，但超过 1 亿美元时，单位平均成本逐渐上升，存在规模不经济或规模经济不明显。[86]Shaffer 和 David（1991）的研究则表明银行的最佳企业规模不是一个点而是一个区间，资产在 150 亿至 370 亿美元之间的银行具有规模经济性。[87]Berger 和 DeYoung（2001）研究了 1993—1998 年美国 7 000 家银行地理扩张对效率的影响，发现管理控制能力随着分支机构距离的增大而趋于减弱，全国性银行兼并地方小银行成本可能极高，主要源于经营或监管以关系型业务为主的地方性银行会出现规模不经济。[88]Engler 和 Essinger（2005）认为银行规模并不是越大越好，银行为了盈利必须有适宜的规模，大到优化经营效率尽可能提高业绩，小到足以控制便于管理。[89]

2.2.2 银行的范围经济性

范围经济（Economies of Scope）指企业通过增加产品类别，扩大经营范围所带来的经济性。当一家企业同时生产两种以上产品的成本低于分别生产每种产品的成本总和时，就存在范围经济。与规模经济不同，它通常是企业从生产多种或系列产品时（与大量生产同一产品不同）获得的单位成本中节省，往往产生于人力资源、技术开发、新型设备、专业化生产、产品分销、财务管理等企业有形资产和无形资产协调整合所导致的成本节约。例如，当企业研究开发的一项技术成果可以被用于生产多种产品时，单位产品所分摊的研发成本可以得到降低；当投入要素具有多种使用价值、生产设备具有多种功能、零部件或中间产品具有多种组装性能时，用之生产不同产品可以提高生产设备的利用率；在企业扩大经营范围，增加其他产品和业务时，既可以充分利用品牌优势和营销网络等无形资产，通过既有产品的营销网络形成对其他产品的销售支持，同时还能充分发挥既有管理者的管理经验和管理能力，而不必增加新的投入。

追求范围经济性往往是企业采取多样化经营战略的动机和依据。随着银行业规模的扩张，大型银行的经营范围往往也随之扩大，因此范围经济性也是研究银行业规模发展问题时经常讨论的一个基本范畴。与规模经济性一样，企业生产的范围经济性也不是没有边界的。随着企业经济组织的生产或经营范围的扩大，出现了平均成本不变，甚至升高的状况，则产生了范围不经济。当企业资源的整合所产生的协调成本超过资源整合所带来的成本节约，就会产生生产的范围不经济性。因此，企业的多元化经营是有一定限度的。企业进行多产品联合生产时，产品种类的数量并不是越多越好，而是存在一个有限度的合理范围。多产品联合生产时，企业在产品的组合上也是可选择的。对某一企业来说，某产品的生产可能不存在范围经济，但对其他的企业则或许存在范围经济；又或者，某产品的生产在两个企业都存在范围经济，但在其中某一企业生产的范围经济更大。范围经济和范围不经济的问题，实际上也是专业化经济与专业化不经济的问题。范围经济应该是企业在是否选择多元化经营时必须考虑的。

银行规模扩张和跨区域发展的动机通常包括追求规模经济和范围经济、获得协同财务效应及增强市场控制力等，以提高银行效率和增强竞争实力。但是，实证研究对银行是否实现了规模经济和范围经济缺乏充分证据。有实证研究发现，规模更大、组织结构更复杂的综合性大银行对中小企业信贷业务存在管理的规模不经济和范围不经济，会减少对中小企业的贷款，以集中对大企业提供金融服务，因此对中小企业贷款产生不利影响。[89] Cetorelli 等（2007）的研究也表明，银行规模、地域和产品的扩张增加了产品和组织机构的复杂性，降低了透明度，使银行的内部控制能力和管理效率下降。[90]

总体而言，在大型银行追求规模经济和范围经济的同时，中小银行以其不同的经营模式等特点同样存在生存和发展空间。大型银行并不必然因其大规模而享有高效率，或必然通过多元化经营带来范围经济，跨区域发展在存在地域分散化好处的同时也可能带来风险的扩大。相关实证出现了不一致的结果与研究者对银行投入、产出与成本的概念界定不完全相同有一定关系，因为银行的金融中介功能决定了银行生产的并不是有形的实物产品，这使得对银行的研究比一般企业更复杂。从不同国家、不同时期、不同的银行市场上的样本数据中会得出不同的结论，这本身也意味着中小银行和大型银行之间生产函数或成本函数存在根本性差异，技术方法、成本投入和产品特点都存在区分。

2.3　关系型贷款理论

金融交易是一种基于信息的交易，金融中介机构之间的竞争很大程度上体现为信息处理能力上的竞争。信息处理能力可以作为研究金融中介机构发展和竞争关系的一个基本切入点。基于金融中介理论和银行业规模发展理论，从信息不对称问题的角度，可进一步针对不同规模银行机构的信息处理能力进行比较，从而揭示出不同规模银行机构的比较优势。

2.3.1　软信息与关系型贷款技术

针对信息的不同类型，银行机构开发了各种不同的贷款技术去解决信息不对称下贷款过程中的道德风险和逆向选择问题。这些贷款技术基于不同的收集、处理和传递方法，大致可以分为以下四种类型：财务报表型贷款（Financial Statement Lending）、资产保证型贷款（Asset – Based Lending）、信用评分贷款（Credit Scoring Lending）和关系型贷款（Relationship Lending）。各种贷款技术对人力、物力和数据要求都有所不同，适应于不同的业务类型和不同贷款对象（Berger & Udell，2002）[91]。

其中，财务报表型贷款主要是适用于财务信息相对透明可靠的企业，银行根据对企业的财务报表的分析来了解企业状况，从而作出贷款决策。资产保证型贷款适用于能够提供可接受的贷款抵押品的企业，银行根据企业的抵押担保的情况作出信贷决策。信用评分贷款是基于对企业和具体债项的违约概率、违约损失率等进行统计分析，作出相应的信用评级，根据评级结果作出信贷决策。信用评分贷款技术对数据储备和模型精准性的要求较高，银行的投入也较大，往往只有大型银行才能负担得起，且多用于信用卡等零售贷款业务，以及信息透明度和可靠性较好的大企业的贷款业务。这三种贷款技术多是基于较易得到、可量化和可查证的"硬信息"，通常被统称为交易型贷款。

关系型贷款则是在信息不对称下，银行利用相对较难获得，不易量化、核实和传递的"软信息"而作出贷款决策的贷款技术①。Sharpe（1990）运用声誉机制解释关系型借贷是通过社会网络的交流和积累形成的解决信息不对称的隐性合约。[92]市场的声誉机制是解决信贷市场上信息不对称分布下逆向选择和道德风险问题的制度安排。反映当事人连续的信用记录的声誉机制具有约束作用，使借贷双方建立起相对稳定的长期关系。声誉机制的有效性越强，关系型借贷这种隐性合约就会增加，反之则会减少。在关系型贷款中，银行通过信贷安排或在为企业提供存款账户等其他服务的过程中观察和监督借款企业的表现，利用与企业及其所有者、企业的供货商及客户、企业所在的社区等在各个维度上的接触来获取和积累信息，然后利用这些信息来决定企业的信贷可得性和信贷条件（Allen & Udell，1991；Cole，1998）[93][94]。这种通过长期积累的企业信息有相当一部分是不能在企业财务报表上体现出来的，难以被量化、被查证和传递的软信息，但是其可提供的信息价值却可能超过企业财务报表、担保品和信用分数等。而且这种信息往往是除银行和借款人之外的其他主体难以获取的信息，属于排他性的私人信息，银行与企业之间建立了密切的关系，有助于促进关系型贷款的发放者更好地解决借款人的信息不透明问题（Berger et al.，2001；Elsas，2005）[95][96]。由于小企业的信息相对不透明，硬信息的生产能力差，又缺乏广泛接受的抵押品，因此基于软信息的关系型贷款往往被用于小企业信贷。小企业通过与银行建立的密切联系向银行传递着有关自己的软信息，提高了信贷的可得性，又通过与银行的信贷业务进一步加强了联系和累积了信息。

2.3.2   中小银行关系型贷款的比较优势

大量文献发现中小银行对中小企业贷款更专注，在总结大量实证结果的基础上，学者们对此种现象作出诸多解释，并由此提出了针对小企业融资的"小银行优势论"（Small Bank Advantage）②。核心围绕在，针对信息不透明的中小企业而言，中小银行在对其发放关系型贷款上相比大银行存在比较优势。大型银行的金融交易产品是高度标准化的，适合运用硬信息生产标准化产品以

---

① 关系型贷款并不是中国通常所称的"人情贷款"、"关系贷款"，而是一种克服信息不对称的市场贷款技术和方式，以银行与企业的长期合作为基础，实现中小企业融资和银行资产营销双赢局面，企业可以获得较高的信贷可得性和较好的信贷条件，而银行则可以凭借对企业信息的掌握而作出贷款决策。

② 小银行优势论主要源于对美国社区银行的实证研究，是针对与大型银行相对的规模较小的银行机构。根据本书之前对美国中小银行的界定，小银行优势论所指的小银行即本书所研究的中小银行。

达到规模经济，因此在发放贷款时主要依靠硬信息进行判断，例如贷款人的财务信息、信用评级、资信状况以及股价波动、行业特征等可以公开的信息。相比之下，中小银行采取的关系型贷款依赖于金融机构通过长期和多种渠道的接触所积累的关于借款企业及其业主等的人际化软信息，甚至将包括借款人的性格（Character）、家族历史（Family History）等个人境况（Individual Circumstances）考虑进来。在软信息的收集、传递及使用过程中，每一个环节都是银行完成关系型贷款的关键。而中小银行正是在这些环节中，具有大型银行不具备的比较优势（Stein，2002）[97]。所以，中小银行更擅长运用软信息提供个性化产品以塑造自身特色。另外，大银行由于与企业的距离更远，不利于银企间的人际交流，没有与借款企业建立紧密的关系，缺乏意愿向信息不完备的中小企业发放贷款，不利于缓解中小企业的信贷约束。而中小银行集中在当地社区经营，更容易通过长期与当地中小企业的近距离接触来建立和维持密切关系，为中小企业提供融资服务。

根据关系型贷款理论，因为不同领域、不同主体存在不同性质或形式的多种信息，不同种类、规模和形式的金融中介机构在对各种不同信息的处理能力上又存在差异，正是这种差异决定和影响着不同金融中介在不同业务上的竞争优势。中小银行机构在关系型贷款上的比较优势弥补了中小银行在面对大型银行规模经济和范围经济优势时的不足，是其可持续发展的关键所在。这种比较优势的存在也决定了，中小银行的发展定位应该着重在于解决信息不对称问题严重的企业的融资问题。

2.4 银行的公司治理理论

中小银行关系型贷款比较优势的形成与中小银行特定的公司治理特征相联系，中小银行公司治理有利于对软信息的生产、处理和利用。因此，银行的公司治理理论是分析中小银行形成和发挥比较优势、可持续发展的内部动力因素的理论基点。

2.4.1 银行的公司治理特性

根据经合组织（1999）的定义，公司治理是公司内包括股东、董事会、经理人和其他利益相关者等不同参与者的权力和责任的分配，以及为处理公司日常事务所制定的规则和程序。公司治理的相关理论一般涉及企业产权制度、公司组织结构安排与设计、激励、监督与约束机制等。20 世纪 90 年代东南亚金融危机让人们越来越认识到金融安全的重要性,对银行公司治理特色性的关注也越来越多。Stiglitz(1999)指出,金融体系的重要性主要表现在两个方面,一方面作为资源配置机制的金融体系能够将资本这一最稀缺的资源配置到高效率的领域;另一方面,金融体系的脆弱性又可能在不利情况下引发金融危机,并对经济造成严重的破坏。[98]这两方面说明了商业银行经营目标应是在风险可控的前提下,在融通资金的同时争取实现自身效益的最大化。

经营货币的商业银行作为金融中介,除了拥有较小比例的资本金,其资金来源与运用两头在外,具有显著不同于普通企业的特征。商业银行的公司治理既要服从公司治理的一般概念和框架,还要充分考虑银行的特殊性。商业银行各经济主体之间的利益冲突更为复杂,不仅表现在股东与经营者之间,还表现在股东、经营者、债权人以及监管者相互之间。这是由商业银行特殊的行业地位和行业特征决定的。对于商业银行而言,银行独特的性质不仅要求银行治理在顾及股东的利益之时,还必须考虑到存款人的利益、金融体系的安全乃至整个宏观经济的稳定。相对于非银行组织,银行的利益相关者涉及面更广,存款人对于银行的关系,要比公司客户对于一般公司的关系更为复杂。银行的存款客户人数众多、来源广,同时由于银行是主要的资金融通渠道和金融体系稳定力量,政府和社会对银行的关注程度高。除了适用广义的公司治理原则外,商业银行公司治理不光是处理银行经营者与所有者之间的关系,还要处理银行与所有其他利益相关者集团(如雇员、客户、同业、监管机构、所在社区等)的关系(Macey & O'Hara,2001)[99]。

2.4.2　中小银行公司治理的比较优势

现代企业所有权与经营权的分离产生了委托—代理关系。由于代理人存在从事违反委托—代理契约、有悖于委托人目标利益的活动的可能,使委托人有可能承担利益损失或增加风险、成本,因而现代公司治理的关键在于解决代理问题,需要采取相应的控制和激励手段。为解决代理问题付出的设计并实施控制和激励制度的成本就是代理成本。代理成本通常与企业组织规模成正比,所有者与经营者合一的个人独资企业,没有委托—代理关系,其代理成本为零;而随着企业规模增大,委托—代理关系越复杂,代理成本越高。

由于中小银行的规模较小,股权结构比较简单和集中,其代理成本通常明显低于大型银行。美国许多中小银行是家族式银行,经营管理者同样也是股东,所有者自己经营不会出现损害股东利益的情况;或者中小银行的股东与经营管理者之间存在密切的关系，通过员工持股等股权激励制度控制和激励经营者，代理成本得以维持在较低的水平。另一方面，不同规模的银行机构之间，组织结构有所区别，解决委托—代理问题的成本也不同。结构越复杂、层级越多的组织，代理链条越长，信息传递越慢，决策周期越长，其代理成本越高；相反，结构简单的组织结构下，信息传导和决策效率越高，代理成本越低。相比于结构复杂、层级多而决策层靠上的大银行，层级结构简单的小银行，由于其代理链条较短，在控制委托—代理问题方面具有比较优势。

中小银行公司治理的特点对中小银行在关系型贷款的比较优势的形成和发挥上至关重要。例如，Williamson（1988）从银行组织的层级控制角度，分析了发放小额关系型商业贷款会造成规模不经济。[100]Berger 等（1999）进一步运用层级控制理论分析发现，随着银行组织规模的增大，层级间的控制损失也随之发生。[101]因此，组织结构相对简单的中小银行能够采用基于软信息的关系型贷款；规模大、层级多的大银行则需要建立一套明确的、易于传导和执行的信贷规则来避免控制损失，从而倾向于交易型贷款。不同的组织结构适合不同的贷款技术，如果银行同时提供交易型贷款和关系型贷款服务，将会增加放贷成本，出现经营的范围不经济。总之，中小银行关系型贷款比较优势的形成机理与中小银行的公司治理特征是紧密联系的。

2.5　银行业市场结构理论

银行业市场结构是中小银行生存和发展的产业环境，也是形成和发挥其比较优势的重要外部影响因素。中小银行比较优势既建立在内部激励基础上，也需要适度的外部压力推动。银行业市场结构理论是分析中小银行发展的外部因素的理论基点。

2.5.1　市场结构的一般理论

市场结构是产业组织理论中的基本概念。产业组织理论是研究特定产业的企业与企业间的垄断或竞争关系的框架，考察的是同一产业内的企业的关系，主要体现为市场结构（Market Structure）、市场行为（Market Conduct）和市场绩效（Market Performance）之间的关系。市场结构是指特定市场中不同市场势力的相互关系，主要指企业之间在数量、份额、规模上的关系以及由此决定的竞争形式。根据微观经济学以竞争程度标准对市场类型进行的划分，从企业数量、产品差别程度、进入市场的难易程度以及厂商对产量和价格的控制程度等方面可分为完全竞争、垄断竞争、寡头垄断和完全垄断四种类型。

20 世纪 40—60 年代，哈佛大学的 Mason 和 Bain 确立了以市场结构为中心的 SCP 范式，即结构（Structure）—行为（Conduct）—绩效（Performance）分析范式，形成了著名的哈佛学派。[102] 哈佛学派认为，市场结构影响企业行为，而企业行为决定了企业运行的绩效。因此，为了获得理想的市场绩效，最重要的是通过公共政策来调整和直接改善不合理的市场结构。之后，以 Stigler 为代表的芝加哥学派崛起，与哈佛学派争论的焦点在于，高度集中的市场结构中的高利润究竟是来自于垄断势力还是来自大企业的高效率。[103] 芝加哥学派认为：产业持续出现的高利润可能是企业高效率的结果，因而高效率的企业有能力促进企业规模扩大和市场集中度的提高，形成高度集中的市场结构。Baumol 等人提出了可竞争市场理论，认为在可竞争市场中，只要不存在特别的进出市场成本，保持市场进出的完全自由，潜在进入者的竞争压力就会迫使任何市场结构条件下的现有企业采取降低成本、扩张规模、注重创新等竞争行为。潜在竞争既改变市场结构，又影响市场绩效，从而摆脱了市场结构与市场行为之间的单向关系。

2.5.2　银行业市场结构与市场绩效之间的关系

20 世纪 80 年代以来国外大量的研究运用产业组织的市场结构理论对银行业市场结构与市场绩效间的关系进行了考察。关于市场结构与市场绩效之间的关系，存在着市场力量假说（Market Power Hypothesis，MP）和效率结构假说（Efficient – structure Hypothesis，ES）两种截然不同的理论解释。市场力量假说包括传统的结构—行为—绩效假说（Structure – Conduct – Performance，SCP）和相对市场力量假说（Relative – Market – Power，RMP）。SCP 假说认为在集中度高的市场中，具有垄断市场力的大银行可以通过支付较低的存款利率或收取较高的贷款利率获得垄断利润。RMP 假说认为低集中度的市场也可能存在产品差异化，出现反竞争的市场定价行为。市场力量假说强调，市场结构是市场行为和市场绩效的基础，决定了市场行为和绩效。效率结构假说则认为是由于效率高的银行借助更好的管理或生产技术降低了生产成本，相应地增加了利润和市场份额，带来了银行集中度的提高。又或者是受企业的规模经济效率的影响，处于较优生产规模的企业由于成本更低，可以获得较高的利润和较大的份额，从而导致了市场集中。总之，正是市场绩效或市场行为影响决定了市场结构。

　　总体而言，以上假说都以市场结构内生于经济体系为前提。但外生结构理论认为，市场结构是外生于经济体系的，政府管制和法律体系都可能形成不同的市场结构特点。一国具体的金融管制政策规定了该国金融机构的营业范围、自由度和竞争程度，因而在很大程度上决定了金融发展水平和结构。例如，银行管制法案往往规定了银行营业的地理限制、业务限制，机构间的兼并限制等。对于这些方面的管制的解除，可能会有效地刺激银行规模的扩张和银行间并购，促使银行集中度的上升。法律影响市场结构的观点则认为，各国的金融结构受本国的法律制度影响和制约，一国的金融结构取决于法律赋予投资者的权利和执行这种权利的力度。La Porta 等（1997，1998，2000，2002）、Levine（1999，2001）和 Friedman 等（2003）等的研究表明，法律对投资者权利保护的差异成为各国不同的金融发展水平的内在原因，法律制度的建立和完善相应成为改善公司治理和促进金融发展的关键。

　　不论是内生结构理论还是外生结构理论，事实上都说明了结构和行为之间的复杂性。有的产业组织理论可以看做是建立在对传统产业组织理论的批判或继承的基础之上的。根据传统产业组织理论的 SCP 范式，市场结构决定着该行业中的企业的行为和最终的市场绩效，因而对行业的发展具有极其重要的意义，是一个产业是否能够良性运行的标志。具体而言，市场行为取决于市场结构，也决定了市场绩效，作为反映产业资源配置优劣的最终评估标志的市场绩效势必受到市场结构和市场行为的共同制约。因此，为了获得好的市场绩效，需要相关产业组织政策对产业结构和企业行为进行调整和配套支持。另一方面，市场行为和市场绩效确实可能会反作用于市场结构，为未来的市场结构的改变带来影响。所以，尽管市场结构、市场行为和市场绩效之间实际上并不是简单的单向决定关系，而是存在着更为复杂的多方面关系，但不论作用方向如何，以"结构—行为—绩效"这一逻辑框架为基础，以此来充分阐释和分析银行业结构对银行业效率和中小银行机构可持续发展的影响，还是符合理论基础和现实逻辑的。

2.6　中小银行发展的影响因素及中美中小银行比较研究要点

2.6.1　中小银行发展的影响因素分析

　　基于中小银行发展的相关理论基础和现实情况，不难发现，中小银行的可持续发展需要多方面因素共同作用。中小银行发展模式的选择是在多方面综合作用下的结果,中小银行的可持续发展是建立在多层次、内外作用并重的基础上的。从业务的角度,决定中小银行发展方向的关键取决于经营模式的选择,而经营模式的实施需要有适当的公司治理模式相配合。经营模式和公司治理模式是在银行内部层次上的自身选择,都是受到外部因素的作用和影响。而影响中小银行发展的外部环境因素可分为宏观环境因素和微观环境因素,其中宏观环境因素包括政治法律环境、经济环境、社会环境和技术环境等诸多方面;微观环境因素则指的产业环境或市场环境方面,企业的经营状况取决于市场的需求、其所在产业的整体发展状况以及该企业在产业中所处的竞争地位,所以市场结构与竞争或产业环境是影响中小银行发展的关键微观外部环境。

从内部因素而言,中小银行的可持续发展关键在于在明晰的市场定位下选择能充分发挥自身比较优势的经营发展模式,同时在公司治理方面要为其市场定位和经营模式服务,创造能有利于其发挥比较优势的条件。以美国社区银行的经验为例,社区银行长期以来发挥比较优势的关键取决于:第一,中小银行在经营模式上要采取贴近客户的市场定位,以关系型贷款和服务社区为主。第二,在公司治理方面要通过有效的机制减少信息成本和代理成本,尽可能降低关系型贷款成本。第三,银行任何经营模式和公司治理机制都是基于特定的外部环境的,受经济基础、政治文化背景、法律政策、技术条件等综合影响。美国之所以有数量众多的中小银行,中小银行之所以形成服务当地、服务社区的特色,与其所处的外部宏观环境是不无关系的,因此外部宏观环境是中小银行可持续发展模式选择的关键。第四,比较优势的形成和发挥既要有内部动力,又要有外部压力,适度的市场竞争和合理的银行业市场结构也是中小银行比较优势的关键外部因素。

2.6.2　中美中小银行比较研究要点

中美中小银行的比较研究需要考虑中小银行发展的各种影响因素。从中小银行自身的角度来看,根据中小银行优势论,应从业务经营模式和公司治理模式两方面展开比较研究;从中小银行所处的环境因素来看,应从外部宏观环境和银行市场环境两个方面分别展开比较研究。基于此,中美中小银行比较研究的要点在于:业务经营模式、公司治理模式、市场结构与竞争、外部宏观环境。

1. 业务经营模式

从前文理论基础分析部分可以看出,中小银行关系型贷款比较优势的根本在于其作为金融中介对信息不对称问题的解决，正是由于中小银行在软信息的收集、传递、使用过程中的优势，才表现出了相对大银行而言在关系型贷款上的比较优势。要真正实现关系型贷款的优势，需要中小银行贴近客户，近距离接触软信息来源渠道。财务信息透明且相对可靠的客户不依赖于关系型贷款，而需要关系型贷款的正是具有软信息特征的中小企业和农户。尽管关系型贷款理论是源于对中小企业贷款的相关研究，但农户同样具有缺乏抵押品和可靠硬信息、金融需求的金额相对较小的典型特征，对农户提供的金融服务往往也依赖于对软信息的使用。另一方面，为了贴近客户，便于收集和累积软信息，中小银行需要在地理位置上接近潜在客户，需要熟悉当地环境和人文信息，及时掌握客户的动向。国外大量实证表明中小银行业务区域集中，对本地区的情况比较熟悉，能够有更多的精力了解潜在客户的情况，掌握大量的软信息，能够为其提供量身定做的金融服务。所以，只有集中特定区域或社区开展业务，才能做到真正熟悉当地情况，也只有彻底了解当地情况，才能发挥软信息比较优势，有效开展关系型贷款业务。

2. 公司治理模式

为了发挥关系型贷款优势，中小银行需要有效的公司治理结构从而减少关系型贷款中的交易成本，还要有简单、较少层级的组织结构以便于软信息的传递，更要有切实有效的激励控制机制从而减少相关代理成本等。现代商业银行的治理机制所要解决的是银行内部的委托—代理的效率问题，其具体途径是依托银行内部组织结构的设置和权力安排来实现，包括如何设计内部组织结构，如何配置和行使控制权，如何监督和评价董事会、经理人员和职工，如何设计和实施激励机制等。所有权结构是银行公司治理的核心，所有权性质和具体分布比例等决定了银行内部的权力配置和制约关系，影响着公司治理模式的确定和功能的发挥。银行组织安排影响着银行的信息传导、决策执行和管理效率。公司治理结构决定着银行决策、执行和监督部门间的关系和具体实施效果，激励约束机制的设计是影响银行公司治理成效的关键。[104] 所有权结构、组织安排、治理结构以及激励约束机制共同构成了银行公司治理的内容。

3. 市场结构与竞争

不同的市场结构下市场主体的竞争状态和竞争程度也不同，中小银行的业务模式、组织结构等都会受到市场结构和竞争的影响。中小银行在软信息和关系型贷款上的比较优势，其实也意味着在硬信息和交易型贷款上的比较劣势。大银行虽然处理软信息的代理成本过高，但实力雄厚，网络分布广泛，信息系统强大，在收集和处理硬信息上具有明显优势。理想的市场竞争状态下，借款者根据自己的信息性质向适合的银行融资，银行也根据自身的优势选择贷款对象和业务重点。只有形成特色，真正形成和充分发挥比较优势，才能在竞争中站稳脚跟。

对于信息不透明的中小企业而言，信息的专有化、人格化特征使其在转换融资银行时面临较高的转换成本，而且信息类型越偏向专门化，其转换成本越高，所以借款者不会轻易地选择转换融资银行。[105] 因此，银行间的竞争如果能促使中小银行更加注重生产专门化程度较高的信息，就可以更好地规避竞争。中小银行比较优势必须在适度的竞争中才能形成，适度的竞争可以促进中小银行尽力发挥自身优势寻找自身特色，但激烈的竞争对中小银行的生存和发展也形成了挑战。规模较小的中小银行由于实力较弱，通常也更容易受到竞争的冲击，不仅自身的生存受到威胁，也给整个金融系统的稳定性造成一定影响。所以，能够维持有效竞争的市场结构是本书所关注的中小银行比较优势形成和可持续发展的关键因素之一。

4. 外部宏观环境

影响中小银行可持续发展的外部因素包括经济、政治、文化、技术等多方面。银行任何经营模式和公司治理都是基于特定的外部环境的，受经济基础、政治文化背景、法律政策、技术条件等综合影响。根据内生金融理论，金融体系内生于基本经济单位的金融需求。由于基本经济单位生产力水平的差异性，导致资本产出效率的差别性，使得不同金融中介机构对其提供金融服务的效率和交易成本不一样。这意味着内生金融体系与基本经济单位之间存在某种对应关系。正是对应小企业的特殊性，中小银行对其提供金融服务的交易成本相对较低，因而具有比较优势。政治文化背景也是重要的外部环境因素。从关系型贷款的开展来看，信贷员在与潜在贷款客户长期接触中收集使用软信息，而信贷员自身的文化观念、生活习惯、宗教信仰等都会影响他生产、处理软信息，从而影响对客户信用判断识别的准确性。[106] 技术进步的影响在当代社会不言而喻，现代科技极大地改变和影响着银行的业务，比如 ATM 的使用、网络银行的普及等都直接改变了银行经营方式，降低了银行经营的成本。

外部环境约束和影响了市场主体的行为，如果说经营模式和公司治理是中小银行的内部制度选择，那么外部环境则是其选择的基础，或者说外部环境决定了中小银行的产生、特征、经营模式和公司治理结构，是中小银行形成和发挥比较优势的基础因素。

2.7 本章小结

　　本章系统地梳理了中小银行存在与发展的理论基础。金融中介理论说明了银行类金融机构在减少信息不对称方面的积极作用。金融中介的功能和特点在宏观环境、制度和技术发展过程中也随之发生变化。规模经济性和范围经济性从理论上说明了银行规模扩张和综合经营的动因，形成了大型银行和中小银行在规模发展上的差异。尽管银行经营过程也可能存在规模不经济和范围不经济现象，不过中小银行和大型银行更重要的区别在于业务模式选择上。由于中小银行在解决信息不对称问题时存在软信息的收集与处理方面的优势，同时其组织结构和决策机制等公司治理方面特征更有利于减轻委托—代理问题，因此奠定了中小银行的关系型贷款优势论。银行市场结构理论则从产业环境的角度为中小银行比较优势的形成奠定了外部压力理论基点。

　　以上理论基点是本书从可持续发展和功能定位的角度开展中美中小银行比较研究的重要基础。本书将从中小银行内部和外部两方面开展比较研究。从中小银行内部因素而言，中小银行的可持续发展关键在于明晰的市场定位下选择能充分发挥自身比较优势的经营发展模式，而经营模式的实施需要有适当的公司治理模式相配合或创造条件为其服务，因此基于中小银行比较优势相关理论，从业务经营模式和公司治理模式两方面展开具体比较。从中小银行所处的环境因素来看，又从整体外部宏观环境和银行市场环境两个方面分别展开。银行任何经营模式和公司治理都是基于特定的外部环境的，受经济基础、政治文化背景、法律政策、技术条件等综合影响；适度的市场竞争和合理的银行业市场结构也是中小银行比较优势的关键外部因素，企业的经营状况取决于市场的需求、其所在产业的整体发展状况以及该企业在产业中所处的竞争地位。内部动力和外部支持及适当压力的共同作用决定了中小银行的生存与发展状态，这也是本书对中美中小银行开展比较研究的整体逻辑。

3

中美中小银行的历史演变与功能定位

本章分析中国和美国中小银行的发展历程及现状。通过梳理中美中小银行发展的历史脉络和现实状况总结中小银行的发展规律，明确中小银行的功能和作用，展望中小银行的发展前景。

3.1 美国中小银行的发展状况

3.1.1 美国中小银行的发展历程

美国银行体系中不仅有位居世界前列的超级航母型的大型银行，也有为数众多、颇具特色的中小银行。美国社区银行的早期形式起源可追溯到殖民时代，是由移民社区中的商人或农民自发建立起来的，为本社区内的居民提供债权债务管理。虽然在大型银行逐渐发展和扩张的过程中，以社区银行为代表的中小银行数量逐渐减少，但至今仍是美国银行体系的重要组成部分，数量上占美国银行业的较大比重，发挥着必不可少的作用。美国中小银行的发展与美国金融制度的变迁和经营环境的发展密切相关，可以总结为四个发展阶段。

第一阶段：1837—1929 年的自由发展时期。

在此之前，美国并没有出现真正意义上的商业银行。1837 年美国第一个自由银行法令在密歇根州通过，法令规定个人和集团只要有充足的资本并依法履行义务就可以申请银行执照，但是没有明确规定最低拥有多少资本才能获得银行执照，因而对新银行进入没有严格的要求。此后，其他州也颁布了类似的法令，从 1837 年到 1861 年，美国银行数目从 788 家迅速扩张到 1 600 多家，大部分是社区银行。由于各州颁布的法令对银行的业务范围和操作规范没有提出明确的要求，并且各州的法令缺乏统一性，使得这个阶段美国银行体系比较混乱。

1863 年，为了控制银行业的混乱，联邦政府颁布了《国民银行法》（*National Bank Act*），其中规定货币监理署（Office of the Comptroller of the Currency, OCC）有权发放国民银行执照，至此，美国正式建立了联邦和州的双重银行体系。1865 年，联邦政府通过对州立银行券的使用征收 10% 的税来促进国民银行的发展，国民银行的数量逐渐增加。1900 年，美国《货币法》规定国民银行和州立银行不能跨州设立分行，同时降低了国民银行设立的最低资本额，这项措施使得国民银行和州立银行都有了快速发展。如此宽松的金融环境为美国中小银行的发展提供了良好的市场环境，到 1920 年，美国已经设立了国民银行 8 000 多家，平均资产规模在 2.8 万美元左右；拥有 20 000 多家州立银行，平均资产规模在 1 万美元左右。[107] 虽然《货币法》限制了银行的经营范围和业务范围，但是低门槛的准入机制等措施为美国银行业市场竞争机制的培养提供了良好环境。可以说，这一时期是美国银行业的起步时期，大型银行很少，是中小银行在美国银行业占绝对优势的时期。

第二阶段：1932—1980 年的严格管制时期。

由于当时银行普遍只拥有较低的注册资本和较小的资产规模，银行倒闭现象时有发生。1921 年至 1929 年期间，美国有 5 700 家银行因为各种原因倒闭。1929 年至 1933 年期间，世界经济衰退，美国金融危机爆发，致使近万家银行倒闭，造成了银行业市场的极度混乱，银行体系出现了严重的信用危机。1933 年，美国国会通过了《格拉斯—斯蒂格尔法案》①，希望能防止银行危机的再度出现。从此，美国银行业进入了严格的分业经营和分业监管时期。根据法案，美国政府建立联邦存款保险公司（FDIC），对银行业实施管理；国民银行分行需要接受所在州政府的监管；Q 条例中规定银行对于活期存款不得公开支付利息，对储蓄存款和定期存款的利率设定最高限度。

这段时期，美国州政府为了防止大银行垄断的发生，严格限制银行设立分行，单元银行机构现象十分普遍。虽然 1927 年的《麦克法登法案》和 1933 年《格拉斯—斯蒂格尔法案》没有对国立银行和州立银行开设分行进行限制，但

---

① 《格拉斯—斯蒂格尔法案》即《1933 年银行法》（*Banking Law of 1933*），该法案是综合了参议院卡特·格拉斯（Carter Glass）的提案及众议院银行与货币委员会主席亨利·斯蒂格尔（Henry Steagall）修正案的基础上被国会通过的，因此人们习惯上把它称为《格拉斯—斯蒂格尔法案》（*Glass – Steagall Act*）。

是国民银行需要受到各州政府的监管，而各州政府出于安全和竞争的考虑，依然限制国民银行和州立银行开设分行。到 1980 年，也只有 12 个州允许本州的银行在州内开设分支机构，国民银行依然受到限制。

中小银行由于自身资金实力有限，业务的规模也比较有限，因此受到这样严格的分业经营制度的影响也是有限的。而大银行在利润和市场份额的驱动下，不断通过兼并、收购等办法来突破分支机构和业务范围的限制。1950—1960 年期间，大银行发起的合并案激增，引起了美国银行业对市场垄断的担忧，也引起了中小银行的强烈不满，违背了《谢尔曼反垄断法》（Sherman Antitrust Act）奉行的自由竞争原则。1960 年，美国国会通过了《银行兼并法》（Bank Merger Act），法案中明确规定了银行兼并的监管机构和兼并的标准。监管机构在审查监管申请时，需要综合考察兼并银行财务、管理、竞争性多方面的因素和影响，以防止恶意竞争和垄断的出现。1966 年的《银行兼并法修正案》进一步强调审查时必须考虑银行兼并对社区的影响。

政府管制隔离了金融业的地域竞争、产品竞争和价格竞争，为中小银行的发展提供了良好的空间，实力较弱的中小银行因此也一定程度上避免了直接和大银行展开竞争。到 1980 年，在全美 14 434 家注册的商业银行中，有 14 078 家的资产低于 10 亿美元，中小银行数量占银行总数的 97.53%，资产占整个银行业的 33.4%（DeYoung et al.，2004）[107]。在这一时期，中小银行在实行严格管制的金融法规的保护和约束下，获得了较为平稳的生存环境，但因为金融市场较为缺乏活力，中小银行的发展和创新也较为缺乏活力。

第三阶段：1980—2007 年的管制放松时期。

在这一时期，科技进步促进了金融创新，经济的全球化发展趋势逐步加强，金融法律与管制的放松也渐渐显现。其实在此之前，金融创新一直是银行为了绕开银行制度严格监管的一种办法。面对监管当局对银行设立分行和业务范围的限制，银行采取了并购行为，创新出了金融服务公司、银行持股公司、共同基金。面对利率限制和利率汇率市场的风险，银行设计了大额可转让存单、利率互换、期权期货等金融衍生工具。这一时期，金融机构开始主动争取制度变革和法律保护。

1980 年的《存款机构放松管制和货币控制法案》规定在其后 6 年里将利率上限逐步予以提高，并在 1986 年 3 月 31 日前分阶段取消 Q 条例对于一切存款机构持有的定期存款和存款储蓄存款的利率限制。1994 年，国会废止《麦克法登法案》，通过《州际银行法》（Riegale - Neal Interstate Banking and Branching Efficiency Act）允许银行跨州兼并设立分行。区域扩张的壁垒被打破，也由此引致了美国银行业更大的并购浪潮。并购浪潮使一些银行规模不断扩大，产生了一批超大型银行，使得中小银行承受着来自大银行、银行控股公司的强大的竞争压力。20世纪90年代，美国共发生了9 000多起银行并购，商业银行的平均资产规模从1990年的2.75亿美元，扩大到2000年的7.5亿美元，最大商业银行的资产也从1 500亿美元扩大到6 000亿美元，是以前的4倍。

随着1999年《金融服务现代化法案》（*Financial Services Modernization Act of 1999*）的颁布，允许银行业全面参与金融业务，结束了美国金融业的分业经营局面，进入了"金融百货公司"发展时代。对银行业监管的放松达到了高潮，银行之间的并购进一步层出不穷，大型银行不断蚕食着中小银行的市场份额，并通过金融创新涉足越来越多的新型业务，使中小银行面临着巨大的生存压力。随着愈演愈烈的并购浪潮，中小银行的数量有了明显的下降，甚至有分析人员预测社区银行将走向消亡。在这一时期，由于金融自由化政策的实施和金融业回归到混业经营，美国中小银行受到了较强的竞争压力，与大银行比较，中小银行的抗风险能力和金融创新能力有限，因兼并导致中小银行数量有明显减少。但是在这一时期，中小银行占比在美国仍然很高，截至2007年，中小银行的数量为6 771家，占比高达92.96%。这一数量明显高于中国的中小银行业机构的数量。这说明中小银行在美国具有顽强的生命力。

第四阶段：2008年美国金融危机发生后的整顿调整时期。

2008年金融危机爆发后，美国银行体系受到了金融市场冲击和经济下滑的影响。美国联邦存款保险公司2009年的统计数据显示，在所有FDIC承保的银行机构包括储蓄机构中，被确认为有问题银行的数量从2008年的250家左右急剧上升到约700家。2009年，美国有140家银行破产，总资产达到1 700亿美元，总存款达到1 390亿美元，而这些破产的银行中大部分是中小银行，资产超过20亿美元的银行只有14家，资产超过100亿美元的大型银行只有4家。2008年新设立银行数量很少，银行并购数也持续减少，大约五分之二的并购包括破产银行。由于金融危机的持续，2010年美国共有157家银行宣告破产，大多数破产银行是中小银行，平均每家银行的资产规模相当于2009年的一半左右，这也是1992年来，美国倒闭银行数量最多的一年。根据统计数据，从2007年至2011年8月，美国共计倒闭402家银行，其中81.84%为资产规模10亿美元以下的中小银行；资产规模1亿美元以下有80家，占倒闭总数的19.90%；而资产规模大于100亿美元的大型银行为20家，占比4.98%。但倒闭的中小银行数量居多也是在中小银行庞大的数量基数之上的，从相对比例来看，资产规模 10 亿美元以下的银行中倒闭银行数量在同等规模银行中的占比 4.1%，不到 10 亿至 100 亿美元规模区间银行的 10% 倒闭比例的一半，更远低于 100 亿美元以上的银行的 16.8%①。

尽管这段时期倒闭的中小银行数量较多，但是这些中小银行并不具有系统重要性，整体规模在银行业市场中并不大，对银行体系的冲击和影响并不大。况且，截至 2011 年中小银行的数量占比仍高达 91.83%，且中小银行的整体经营业绩还是比较稳定的。另一方面，由于美国中小银行的主要服务对象为中小企业和当地居民，区域经营特点也有助于形成抗风险传染的屏障，将风险局限在特定区域内。相对而言，规模庞大且拥有众多分支机构和跨区域经营的大型银行，其对市场的影响力更大，倒闭风险更容易蔓延传递至广泛区域。

在这一时期中小银行破产潮中，不适应市场发展的中小银行或者倒闭或者被兼并，这也是遵循市场的优胜劣汰规律。例如，美联银行和美国第一银行，都是在某个特定区域内提供金融业务的区域性银行，都因经营不善在本次金融危机中被跨国银行收购。可以说，这次金融危机是对中小银行的一次淘汰清理，公司治理结构和经营能力较差的中小银行被淘汰，大部分中小银行在危机中经过调整后，基本上进入了稳定局面。经过了危机的洗礼，美国中小银行业也从中得到反思。中小银行因资本规模小，金融产品不够丰富，在金融衍生产品流行、利率市场化和混业经营的时代，如果不加强内控和保持合理的资产负债结构，当危机来临时，就容易被逼到破产的境地。次贷危机的教训警示中小银行除了应加强对传统业务的风险管理之外，对于新兴的风险业务更应谨慎对待，慎重选择。

3.1.2　美国中小银行的现状分析

3.1.2.1　美国中小银行的数量变化趋势与地区分布结构

截至 2011 年，美国联邦存款保险公司（FDIC）提供保险的商业银行共有 6 290 家，其中资产规模在 10 亿美元以下的中小银行共有 5 776 家。从表 3－1 可以看出，2000 年至 2011 年银行数量不断下降，主要是由于中小银行数量不断下降引起的，中小银行从 2000 年的 7 918 家下降至 2011 年的 5 776 家，数量减少了 27%。而资产规模在 10 亿美元至 100 亿美元的大型银行和资产规模在 100 亿美元以上的超大型银行数量基本保持稳定，分别维持在 400 家和 80

---

① 王去非、应千凡、焦琦斌、易振华：《美国中小银行"倒闭潮"的回顾与启示》，载《银行家》，2012（1）。

家左右。而中小银行数量减少的原因主要在于兼并。根据美国联邦储备银行的调查，在 1994 年到 2003 年的 3 500 多家银行和储蓄机构合并案中，92% 的并购目标机构都是中小银行。虽然银行并购从 20 世纪 90 年代后期起有所下降，但在 2000 年至 2005 年间平均每年仍有 200 多家被并购。

表 3 – 1　　　　　　2000—2011 年美国商业银行数量变化　　　　单位：家，%

| 年份 | 所有银行 | 中小银行 | | 大银行 | | 超大银行 | |
	数量	数量	占比	数量	占比	数量	占比
2000	8 315	7 918	95.23	314	3.78	83	1.00
2001	8 080	7 681	95.06	320	3.96	79	0.98
2002	7 888	7 483	94.87	325	4.12	80	1.01
2003	7 770	7 346	94.54	341	4.39	83	1.07
2004	7 631	7 186	94.17	360	4.72	85	1.11
2005	7 526	7 051	93.69	391	5.20	84	1.12
2006	7 401	6 907	93.33	406	5.49	88	1.19
2007	7 284	6 771	92.96	427	5.86	86	1.18
2008	7 087	6 576	92.79	425	6.00	86	1.21
2009	6 840	6 326	92.49	429	6.27	85	1.24
2010	6 530	6 021	92.21	423	6.48	86	1.32
2011	6 290	5 776	91.83	429	6.82	85	1.35

资料来源：FDIC。

从持有的银行牌照形式上看，2005 年底商业银行体系中 76.7% 的中小银行持有的是州立银行（State Bank）牌照，23.3% 的中小银行持有国民银行（National Bank）牌照，其中资产规模在 5 000 万美元以下、5 000 万—3 亿美元、3 亿美元以上的中小银行中州立银行的占比分别为 82.%、74.91% 和 74.02%。而在持有州立银行牌照的中小银行中，作为联邦储备体系成员（即州成员银行，State Member Banks）的占 15.16%，作为非联邦储备体系成员（即州非成员银行）的占 84.84%。

从中小银行的城乡分布来看，中小银行主要集中于农村地区和城市郊区。据美国独立社区银行协会（ICBA）统计，2000 年全美 8 300 家社区银行①拥有的 36 803 个网点中有超过一半以上（约 54%）位于农村地区，29% 分布在城市郊区，位于市区的只占 17%。[108] 从区域分布上看（见表 3 – 2），根据 ICBA

① 该统计中除商业银行外，还包括储蓄和贷款机构。

在 2004 年、2010 年和 2011 年对社区银行地区分布的统计，社区银行总体上在美国各地理区域分布比较均匀，且从统计来看各年没有明显变化。美国中小银行的这种分布特点充分体现了其与大银行的差异性，突出了其主要为当地社区居民和农场主服务的市场定位。对于增加农村金融服务、消除二元经济现象、推动区域间均衡发展起到了重要的作用。

表 3 - 2　　　　　　　　　　美国社区银行的地区分布　　　　　　　　单位：%

	2004 年	2010 年	2011 年
中北部	24	23	24.4
东南部	20	21	20.2
中西部	20	19	19.4
西南部	16	15	16.0
东北部	10	11	10.6
西部	10	11	9.3

资料来源：ICBA。

3.1.2.2　美国中小银行的盈利能力

中小银行面对大银行的激烈竞争，整体上一直保持着较为稳定的经营业绩和盈利能力。资产收益率（ROA）和股权收益率（ROE）是反映银行盈利能力的基本指标，反映银行将银行资产和股本转化为净利润的能力。从表 3 - 3和表 3 - 4 可以看出，中小银行盈利能力的总体表现并不如大型银行和超大银行。从 2000 年到 2006 年，中小银行的资产收益率和股权收益率指标均低于其他两类银行。值得注意的是，这种情况在 2007 年开始出现变化，在次贷危机中银行业整体的收益指标明显恶化，特别是大银行和超大银行表现更为严重，中小银行虽然也难逃此劫，但整体上其盈利在 2008—2010 年危机期间表现明显要优于大银行和超大银行。应该说，衡量银行业绩及其稳健状况的绝不仅是经济高速增长时期的辉煌，而应更注重的是在经济下行、市场动荡时是否能依然生存并持续增长。

表 3 - 3　　　　　美国各类银行的资产收益率（ROA）比较　　　　　单位：%

年份	中小银行	大型银行	超大银行
2000	1.21	1.27	1.16
2001	1.12	1.28	1.14
2002	1.21	1.52	1.31
2003	1.2	1.45	1.43
2004	1.23	1.46	1.29

续表

年份	中小银行	大型银行	超大银行
2005	1.26	1.36	1.30
2006	1.19	1.34	1.35
2007	1.01	1.04	0.91
2008	0.29	-0.23	0.15
2009	-0.10	-0.44	-0.06
2010	0.28	0.16	0.75
2011	0.61	0.88	0.94

资料来源：FDIC 绩效指标表。

表 3-4　　　　　美国各类银行的股权收益率（ROE）比较　　　　单位：%

年份	中小银行	大型银行	超大银行
2000	12.35	14.36	14.36
2001	11.06	13.47	13.63
2002	11.93	14.83	14.95
2003	11.8	13.88	16.44
2004	11.96	13.47	14.11
2005	12.13	12.73	13.02
2006	11.31	12.58	13.36
2007	9.39	9.1	9.08
2008	2.76	-2.06	1.57
2009	-1.02	-3.98	-0.54
2010	2.78	1.42	6.76
2011	5.81	7.52	8.36

资料来源：FDIC 绩效指标表。

　　由于中小银行主要经营传统信贷业务，虽然也受到金融危机的影响，但是相比积极涉足投资银行业务和对冲基金等表外业务的大型银行来说，受到的冲击相对要小得多。2007 年次贷危机之后，社区银行为了获取当地居民的资源，以"信用和信任"为口号，向居民宣传社区银行"安全"和"亲民"的意识，尽量减少金融危机的冲击。美国独立银行家协会（ICBA）2009 年 3 月 10 日出具的研究报告《金融危机对美国社区银行的影响：困难时期的新机会》显示，有 55% 的社区银行在危机之后新增了大量存款，主要来自于大银行客户资金的转移，只有 17% 的社区银行存款出现了下降；有 57% 的社区银行个人客户数量的新增速度较快，有47%的社区银行公司客户数量显著上升；有40%的社区银行贷款持续增加，有11%的社区银行在次贷危机之后削弱了放贷能力。该报告的分析结果表明，美国绝大多数社区银行在金融危机中的表现优于大银行。

美国中小银行盈利能力的稳定性也表现在盈利增长机构的占比上，盈利增长机构的占比指的是盈利增加（或损失减少）的机构数量与1年前同期机构数量的比例。从表3-5来看，从2000年到2010年，中小银行的盈利增长机构占比平均达到了57.8%，表现出良好的成长性。尽管从与其他两类银行的比较来看，中小银行通常仍然低于其他两类银行，但同样在金融危机期间，即2007年至2009年间，中小银行的盈利增长机构占比是各类银行中最高的，体现了较好的盈利稳定性。

表3-5   美国各类银行中盈利增长机构占比比较   单位：%

年份	中小银行	大型银行	超大银行
2000	67.61	65.29	46.99
2001	55.68	68.75	63.29
2002	72.28	79.08	80
2003	58.66	69.21	67.47
2004	64.42	71.94	68.24
2005	65.28	75.96	67.86
2006	58.46	67.98	65.91
2007	52.08	48.71	30.23
2008	37.06	22.12	22.09
2009	38.29	38.23	35.29
2010	65.55	69.5	75.58

资料来源：FDIC绩效指标表。

从以上数据可以找到一个规律：中小银行虽然在经济的上行期或稳定发展期经营绩效的总体表现不如大型银行，但在经济的下行期或危机爆发时，中小银行的总体绩效的表现优于大型银行。这说明一般地，美国中小银行的经营较为稳健，总体的抗压能力更强一些。

3.1.2.3　美国中小银行的风险状况

中小银行稳健经营的状况从银行资本充足性和资产质量等指标可以得到体现。

商业银行的一个重要特性是高负债经营，资本比率相对较低。银行资本是承担风险损失和维持偿债能力的重要保证。从表3-6美国不同规模银行的资本比率来看，中小银行资本金比率相对较高，尤其是1亿美元以下的小银行，其股本与资产的比率明显高于其他银行。从核心资本充足率指标来看，中小银行的资本充足程度更是显著高于大银行，特别是在次贷危机之前，1亿美元以下规模的小银行的核心资本充足率水平几乎是超大银行的一倍。危机爆发后，大型银行的资本比率随着监管的加强而明显提高，两者的差距才逐渐缩小。

表3-6　　　　　　　美国各类银行的资本比率（2000—2011年）　　　　　单位：%

项目 年份	股本/资产比率				核心资本充足率			
	1亿美元以下的银行	1亿美元至10亿美元的银行	10亿美元至100亿美元的银行	100亿美元以上的银行	1亿美元以下的银行	1亿美元至10亿美元的银行	10亿美元至100亿美元的银行	100亿美元以上的银行
2000	11.33	9.82	8.94	7.96	17.04	13.76	11.56	8.48
2001	11.08	9.85	9.49	8.58	16.46	13.63	12.13	9.02
2002	11.28	10.06	10.06	8.76	16.59	13.77	12.95	9.13
2003	11.49	10.05	10.34	8.66	17.09	13.73	13.19	9.23
2004	11.82	10.19	10.87	10.15	17.58	13.58	12.90	9.78
2005	12.16	10.20	10.68	10.18	18.20	13.49	12.33	9.76
2006	13.01	10.39	10.97	10.42	19.19	13.49	12.26	9.67
2007	13.73	10.49	11.34	10.12	19.65	13.17	11.93	9.31
2008	12.87	10.00	10.65	9.01	18.23	12.73	11.73	9.21
2009	11.96	9.86	10.73	11.02	17.32	13.03	12.81	11.2
2010	11.71	10.15	11.20	11.26	17.71	14.09	14.43	12.23
2011	11.85	10.6	11.89	11.29	17.96	14.76	15.51	12.55

资料来源：Statistics on Banking（FDIC）。

相对较高的资本比率说明了美国中小银行较好的抗风险能力，也利于中小银行提高市场声誉，增强公众信心。在自有资本比率较低的情况下，银行更容易采取过度风险经营行为，这实际上是在用存款人的资金去承担风险。中小银行较高的自有资本比率可以降低这些银行的信贷风险偏好，起到保护债权人利益和有效控制风险的作用，有助于维持金融体系的稳定。

从风险加权资产占总资产的比例来看（见表3-7），不同的资产其风险状况也不同，所占的风险权重也不尽相同，而中小银行的风险加权资产比例普遍低于大型银行，这也体现了中小银行主要经营传统信贷业务，对于各种高风险的业务参与相对较少，因而中小银行资产中风险资产的比例相应较低，总体风险比大银行相对较低。

　　美国各类银行的风险加权资产占总资产的比例　单位：%

年份 资产规模	2002	2003	2004	2005	2006	2007	2008	2009	2010
1 亿美元以下	64.7	64.3	64.8	65.7	66.5	67.2	67.8	66.7	64.7
1 亿—10 亿美元	67.1	67.3	69.0	70.8	72.2	73.5	73.9	72.1	69.0
10 亿—100 亿美元	67.0	66.6	68.8	71.6	73.5	75.4	76.3	73.0	67.9
100 亿美元以上	76.3	74.2	73.2	74.6	74.8	75.9	73.8	73.4	69.1

资料来源：FDIC 网站。

　　表 3 - 8 是美国各类银行贷款和租赁坏账损失率，反映了银行贷款和租赁资产的安全性。中小银行的坏账损失率远远低于大型银行，而且银行的规模越小，其坏账损失率也就越小。银行发生了坏账，就意味着应收账款无法顺利收回，这不仅会影响银行的日常经营，严重时甚至会导致银行的倒闭。由此可见，中小银行的信贷资产安全性较高，整体经营比较稳健。

表 3 - 8　　美国各类银行贷款和租赁坏账损失率　单位：%

年份 资产规模	2002	2003	2004	2005	2006	2007	2008	2009	2010
1 亿美元以下	0.33	0.31	0.26	0.19	0.18	0.23	0.45	0.90	0.80
1 亿—10 亿美元	0.38	0.36	0.25	0.19	0.17	0.26	0.67	1.29	1.12
10 亿—100 亿美元	0.71	0.56	0.42	0.26	0.21	0.41	1.16	2.06	1.85
100 亿美元以上	1.19	0.94	0.69	0.61	0.46	0.68	1.61	2.89	2.93

资料来源：FDIC 网站。

3.2　中国中小银行的发展状况

3.2.1　中国中小银行的发展历程

　　中国货币经营的出现可追溯到一千多年前唐代的质库、邸店，这是当时兼营银钱的类银行机构。此后宋代的钱铺、明代的钱庄、清代的票号等，开始具有了银行的一些特征。中国的第一家银行是英国人 1845 年开办的丽如银行。第一家中国人自己开办的银行是 1897 年的中国通商银行。1930 年以后，国民党政府逐步建立了一套较为完整的金融体系：以中央银行、交通银行、中国银行、中国农民银行、邮政储金汇业局、中央信托局、中央合作金库为主体，政府设立省、市、县银行，合办官商银行。此外，还存在民族资本家创办的私营银行和钱庄，但分布较为集中，有三分之一分布在上海，且规模有限，主要以投机为主，故它们在国家经济运行中作用有限。1948 年 12 月 1 日，中国人民银行由中国共产党在石家庄成立，并向全国发行人民币。新中国成立前后，中国人民银行根据《共同纲领》，接管官僚资本银行并进行清理或改组为专业银行，改组官商合办银行为公私合营银行，改造私营银行，取消外商银行在中国的一切特权。

　　1949 年以后，在计划经济体制下形成了以中国人民银行为主导的银行体系，银行不划分专业职能。中国人民银行和财政部直接管辖中国银行、中国农业银行和中国人民建设银行等专业性银行机构，这使得中国人民银行既办理存款、贷款和汇兑业务，又行使管理金融事业的政府职能。直到改革开放前，在高度集中的计划经济体制下，中国只有国家银行在国民经济活动中发挥会计和出纳的功能，银行业受到严格的现金与信贷计划控制，银行属于行政机构，其任务就是保证国民生产计划完成，没有竞争需要和动力。

　　改革开放之后，我国的银行业体系进入了重构时期。从 1979 年开始，恢复中国农业银行主管农村金融业务，从中国人民银行中分设出中国银行主管外贸信贷和外汇业务，从财政部分出中国人民建设银行主管长期投资和贷款业务。1981 年，成立中国投资银行，主要负责接受国际金融机构贷款及其他资金并转贷给国内企业。1983 年 9 月，国务院明确规定：中国人民银行行使中央银行的职能；成立中国工商银行，继续开展中国人民银行原有的储蓄和信贷等商业银行业务。中国逐步形成了以中央银行为核心、四大国有专业银行为骨干的银行业体系。

　　四家国有专业银行由于有各自特定的服务对象，基本上不存在业务上的竞争。1984 年，专业银行开始改革，放宽业务领域限制，四大专业银行之间开始了业务竞争。1986 年，国务院在经济体制改革过程中，恢复设立了交通银行。接着，又先后批准成立了中信实业银行、招商银行、深圳发展银行、广东发展银行等股份制商业银行，从此，打开了国有银行一统天下的局面。1996 年，第一家以非国有资产为主的股份制商业银行成立，定名为中国民生银行。

　　在全国性股份制商业银行发展的同时，中央允许地方政府发展地方性商业银行，在城市信用社的基础上采取股份制结构合并组建，业务范围为服务当地经济。城市信用社是 20 世纪 80 年代中国城市居民集资建立的合作性金融组织，主要为当地城乡集体企业、个体工商户、居民等提供金融支持。随着我国经济和金融改革的推进，城市信用社逐渐暴露出股权结构不合理、管理成本高、体制不健全等问题。城市信用社名义上是采用信用合作制度，但组织体制与经营机制在实践中背离了信用合作的原则。1995 年国务院决定在城市信用社清产核资的基础上，通过吸收地方财政、企业入股的方式组建城市合作银行，依照商业银行经营原则为地方经济发展服务，为中小企业服务。1995 年，第一家城市合作银行——深圳城市合作银行挂牌，标志着城市信用社改制工作拉开序幕。1998 年，城市合作银行全部更名为城市商业银行。2005 年，中国银监会发布《城市信用社监管与发展规划》，进一步加大了城市信用社改制力度。城市信用社数量从 2006 年的 78 家，2007 年的 42 家，2008 年的 22 家，到 2009 年的 11 家，不断减少。2012 年 4 月 6 日，最后一家城市信用社——象山县绿叶城市信用社改组为"宁波东海银行"，标志着中国城市信用社改制工作的结束。城市信用社自此已完全退出中国银行业的历史舞台。

2002 年 4 月，浙江省 8 家城市商业银行共同提出《共同打造民营企业主办银行品牌》的宣言，逐步建立以民营资本发展为投资主体、以民营企业为服务主体的地方性商业银行。这项宣言中明确了中小银行的市场定位，对全国其他省市的城市商业银行的发展起到了示范作用。城市商业银行在服务当地企业、服务当地居民的定位下，逐步加强经营管理，不断改善公司治理结构，有效提升了我国银行业体系的效率，为推动地方中小企业发展、支持地方经济改革和经济增长方式改变作出了突出贡献。

农村信用社是中国在 20 世纪 50 年代初农村推行生产合作、供销合作、信用合作的产物。此后农村信用社合作制的性质几经变化，随着人民公社体制的取消，重新恢复了名义上的合作金融组织地位。1984 年国务院明确提出了将农村信用社办成真正农村集体所有制的金融合作组织。与城市信用社合作制的有名无实类似，农村信用社多年来缺乏有效的经营机制和模式，资不抵债问题逐渐累积并日益暴露。进入 21 世纪以来，农村信用社的改革成为农村金融体制改革的重点，通过深入推进产权改革，不断完善公司治理，经营状况显著改观。近年来农村合作金融机构进一步加快了股权改造和经营机制转换，职工和自然人持股情况得到规范，符合农村商业银行准入条件的机构直接改制为农村商业银行，暂不具备条件的改制组建为股份制农村信用社。2001 年农村股份制商业银行开始试点，允许私营个体企业、自然人购买股份，江苏常熟、张家港和江阴农村信用社成功改组成为农村商业银行。农村中小金融机构是中国农村金融服务的主力军，在促进农业和农村发展、缩小城乡差别等方面发挥了积极作用。

2006 年 12 月，中国银监会发布《关于调整放宽农村地区银行业金融机构准入政策 更好支持社会主义新农村建设的若干意见》，鼓励各类资本设立主要为当地农户提供金融服务的村镇银行、贷款公司和资金互助合作社。2007 年 1 月银监会颁布了《村镇银行管理暂行规定》，指出村镇银行是"在农村地区设立的主要为当地农民、农业和农村经济发展提供金融服务的银行业金融机构"。至 2007 年 10 月，全国已有 12 家村镇银行成立，占当时已成立的新型农村金融机构的 50%。2007 年 10 月，经国务院同意，银监会扩大调整放宽农村地区银行业金融机构准入政策试点范围，将试点省份从 6 个省（自治区）扩大到 30 个省（市、自治区）。近些年来，在新型农村金融机构中，村镇银行的发展最为迅速。

3.2.2 中国中小银行的基本现状

3.2.2.1 银行业总体情况与中小银行发展态势

根据中国银监会 2011 年年报，截至 2011 年底，中国银行业金融机构包括：2 家政策性银行及国家开发银行；大型商业银行 5 家，即中国工商银行、中国农业银行、中国银行、中国建设银行和交通银行；中国邮政储蓄银行 1 家；股份制商业银行 12 家，即中信银行、招商银行、华夏银行、中国光大银行、兴业银行、深圳发展银行（2012 年与平安银行合并）、广东发展银行、上海浦东发展银行、中国民生银行、浙商银行、恒丰银行和渤海银行；城市商业银行共有 144 家；农村商业银行共有 212 家；农村合作银行共有 190 家；农村信用社共有 2 265 家；金融资产管理公司共有 4 家；外资法人金融机构共有 40 家；信托公司共有 66 家；企业集团财务公司共有 127 家；金融租赁公司共有 18 家；货币经纪公司共有 4 家；汽车金融公司共有 14 家；消费金融公司共有 4 家；村镇银行共有 635 家；贷款公司共有 10 家；农村资金互助社共有 46 家。中国银行业金融机构共有法人机构 3 800 家，从业人员 319.8 万人。

从银行业的金融资产分布情况来看，根据中国银监会的统计数据，国有大型商业银行坐拥中国金融资产的半壁江山（见图 3 - 1）。但中国银行业总体格局的变化趋势是国有大型商业银行的市场份额逐年下降，2011 年国有大型商业银行资产份额进一步下降至 47.3%，股份制商业银行的市场份额明显上升，城市商业银行和农村金融机构等中小银行的市场份额基本比较稳定。总体而言，银行业金融机构间的竞争性有所增强。从银行业金融机构税后利润来看，股份制银行和中小银行税后利润增长速度明显超过大型商业银行（见表 3 -

9）。2007 年至 2011 年间，国有大型商业银行的税后利润平均增速 29%，股份制商业银行达到了 38%，而城市商业银行和农村商业银行分别为 45% 和 86%，农村合作银行和农村信用社各达到了 39% 和 37%，新型农村金融机构从无到有，其税后利润的增长速度更是翻番。总体而言，中国中小银行近年来发展迅速，取得了较大的进步。

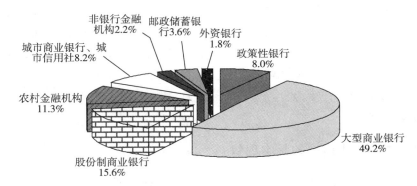

资料来源：中国银行业监督管理委员会网站，http://www.cbrc.gov.cn/。

图 3 - 1   2010 年中国银行业金融资产分布①

表 3 - 9   中国银行业金融机构税后利润情况（2007—2011 年）   单位：亿元

项目 \ 年份	2007	2008	2009	2010	2011
银行业金融机构	4 467.3	5 833.6	6 684.2	8 990.9	12 518.7
政策性银行及国家开发银行	489.3	229.8	352.5	415.2	536.7
国有大型商业银行	2 466.0	3 542.2	4 001.2	5 151.2	6 646.6
股份制商业银行	564.4	841.4	925	1 358	2 005.0
城市商业银行	248.1	407.9	496.5	769.8	1 080.9
农村商业银行	42.8	73.2	149.0	279.9	512.2
农村合作银行	54.5	103.6	134.9	179	181.9
城市信用社	7.7	6.2	1.9	0.1	0.2
农村信用社	193.4	219.1	227.9	232.9	531.2
非银行金融机构	333.8	284.5	298.7	408	598.8
外资银行	60.8	119.2	64.5	77.8	167.3
新型农村金融机构和邮政储蓄银行	6.5	6.5	32.2	119	257.9

资料来源：中国银行业监督管理委员会 2011 年年报。

---

① 该表列明的中国金融资产包括中国金融机构的境外资产。

3.2.2.2 城市商业银行

1995 年，深圳市商业银行成立，这是中国第一家城市商业银行。紧接着，城市商业银行的数量不断增加。自 2003 年以来，约 800 家城市信用社先后重组改造成城市商业银行或退出市场。城市商业银行一方面通过改革重组、增资扩股和资产置换等多种方式解决历史遗留问题，共处置了超过 1 700 亿元的历史不良资产，使风险逐渐得到有效化解；另一方面通过完善公司治理、加强内部控制和创新风险管理技术等手段，增强风险管理能力，使得抗风险能力、资产规模和质量有了较大的提高。近年以来，城市商业银行的规模以及市场份额不断增加。如表 3 - 10 所示，截至 2011 年底，城市商业银行总资产 9.98 万亿元，是 2003 年末的 6.8 倍，在银行业金融机构中占比 8.8%，这一占比呈现逐年上升的趋势。城市商业银行在服务本地、支持小微企业发展等方面也发挥了重要的作用。截至 2011 年底，城市商业银行小企业贷款余额为 1.55 万亿元，占到城市商业银行企业贷款的 47.8%，是全国银行业金融机构小企业贷款占全部贷款比重 19.6% 的 2 倍多[①]。

表 3 - 10 城市商业银行（含城市信用社）总资产情况（2003—2011 年）

单位：亿元

机构＼年份	2003	2004	2005	2006	2007	2008	2009	2010	2011
城市商业银行	14 622	17 056	20 367	25 938	33 405	41 320	56 800	78 526	99 845
城市信用社	1 468	1 787	2 033	1 831	1 312	804	272	22	30

资料来源：中国银监会年报。

3.2.2.3 农村商业银行、农村合作银行和农村信用社

1951 年，中国开始组建成立农村信用社机构，几十年的发展过程中历经农业银行管理、行社脱钩、人民银行代管、交由省级人民政府管理等重大体制变迁，管理体制在不断完善。随着农村合作金融机构的股份制改革进程推进，农村商业银行和农村合作银行近年来发展速度也明显加快（见表 3 - 11）。2010 年 12 月，重庆农村商业银行在香港交易所挂牌上市，是中国首家登陆资本市场的农村中小金融机构。英国《银行家》杂志评选的 2009 年全球银行业1 000 强中，中国 17 家农村商业银行进入榜单，占中国入榜商业银行的 20%。统计资料显示，以县（市）为单位的统一法人农村信用社 2002 年到 2010 年从94 家发展到 1 976 家；农村合作银行和农村商业银行 2002 年到 2010 年从 3 家

---

① 数据来源于中国银监会 2011 年年报。

快速发展到 300 家，其中农村合作银行 216 家，农村商业银行 84 家。截至 2011 年底，全国共有农村合作金融机构 2 667 家，其中农村商业银行 212 家、农村合作银行 190 家；农村信用社资产负债规模和存款规模达到改革前的 5 倍以上；资本充足率、不良贷款率等主要监管指标持续改善，风险逐步化解。到 2011 年底，中国农村信用社机构网点共有 7.7 万个，从业人员总数为 76 万人，全国农户贷款中有 77.4% 是由农信社提供。2010 年至 2011 年，全部 1 249 个新覆盖机构空白乡镇和 708 个新覆盖服务空白乡镇中，农村合作金融机构分别承担了 955 个和 449 个，贡献度分别为 76% 和 63%。另外，农村合作金融机构还承担了种粮直补、农资综合补贴等国家政策补助资金的发放工作，可以说中国农村信用社是中国农村地区机构分布最广、农村服务功能发挥最为充分的银行业金融机构，为支持农业增产、农民增收和农村社会经济发展作出了历史性的重要贡献。

表 3 –11　　农村商业银行和农村信用社总资产情况（2003—2011 年）单位：亿元

机构＼年份	2003	2004	2005	2006	2007	2008	2009	2010	2011
农村商业银行	385	565	3 029	5 038	6 097	9 291	18 661	27 670	42 527
农村合作银行	—	—	2 750	4 654	6 460	10 033	12 791	15 002	14 025
农村信用社	26 509	30 767	31 427	34 503	43 434	52 113	54 945	63 911	72 047

资料来源：中国银监会年报。

3.2.2.4　村镇银行

村镇银行是中国农村金融增量改革的重要举措，是推动农村小型金融机构发展的重要举措。由于在机构设立条件方面，村镇银行发起人至少要有一家银行业金融机构，商业银行的资本力量、管理方式、风险控制、人员管理、社会信誉、企业文化等方面的优势，都对村镇银行起到了重要的支撑作用。而贷款公司和资金互助合作社主要由非金融机构出资和农民自主管理，没有相关的经验和优势，故发展的步伐慢一些。从监管角度来说，村镇银行的风险相对容易控制，监管成本较小，因而在发展不成熟的起步阶段更受青睐。因此，尽管三种新型农村金融机构同时起步，村镇银行在发展过程中却呈现了独大的局面。

银监会计划在 2009—2011 年三年间，在全国 35 个省（自治区、直辖市）和计划单列市共设立 1 294 家新型农村金融机构，其中村镇银行 1 027 家。村镇银行的数量发展情况确实迅速，但数量的一味增长并不代表发展良好。银监会设立 1 027 家村镇银行的三年发展目标在随后的工作中实际已被淡化，转而强调"质量为先"的发展理念。确实，中国历史上出现过农村合作基金会在行政推动下数量快速发展，最后却因问题重重被清理整顿的教训，在村镇银行的发展上要注重增量成长，但一切必须坚持以质量为先，以可持续发展为前提，才能经得起时间的检验。2011年，银监会根据风险防范需要，印发《关于调整村镇银行组建核准有关事项的通知》，调整完善准入政策，确立集约化培育、专业化管理的工作思路，鼓励按照区域挂钩的原则集约化组建村镇银行，重点布局西部地区和中部欠发达县域，并按照先西部地区后东部地区、先欠发达县域后发达县域的次序组建；同时要求村镇银行坚持面向"三农"的建设方向和"做散做小"的经营原则。截至2011年底，由中国242家银行业金融机构发起设立了786家新型农村金融机构，其中村镇银行有726家，已经开业的有635家[①]。

3.3　中小银行的功能定位与发展方向

3.3.1　中小银行的地位与作用

3.3.1.1　中小银行是金融体系的重要组成

中小银行在本质上同大银行一样，是追求价值最大化的。在追求规模效益的影响下，许多中小银行也期望发展成为大银行，但从金融市场发展规律和对国家经济发展的贡献来看，中小银行的业务定位与大银行应该是有区别的。中小银行与大银行之间并不是此消彼长的关系，也不会被大银行消灭，与大银行是互补关系而不是互替关系，是中小企业融资的重要支持力量，是一国经济发展过程中不可缺少的金融组成部分。成熟完善的金融体系应是类似于金字塔的结构，在顶部是少数的大型金融机构，而底部则需要数量庞大的中小金融机构作为基石才能稳固。美国的金融体系是市场竞争下长期优胜劣汰的结果。在大规模银行并购浪潮中，中小银行首当其冲成为并购的对象，数量在不断减少，但中小银行在银行体系中始终存在并发挥了积极贡献。中国中小银行从无到有，从少到多，对完善金融体系、增加金融供给、强化市场竞争等方面同样起到了重要作用。

3.3.1.2　中小银行对地方经济的作用

以美国的社区银行为例，其非常注重服务于所在社区。由于社区银行是当

---

① 资料来源于中国银监会2011年年报。

地土生土长的银行，其经营范围通常在自身所处的社区内部，因此与居民建立良好的关系是社区银行发展的重要保证。社区银行通常与当地的商会合作，开展并参加各种社区活动，拉近银行与客户间的距离。比如社区银行常常会支持当地学校的发展，在发生灾害时协助当地救灾工作，为社会低收入阶层提供特别帮助等。除此之外，社区银行还经常在所处的社区开展与居民互动的各种活动。例如，2011 年 4 月，在美国"社区银行月"期间，为了感谢民众对社区银行的支持，ICBA 中近 5 000 家社区银行在其所在的社区开展了各种各样的活动，不仅宣传了银行自身，也提高了居民的理财意识。这些活动拉近了居民与银行的距离，增进了双方的了解。社区银行通常会将其吸收的存款用于当地的发展，很少会像大型银行那样将吸收的资金用于其他地区。这样一来，社区银行的资金不仅来源于当地政府以及企业和个人的存款，也主要运用在当地的发展和建设中。因此社区银行对当地经济的发展起到了积极的作用。

对中国中小银行而言，由于全国性金融机构大多在全国范围内配置资金，往往吸收落后地区的资金用于发达地区，而中小银行大多为地方性银行，能更充分利用当地金融资源用于当地，促进当地经济发展。中国中小银行在服务地方经济、满足中小企业金融服务需求方面发挥了重要作用，在促进农业增产、农民增收和农村经济发展中作出了很大贡献。

3.3.1.3　中小银行促进经济协调发展的功能

党的十七届三中全会提出了破除城乡二元结构、促进城乡一体化、破解农村经济发展难题、用科学发展观指导经济的可持续发展等主导思想。党的十七届五中全会通过了《中共中央关于制定国民经济和社会发展第十二个五年规划的建议》，进一步指明了加快经济发展方式转变的路径和方向。中国原有的经济发展模式越来越难以适应现行经济社会发展，大家逐渐意识到经济发展不仅是物质生产丰富的过程，也涉及了产业结构调整、经济环境协调发展、缩小贫富差距、社会和谐等多方面的问题。在这经济发展的转折点和关键时期，中国亟须一种与经济转型目标相适应、与经济发展方式相配套的金融支持作用。转变经济发展方式的内涵不仅仅指从粗放增长向集约增长的转变或从外延增长向内涵增长的转变，还包括反映经济结构（包括产业结构、城乡结构、区域结构等）的优化程度指标的变化。现代意义上的经济发展不仅注重经济规模扩张和生产效率提升，还强调经济增长的协调性、可持续性和成果的均衡分配。

中国经济发展过程中呈现典型的二元经济结构特征，改变二元经济结构也就成为中国社会经济发展的主要任务。[108]通过就地区经济差异、金融差异与国家经济增长之间的关系所作的理论和实证分析，研究结果显示，经济发展与经济差异之间存在负向非线性关系，表明地区经济差异对国家整体经济增长存在负向影响。[109] 欠发达地区的土地、矿产、人力等资源往往由于缺乏资金支持而没有得到合理配置和有效使用，因而更加落后。地区间的发展差异太大也会加大社会不平等，带来不稳定因素，增加社会管理成本。因此，为了促进经济增长和均衡发展，应该加大对落后地区的支持，提供更多的资金、技术等资源，缩小地区差异。

金融在现代经济社会中发挥核心的推动作用，金融资源的配置和流动影响着经济资源的配置和流动、经济结构的调整和经济增长的速度。缩小区域金融差异，对于减少经济差异，促进可持续的经济增长非常重要。中小银行对于解决区域发展不平衡和产业发展不平衡问题具有举足轻重的作用。大力发展中小银行，通过区域金融发展来促进经济协调发展是二元经济结构下应采取的有效措施。

通过计算 1986 年至 2004 年中国各省（市）的人均实际 GDP 与全国人均 GDP 的比值发现，各省（市）之间的差异非常明显。在金融差异方面，通过分别统计同期的国有大型银行、农村合作金融机构的各省人均贷款与全国人均贷款的比值，同样发现明显的省际差异。数据分析中还发现，各省国有大型银行人均贷款的差异大于同期各省实际人均 GDP 的差异，而各省农村信用社人均贷款的差异小于同期各省实际人均 GDP 的差异。另外，从数据中发现中国各省（市）的金融差异与经济差异之间存在着一定的相关性，这也说明，地区金融发展不平衡是地区经济发展不平衡的一个影响因素。以 2004 年为例，各省实际人均 GDP、国有银行人均贷款、农村信用社人均贷款的空间分布如表 3 - 12 所示。

表 3 - 12　　　　2004 年中国各省（市）经济差异与金融差异对比

省（市）	各省人均相对于全国人均的比重		
	各省人均实际 GDP/ 全国人均实际 GDP	各省国有大型银行 人均贷款/全国国有 大型银行人均贷款	各省农村信用社人均 贷款/全国农村 信用社人均贷款
安徽省	0.5086	0.3467	0.3843
北京市	3.8492	7.1536	3.0960
福建省	1.4615	0.9493	0.6485
甘肃省	0.6788	0.7245	0.6668

续表

省（市）	各省人均相对于全国人均的比重		
	各省人均实际 GDP/ 全国人均实际 GDP	各省国有大型银行 人均贷款/全国国有 大型银行人均贷款	各省农村信用社人均 贷款/全国农村 信用社人均贷款
广东省	1.6018	1.4274	1.7942
广西壮族自治区	0.5789	0.8309	0.6857
贵州省	0.2723	0.3979	0.2383
河北省	1.3405	0.8301	1.4656
黑龙江省	1.1452	0.7735	0.3675
河南省	0.6401	0.3780	0.6006
湖北省	0.8610	0.5502	0.3912
湖南省	0.5864	0.3885	0.4634
江苏省	1.9597	1.4591	1.1882
江西省	0.6638	0.5253	0.4756
吉林省	1.1408	1.0260	0.5995
辽宁省	2.2627	1.7458	1.4098
内蒙古自治区	1.2514	1.0278	0.6901
青海省	0.7220	0.9984	0.3202
山东省	1.4214	0.7608	1.2661
上海市	8.2476	10.7969	4.1504
陕西省	0.9144	0.9798	1.5042
山西省	0.8561	0.8272	0.9938
四川省	0.7343	0.6335	0.7314
天津市	3.5969	3.8200	3.5317
新疆维吾尔自治区	0.8930	0.6890	0.3872
云南省	0.4954	0.4705	0.4541
浙江省	2.0280	2.0112	2.5533
与人均实际 GDP 的相关性	1.0000	0.9640	0.8812

资料来源：实际 GDP 数据来源于 2005 年中国统计年鉴，贷款数据来源于 2005 年中国金融年鉴和 2004 年银行业年度报告。

为了深入考察金融差异对经济差异的影响，本书采用面板协整模型进行分析。选取中国各省人均实际 GDP 与全国人均实际 GDP 的差值为因变量，选取国有大型银行各省人均贷款与国有大型银行全国人均贷款的差值、农村合作金融机构各省人均贷款与农村合作金融机构全国人均贷款的差值、各省人均实际资本形成与全国人均实际资本形成的差值作为自变量。为了方便模型表述，下面将因变量和自变量分别记为：dg 表示中国各省的人均实际 GDP 与全国人均实际 GDP 的差值；ds 表示国有大型银行的各省人均贷款与国有大型银行的全国人均贷款的差值；dr 表示农村合作金融机构的各省人均贷款与农村合作金融机构的全国人均贷款的差值；dk 表示中国各省的人均实际资本形成与全国人均实际资本形成的差值。

因此，面板协整模型可以表述为如下形式：

$$dg_{it} = \alpha_1 dr_{it} + \alpha_2 ds_{it} + \alpha_3 dk_{it} \tag{3.1}$$

首先，对收集的面板数据进行平稳性检验，本书采取 ADF – Fisher 和 IPS 方法进行面板数据单位根检验，检验结果发现，原数据序列不平稳，一阶差分后序列是平稳的。检验结果如表 3 – 13 所示。

表 3 – 13　　　　　　　　　面板数据单位根检验结果

变量	趋势项有无	ADF – Fisher 方法	IPS 方法
dy	No trend	11. 1544 (1. 0000)	22. 4786 (1. 0000)
	trend	38. 1112 (0. 9501)	9. 66185 (1. 0000)
dlr	No trend	7. 30947 (1. 0000)	14. 4492 (1. 0000)
	trend	39. 7514 (0. 9263)	5. 09048 (1. 0000)
dls	No trend	34. 6235 (0. 9814)	9. 17449 (1. 0000)
	trend	43. 7488 (0. 8393)	4. 32627 (1. 0000)
dk	No trend	17. 5572 (1. 0000)	11. 1721 (1. 0000)
	trend	50. 2145 (0. 6212)	4. 43342 (1. 0000)
$D\ (dy)$	No trend	120. 717 (0. 0000)	– 1. 90149 (0. 0286)
	trend	135. 259 (0. 0000)	– 5. 52120 (0. 0000)

续表

变量	趋势项有无	ADF – Fisher 方法	IPS 方法
D (dlr)	No trend	167. 673 (0. 0000)	– 7. 76529 (0. 0000)
	trend	198. 415 (0. 0000)	– 10. 3730 (0. 0000)
D (dls)	No trend	230. 083 (0. 0000)	– 11. 6642 (0. 0000)
	trend	177. 504 (0. 0000)	– 9. 3090 (0. 0000)
D (dk)	No trend	154. 270 (0. 0000)	– 6. 05923 (0. 0000)
	trend	– 4. 68592 (0. 0000)	130. 199 (0. 0000)

　　然后，本书采用 Pedroni 和 Fisher – Johansen 方法对面板数据进行协整检验，检验结果表明，面板数据具有协整关系，因此，可以建立面板协整回归方程。检验结果如表 3 – 14 所示。

表 3 – 14　　　　　　　　　　　**面板数据协整检验结果**

统计量	P 值
Pedroni：	
Panel – v	0. 0000
Panel – rho	0. 0021
Panel – PP	0. 3980
Panel – ADF	0. 0112
Group – rho	0. 0000
Group – PP	0. 2639
Group – ADF	0. 0171
Kao：	
ADF	0. 0252
Fisher – Johansen：	
Trace：	
No cointegration	0. 0000
At most 1 cointegrating vector	0. 0000
At most 2 cointegrating vectors	0. 0006

续表

统计量	P 值
Eigenvalue：	
No cointegration	0.0000
At most 1 cointegrating vector	0.0000
At most 2 cointegrating vectors	0.0567

面板协整方程回归结果如下所示：

$$dg_{it} = 1.6317dr_{it} + 0.3709ds_{it} + 0.4205dk_{it} \qquad (3.2)$$
$$(6.42) \qquad (11.48) \qquad (9.81)[①]$$

从回归方程的结果来看，国有银行和农村合作金融机构的省际贷款差异对省际经济差异存在显著的正向影响，表明缩小地区金融差异有利于减少地区经济差异。从回归系数来看，农村合作金融机构的省际贷款差异的影响系数明显大于国有银行。因此，相对于国有银行而言，以农村信用社为代表的中小银行的发展对缩小地区经济差异的作用更加显著，说明了发展以农村信用社为代表的中小银行是改善地区差异的有效途径。[110]因此，为了缩小地区经济差异，大力发展农村信用社等地方中小银行，才能更好地促进区域均衡发展。

3.3.2　中小银行的发展方向

中小银行的积极作用不容忽视，中国中小银行的数量总体来看在不断增长，呈现良好的发展势头，但美国数量众多的中小银行却在不断减少。中小银行的发展是否具有可持续性，其可持续发展的方向和模式究竟应该如何选择和构建，这是值得深思的。

从美国中小银行的发展历程和现状分析可以看出，美国中小银行的数量众多，分布广泛，在社会经济中发挥的作用始终凸显了其重要性。美国中小银行整体在次贷危机中的良好表现也证明了其经营的稳定性，显示了其可持续发展的能力和可能性。

美国的经济发展经历过二元经济结构特征由强到弱的转变过程。一百多年前的美国，中西部的经济与东北部的经济差异巨大，城乡差异非常大。而如今虽然不能认为美国的二元经济结构已完全消除，但已不十分明显。在这样的背景下，美国地方经济对中小银行的需求有所淡化是正常的发展趋势。另外，随

---

① 括号中为 t 统计量，回归系数都通过了显著性检验。

着经济发展环境的变化，美国对银行设立分支机构和跨区域经营的管制逐步放开。这自然也推动了美国银行业的并购浪潮，不少中小银行成为大银行兼并的对象或相互之间并购重组，这是美国中小银行数量缓慢减少的重要原因。与美国不同的是，中国现阶段的二元经济结构特征非常明显，迫切需要大力发展中小银行，为改变区域经济发展不平衡的状况作出贡献。目前中国中小银行尚处在发展的初级阶段，整体的数量和市场份额都在不断增长，经营绩效和社会贡献度在逐步提升，发展的潜力和发展的空间很大。

中国中小银行选择的发展路径和模式应与 12 家全国性股份制商业银行的选择截然不同。这 12 家全国性经营的股份制商业银行虽然经历了从小到大的发展过程，但跨区域经营和扩张是其重要的特征。目前，它们的实力和依照商业原则在全国范围内采用选择性信贷配置的方式与重点服务于当地经济的社区银行有根本的不同。借鉴美国社区银行的发展经验，中国城市商业银行、农村商业银行、农村信用社和村镇银行等地方中小银行业机构不应走招商银行等全国性经营的股份制银行的发展路子，应进一步突出自己的特色，为当地经济发展服务，为改变中国的二元经济结构作出重要的贡献。地方中小银行的战略定位应是为当地经济增长极和特色产业提供金融支撑，并随当地经济增长极和特色产业的发展而发展。为了强化地方中小银行作为地方经济增长极和特色产业金融支撑的作用，应采取对应的政策措施，鼓励、引导地方中小银行专心致志为当地发展服务。

一般情况下，不宜将各省、市、自治区辖内的城市商业银行整合成省一级层次的区域性商业银行，不宜将各省、市、自治区辖内的农村信用社、农村合作银行、农村商业银行整合成省一级层次的区域性商业银行；也不宜将县域内具有法人资格的金融机构进行跨县域的兼并和整合。跨区域的地方中小银行业机构的兼并和整合将会明显弱化其对中低层次经济发展极和特色产业的金融支撑作用。

3.4　本章小结

美国中小银行的发展经历了自由发展、严格管制、管制放松到整顿调整的阶段，自由发展阶段造就了庞大的中小银行数量基础，严格管制阶段保护了中小银行在一定程度上免受竞争的冲击，管制放松时期加剧了竞争但也促进了银行业的创新和突出了中小银行求异型的定位，整顿调整阶段的中小银行在优胜劣汰下更认识到突出比较优势和加强风险管理的重要性。总体而言，美国的中小银行虽然几十年来数量在下降，但这主要是源于美国银行业制度的发展变化和银行业并购浪潮，中小银行的整体盈利能力、风险控制能力、经营稳定性和地方服务功能等都表现良好。

中国的中小银行近年来发展迅速，从城市商业银行的异军突起，到农村信用社股份制改造和农村商业银行的成立，再到村镇银行的出现，不论是从中小银行的数量增长，还是从中小银行的经营实力增强和积极的现实作用来看，都必须肯定这种进步。但中国中小银行为地方经济服务的功能尚未得到充分的发挥，在中国二元经济结构特征仍然十分突出的情况下，中小金融机构的发展有很大的空间和潜力。

从中美两国中小银行的发展历程和现实状况来看，中小银行与大银行之间并不是简单的此消彼长的关系，中小银行应是一国经济发展过程中不可缺少的金融组成部分。中小银行虽然规模偏小，但其经营方式灵活，具有较强的地方适应能力，不仅能更好地服务于当地经济，特别是在为中小企业提供金融服务和在促进农业增产、农民增收和农村经济发展中发挥重要的作用。应主张地方中小银行在当地经营，服务于地方经济发展。为地方经济增长极和特色产业提供金融支撑是历史赋予地方中小金融机构的战略使命。

4

中美中小银行发展的宏观环境比较

中小银行产生和发展是由多种外部环境因素共同促成的。美国为数众多的中小银行的出现和发展是基于美国特定的外部宏观环境。中国中小银行的产生与发展同样也受宏观环境的影响。本章试图比较两国中小银行发展的外部宏观环境，从外在因素角度分析中小银行发展的规律，为中国中小银行的发展提供有益的借鉴。

4.1 银行业发展的宏观环境

影响银行经营与发展的宏观环境包括经济环境、制度环境、社会环境和技术环境等。

4.1.1 经济环境

经济环境，是指银行生存和发展的经济状况及国家的经济政策，包括经济发展水平和经济结构、经济体制、宏观经济政策等要素。国内生产总值、就业水平、物价水平、利率、通货供应量、汇率、政府支出等国家货币和财政政策等都可以反映经济环境。

经济环境对企业生产经营的影响直接而具体，是银行经营和发展的基础。在经济发展过程中，实体经济部门的实力增强和体制完善，可以带动银行等金融中介机构的业务发展，同时，企业违约风险随企业盈利能力的提高而降低，有利于银行资产质量的改善。而相反，当经济处于萧条时期，经济发展的不利因素也将增加银行不良资产，影响银行的稳健经营和盈利水平。所以，银行业的行业周期往往与宏观经济周期呈现出一定的同步性。另外，包括产业结构、地区结构、城乡结构、产品结构、所有制结构、分配结构、技术结构、消费结构等不同的经济结构也对银行的经营模式和业务特点产生直接或间接的影响。比如经济的二元结构往往与金融二元结构对应；在工业化发展进程中，银行对工业的支持力度也明显加大等。

　　同时，在不同的经济体制下，金融机构的类型和组织形式表现也有不同。计划经济体制下，金融机构更多是政府主办的体制内机构，国有特征明显，容易形成大型国有银行垄断的局面；而在市场经济体制下，金融市场和金融机构的市场化特征更典型，民营或非正式机构更为活跃，中小型的金融机构相对会增加。随着经济发展水平的提高，要求银行机构的功能、作用发生相应变化。国有和民营金融机构，大型和中小金融机构等各种不同类型、不同规模金融机构会更加丰富多彩，发挥作用的方式呈多样化。

4.1.2　制度环境

　　制度环境包括政治环境、法律环境、金融监管环境等，是保障银行生产经营活动的基本条件，具体包括国家的政治制度、政府颁布的方针政策、法律法规法令以及金融监管机构和监管体系制度等因素。

　　政府在金融发展中扮演重要角色，在现代金融制度的历史起源和发展中其作用是贯穿始终的。比如政府为满足各种政治需要，经常可能向社会进行大规模融资活动。历史上经常有政府通过金融手段大规模筹措资金，或是为了巩固权威，对抗敌对势力；或是进行殖民扩张和发动对外战争。在和平时代，政府为支持经济发展也经常举债融资。由于金融服务属"准公共产品"，通常各国对金融机构都设定高于其他行业的严格市场准入和监管制度，而这种严格管制的背后也都涉及政治体制因素。因此，各种类型的金融机构通常都是在特定的社会历史条件和制度环境下形成的，在很大程度上受到人为政策管制的影响，政府在其中的作用至关重要。

　　现代金融是法治金融，金融运行和金融创新都受到法律的规范和金融监管的影响，需要法律的保护和促进。法律对私人产权保护的程度决定了金融发展的基础，一国的法律传统是优先保护私人产权还是优先保护国有产权决定了该国的金融发展水平（LLSV，1999）。强调保护债权人利益的法律和监管体系，强化合同实施的法律环境，能促进金融中介的发展，更利于银行稳定经营。因此，在健全的银行体系构建过程中，有效保护投资者和债权人利益的法律制度与实施机制是非常关键的必要因素。不过，法律制度本身也是复杂问题，既与经济背景和政治体制相关，也受社会习俗文化背景影响。

4.1.3　社会环境

社会环境，是指银行所处的社会结构、社会风俗传统、价值观念、行为准则、消费习惯等因素的形成和变动。自然环境是社会环境的基础。自然环境是包括土地、森林、河流、海洋、生物、矿产、能源等方面的自然资源与生态环境的发展变化。社会环境是自然环境的发展，是在自然环境的基础上，通过加工、改造、创造、积累所形成的不断丰富的物质文化和精神文化环境体系。在企业面临的诸方面环境中，社会环境是较为特殊的，是一种软环境，它不像其他环境因素那样显而易见与易于理解，却又无时不在深刻地影响着企业的各种活动。社会环境的差异同时也影响着制度的变迁和技术的发展，交互共同作用于金融市场和金融中介的发展。

不同的国家、不同的民族在不同的自然环境基础上形成了不同的文化背景，有着不同的风俗习惯、不同的行为准则和价值观。企业的经营活动是建立在社会因素基础上的，对于包括人们的风俗传统、价值观念、生活习惯、宗教信仰及地域差异等社会因素，都必须予以关注和综合考虑。而银行作为金融中介企业，同样不例外。例如，在社会普遍存在的消费至上的价值观和预支购买习惯下，银行的消费信贷产品会有更快速的发展；而节约至上的价值观和谨慎消费习惯则会使消费信贷较难以推广。

现代市场经济是建立在合规、守信的信用环境基础上的，银行作为信用中介，对信用环境的需求更甚，失信的环境会造成银行的巨大损失。有效的信用环境对保障市场经济规律作用的发挥非常重要。市场竞争的一般原则是优胜劣汰，但是市场环境恶化时会出现"劣币驱逐良币"现象。如果在市场经济中，无法区分信用好的企业与信用差的企业，就会使优良企业退出市场或自动放弃优良原则，所以市场的优胜劣汰原则也是建立在扶优惩劣的社会信用环境基础上的。当然，维护信用环境还需要制定严格的法律和有效的监管，在制度框架下修正和惩处那些仅凭社会信用约束达不到的失信行为。[111]

4.1.4　技术环境

技术环境，是指企业所处的环境中的科技要素，包括技术的变革、发展和应用状况等，是技术知识财富和社会进步相结合的产物。科学技术的发展，不仅提高了生产效率，也提高了交换效率，技术环境影响到企业的战略决策和竞争优势。现代科技作为重要的企业外部环境因素，直接影响着银行的经营，而且和其他环境因素相互作用，共同影响银行的市场活动。例如，现代电子技术和通信信息技术的发展及其推广应用，使自动取款、电子汇兑早成现实；网络银行也日益走进人们的生活，极大地提高了银行服务的效率，使银行能更快捷、大容量地为客户提供新的金融产品和服务。科学技术的进步和发展，给社会经济、金融活动带来深刻影响，从而直接或间接地影响银行的经营活动。

事实上，在这些宏观环境因素之间也存在相互交叉影响，因而有时候很难区分清楚企业的决策与运行是哪种宏观环境因素的具体作用。比如，美国崇尚自由的社会文化就奠定了其分权而立的政治法律精神，从而确定了对银行的双线多头监管制度。对美国银行业和银行制度的发展过程的回顾总结可以让我们清晰地看到经济环境、制度环境、社会文化环境和技术环境等多重外部宏观因素作用的结果。基于研究的目的，经济环境、自然和社会文化环境、技术环境等不是本书关注的重点，本书对中小银行的外部宏观环境分析主要还是对从制度角度展开，特别是对最直接作用于银行经营的银行制度的具体分析，但经济环境、社会文化及技术环境等也还是会穿插渗透在具体分析中。

4.2 美国中小银行发展的宏观环境分析

美国中小银行是在美国的经济、制度、社会文化、技术等诸多外部宏观环境作用下产生与发展的，经过了长期的发展，逐步形成了与经济、社会和市场基本协调互动的银行体系特征。

4.2.1 影响美国银行业发展的经济环境

经济环境是银行经营和发展的基础，对美国银行业发展的影响非常明显，在不同经济发展阶段和经济发展水平下，国家经济政策和金融制度也相机发生改变，银行表现出不同的特征。从美国银行业的发展历程中，可以明显地看出经济环境因素对银行业制度、产业格局、业务模式等的影响。

4.2.1.1 催生分业经营制度的 20 世纪 30 年代的经济危机

在 20 世纪 30 年代之前，美国商业银行的经营业务范围广泛，除一般存贷业务外，还经营各种股票证券，从事信托和办理破产的清理等业务。美国银行业的市场准入条件相对宽松，大量的银行在相对自由的环境下充分竞争，业务范围也逐渐扩大。美国在 1929—1933 年的经济危机中遭到了巨大的损失，工商业持续减产，大量企业倒闭，失业率激增。美国经济和信用体系都受到了重创，存款人受到巨大损失，占全国银行总数 49% 的银行破产，共计 10 500 家。

由于公众已对银行失去信任，挤兑之风盛行，整个国家的金融信贷体系陷入崩溃。

为了保护存款人的利益，恢复公众信心和继续推动投资，维持经济的健康运转，政府决定对金融业进行大刀阔斧的改革。授予了总统更大的权力来处理货币与信贷问题的《紧急银行法案》被立即颁布，政府随后还通过一系列行政命令推动改革，包括通过银行法，引入联邦存款保险计划，规定利率上限（Q条例）等。1933年国会通过的《格拉斯—斯蒂格尔法案》规定：商业银行除了可以进行投资代理、经营指定的政府债券、用自有资本有限制地买卖有价证券外，不能同时经营证券投资等长期投资业务；投资银行则不能经营吸引存款等商业银行业务。该法案本质上是国家从政治、经济金融安全角度，在特定经济金融形势下，通过强制力重新界定、划分银行及其他金融机构的市场范围和收益范围，在商业银行与投资银行之间设立业务分离的"防火墙"。这也是经济、制度与金融交互影响的体现。

《格拉斯—斯蒂格尔法案》的出台剥离了商业银行的证券、保险及其他非银行业务，加强了政府对商业银行的集中管理。由于当时美国的资本市场并不发达，仍以间接融资为主，因此分业经营制度的实施并没有改变美国商业银行的主导金融中介地位，商业银行的利润也并没有受到多大的影响。随后，二战的爆发又带来了美国的战争经济。二战期间及战后一段时间，各种金融中介都很赚钱。商业银行净值的账面价值从1945年的90亿美元增加到1960年的210亿美元，单位资金的盈利水平大银行与中小银行之间也没有明显差异。

4.2.1.2　促进管制放松与银行并购的战后经济发展

在战后经济发展和技术进步的推动下，商业银行开拓新市场、建立分支行、实现经营多元化的呼声不断加大。20世纪60年代以后，经济发展对金融自由化的推动使得银行业管制也在逐步放松。随着经济的复苏和企业经营状况的好转，对银行服务的需求也进一步提高，特别是越来越多大公司业务的拓展要求银行业能为其提供更大范围的信贷或结算服务。由于美国的单一银行制对银行分支机构和跨州经营实行严格管制，为了绕过法律对银行跨州跨地区开设分支机构经营业务的限制，银行采用银行控股公司的方式间接达到跨州经营的目的。虽然通过银行控股公司可以绕开跨州经营的限制，但与直接开设跨州的分支机构不同，银行控股公司需要多个董事会和独立的资本，相比直接拥有分支银行具有更高的运营成本。到20世纪80年代，美国跨州经营的限制有了放松，出现了各州之间互惠互利地相互开放银行市场。各州之间可以通过签订协议，在允许州外的银行控股公司进入本州市场的同时，相应享有其他州对本州银行控股公司实行开放的便利。

此后，美国银行业放松地域管制的改革逐步推进，1994 年美国颁布了《州际银行法》允许银行跨州经营，可以并购其他州的银行或是在其他州设立分支机构，包括外资银行也可以跨州设立分支机构。该法案的通过成为美国放松地域管制的正式开始。由于在放开银行业地域管制的步骤上，各州普遍都是先允许州外银行兼并收购本地机构，进入当地市场，之后才开始允许直接在当地设立分支机构，因此在逐步放开地域管制的过程产生了大规模的银行并购浪潮。即使是允许直接设立跨州分支机构的规定出台后，仍有大量银行的跨州经营是通过并购其他银行的方式实现的。解除跨州经营管制后，银行并购的资产占银行总资产的比率明显上升（Black ＆ Strahan，2002）[112]。从 1994 年到 2003 年，共有 3 500 多起并购发生在商业银行和储蓄机构之间（Pilloff，2004）[113]。银行并购使银行业规模扩张趋势加快，不少中小银行成为被兼并收购的对象，大银行与中小银行之间的差异进一步加大。为了应对大银行竞争，中小银行突出了社区银行的定位，形成并强化了其为社区客户提供个性化服务的经营特色。

4.2.1.3　推动银行海外扩展和全能银行制的经济全球化浪潮

随着银行面对的大客户——大型企业集团的扩张，客户需要在大范围内调度资金，它们要求银行提供更为丰富和复杂的金融服务。在国内经营颇多限制的情况下，美国一些大型银行开始跟随客户的需要向海外发展，在海外增设分行和子公司。1965 年末，美国银行业海外银行资产总额为 120 亿美元，共有211 家海外分行，仅纽约第一国民城市银行就占了 177 家。而到 1975 年，海外机构数量翻了两番，海外总资产飙升到 1 500 亿美元。

20 世纪 70 年代，在美国国内通胀高企和利率管制下，金融机构规避管制的金融创新越来越多，促进了美国资本市场的迅速发展，大幅挤压了传统银行业务的空间，金融脱媒现象的出现对商业银行形成了挑战。20 世纪 80 年代末至 90 年代初，美国银行和储贷机构破产倒闭数量急剧上升，美国出现了严重的银行危机。在此期间共有 1 617 家银行和 1 295 家储贷机构被迫关闭或接受联邦存款保险公司的援助，约占同期银行和储贷机构总数的 14%。在 1988—1992 年的高峰期，平均每天有 1 家银行或储贷机构倒闭。面对国外可以提供全能服务的综合银行的竞争，由于美国商业银行只能提供一些传统的商业银行业务，在国际金融市场的市场份额逐渐被蚕食。内忧外困之下，美国政府先后出台了一系列促进银行业改革和适应参与国际竞争需要的法案和措施。银行业加强了信贷市场和资本市场的捆绑和融合，借助资本市场以金融衍生品拓展信贷网络的方式来实现发展。1999 年克林顿总统签署的《金融服务现代化法案》从法制上正式打破了金融业分业经营和管理的规定，银行业又兴起新的兼并重组浪潮，各类金融机构通过金融控股公司积极展开兼并，金融领域的竞争变得更加激烈。混业经营趋势下，大型银行以综合性金融业务为发展方向的战略目标更加明确。而中小银行随着竞争的加剧，也越来越注重向专业化、特色化转型。

4.2.1.4 导致新一轮银行危机的互联网经济

20 世纪 90 年代以来，伴随着互联网技术的广泛应用，一个由高技术驱动的、快速增长的知识经济时代来临。以互联网为主体的新一代高新技术的广泛使用，有效地改善了企业的劳动生产率，高新技术快速改变着财富的创造过程和产业的进化。美国经济呈现了较长时期的繁荣，电子化、网络化助推了虚拟经济和金融市场的加速发展，银行的金融创新和金融衍生产品发展更加迅猛，银行业和资本市场纵横交织，大型银行的扩张和混业经营更得到了空前的发展。

美国在经济上长期实施刺激需求和拉动消费战略，鼓励超前消费。个人消费和房地产投资是美国的主要经济支柱。透支消费是美国人习以为常、普遍流行的生活方式。在小布什总统主政的前期阶段，为了刺激经济发展，美国银行业的次级房贷市场飞速发展，并且通过资产证券化手段不断扩大。对经济发展势头的过度乐观，尤其是在 21 世纪初美国联邦储备银行以降息鼓励房地产发展的刺激政策出台后，低息的贷款政策刺激着美国房地产市场的泡沫，为之后的次贷危机埋下了祸根。《金融服务现代化法案》出台后，在混业经营和金融衍生品泛滥的环境下，系统性风险的防范并没有得到足够的重视，并且以美国联邦储备银行前主席格林斯潘为代表的金融监管高层自由放任的理念成为金融市场的主导思想。当经济形势变化、利率升高、房产价格下跌后，次级贷款出现了大量违约，资金链最终断裂，系统性风险随着衍生产品的高杠杆不断扩大和蔓延，最终导致了 2007 年次贷危机，甚至造成了影响全球的经济衰退。如前所述，危机中，中小银行和大型银行都不同程度地遭受了打击。

4.2.2 影响美国中小银行产生与发展的制度环境

沿着美国中小银行的发展脉络，不难看出美国数量众多的中小银行的出现和发展是基于特定的银行制度。总体而言，美国金融监管制度具有一定的弹性，较为充分地考虑了中小银行发展的实际。美国中小银行在有利的制度环境下，获得了大力发展。美国的社区金融服务制度也强化了中小银行的社区服务定位，使中小银行与社区建立了紧密的联系，为其业务发展奠定了基础。

4.2.2.1 美国的银行监管制度

美国属于双线多头银行监管体制，美国联邦和各州政府都有权对其发照注册银行进行监管，从而形成"双线"银行监管制度。"多头"即指有多个联邦政府的商业银行监管机构，包括美国货币监理署、美国联邦储备体系、联邦存款保险公司。美国各州政府也设立有银行监管机构，50 个州各有自己的金融法规，各有自己的银行监管官员和管理机构。

联邦储备体系根据国会 1913 年《联邦储备法》（*Federal Reserve Act of 1913*）设立。主要负责监督和检查所有州立的成员银行；审批成员银行设立分支机构和并购等的申请；授权国际银行机构在美国开业，并对其进行监督和检查；此外还承担制定货币政策，强制提取存款准备金，维护金融稳定等职能。

货币监理署隶属美国财政部，从 1863 年《国家货币法》（*National Currency Act of 1863*）开始被赋予审批和监管国民银行（联邦注册银行）的职能。货币监理署的职责包括授权成立新的国民银行，并对其进行监督和检查；审批国民银行设立分支机构、资本变更和并购等申请。

联邦存款保险公司除了进行存款保险以外，还兼有金融检查、金融预警的职能，对投保的州立非联储成员银行负有主要监管职责，对其他投保的银行和储蓄机构负有辅助监管职责，审批投保银行设立分支机构和并购等的申请。联邦存款保险公司要求所有投保银行定期报送报表，有权取消出现违法违规活动的银行的保险资格，并根据问题的严重程度对其进行接管、清理。此外，联邦存款保险公司还对州立银行监管部门提供监管指标体系和业务指导，定期培训州政府银行监管人员，引导和控制银行的营业风险。

州银行委员会则负责授权成立新的州立银行，并对其进行监督和检查。此外，联邦金融机构检查委员会（Federal Financial Institutions Examination Council）主要负责制定统一的监管准则和报告格式等，是监管机构的协调机构。司法部在公平竞争原则基础上审批银行兼并收购意向，对被认为严重破坏公平竞争的并购提出诉讼；证券交易委员会对银行发行债券和股票进行审批，监督银行的证券业务。多个机构基于各种的职责对商业银行进行监督和管理。美国这种分散化的监管体制，避免了银行业的监管过于集中和垄断，但多头分散监管也存在监管制度过于复杂，监管重叠和监管空白皆有可能的弊端。

表 4 - 1　　　　　　　　　　美国银行业主要管理机构及其职责

管理机构	职责
联邦储备体系	1. 监督与检查所有州授权成立的成员银行以及银行控股公司 2. 强制提取存款准备金 3. 批准成员银行的兼并、设立分支机构等申请 4. 授权、监督与检查在美国营业的国际银行机构
货币监理署	1. 向新的国民银行颁发执照 2. 监督和定期检查所有国民银行 3. 批准所有国民银行新的分支机构设置、并购等申请
联邦存款保险公司	1. 对遵守其监管的银行存款进行保险 2. 批准投保银行建立分支机构、兼并等申请 3. 要求投保银行报送财务报表,接受检查
州银行委员会	1. 向新的州立银行颁发执照 2. 监督和检查所有州立银行

　　从金融监管的效力来看,对不同银行会有不同的成本压力,对中小银行的影响要大于大银行。Hancock 和 Wilcox (1997) 对美国银行数据的实证研究表明,资本充足性监管对中小银行贷款行为的影响要远远大于对大银行的影响。[114]从存款保险制度的角度,由于中小银行规模小,存款保险金也会加大其经营成本。一般来说,银行满足监管要求的服从成本 (Compliance Cost) 具有规模经济特性,银行规模越大,服从成本占资产的比重越低。如果对于大、小银行都采用同样的监管程序与方式,可能会使资产规模较小的银行不堪重负。因此,对中小银行监管保持一定的弹性是有必要的,可以有效地减少中小银行的经营成本。

　　从美国的银行监管实践来看,美国监管机构对社区银行和大银行的监管存在一定差异,有监管的灵活性。与对大银行的监管相比,对中小银行的监管程序和监管措施有一定的简化,在某些数据采集及报告要求、财务报表的报送周期、现场检查的频率等方面都更为宽松或更具弹性。例如 2006 年,美国联邦储备银行修改了小银行控股公司政策报告条例,调高了适应这一报告条例的银行资产规模 (从 1.5 亿美元提高到 5 亿美元),使更多的中小银行减少了向联储报告的义务,这些银行还被允许提交简短的半年报来代替统一的季度财务预算,减轻了许多中型银行的监管负担。另一方面,这些免除条件不会扩大到有大量的非银行业务或表外业务、持有大量公共债务或股票的银行控股公司。[115]因此,监管弹性体现的是对主要以传统银行业务为主的中小银行的支持。

4.2.2.2　为中小银行提供发展空间的金融法律制度

首先，双重银行体制和单一银行制奠定了中小银行的数量基础。基于权力制衡的原则，美国联邦政府与州政府分权而治的思想体现在银行体系则是联邦与州分享发放银行执照权力的双重银行体制。为了限制垄断、保护竞争，形成了限制银行设立分行和跨州经营的单一银行制（Unit Banking）。由于相比国民银行，州政府对州立银行的监管较为宽松，州立银行的资本金要求相对较低，从而使得选择州立银行牌照形式的银行数量更多。由于资本金要求较低，州立银行大多是规模相对较小的社区银行。至今，美国商业银行中的州立银行仍然占绝大多数，如表4-2所示。

表4-2　　　　美国商业银行执照类型分布（截至2011年6月）

执照类型	机构数量	网点数量
商业银行	6 413	87 873
国民银行执照	1 349	44 566
州立银行执照	5 064	43 307
联储成员	824	15 560
非联储成员	4 240	27 747

资料来源：FDIC。

长期以来，美国实施限制银行跨州设立分支机构和自由开设分支机构的单一银行制，同样引致美国大部分的银行都是小规模的单一银行。银行跨州经营的限制始于1863年的《国民银行法》，虽然该法案没有明确规定国民银行禁止开设分支机构，但国民银行的主管机构——货币监理署基于法案没有明确就此说明，将法案解读为不允许国民银行跨州开设分支机构。1927年，《麦克法登法案》明确规定了国民银行不允许跨州设立分支机构，联邦储备委员会将跨州的禁令也应用于州立银行，因此，美国的银行业都被禁止跨州经营。1970年，美国13 511家银行里有9 518家单一银行，占银行总数的70%多，1980年单一银行数量占比为53%，1990年为44%左右，2000年下降到31%，2010年仍有23%左右的单一银行[①]。单一银行制奠定了美国的银行业主要由大量的地方性中小银行组成的特点。地域管制使得地方存贷款市场免受来自外部的竞争，中小银行在一定程度上得到了保护，进一步刺激了中小银行数量的膨胀。

---

① 根据美国存款保险公司统计数据计算而得（FDIC - bank data & statistics - statistics on banking）。

其次，分业经营和利率管制制度保证了中小银行的业务空间。1933 年《格拉斯—斯蒂格尔法案》的通过标志着美国金融分业经营体制确立。分业经营体制分割了金融市场的银行、证券和保险业务，使得被分离的、受管制的商业银行避开了与投资银行、保险公司等其他金融机构的直接竞争。在其他金融机构被限制介入商业银行业务领域的制度安排下，中小银行拥有一个相对稳定的、封闭性的市场空间，业务更加集中于提供存贷款服务这一特定领域，利用其在当地市场上的优势，进一步确立其在地方存贷款市场中重要的，甚至占主导的地位。另外，至 20 世纪 80 年代初，由于利率管制制度禁止银行进行利率竞争，Q 条例对除超过 10 万美元的可转让存单外的所有存款设置了利率上限，区域外的银行不能以价格竞争的方式向中小银行所立足的区域实施渗透。这同样为以零售存款作为主要资金来源的中小银行提供了有利的制度环境，减轻了中小银行的存款竞争压力。

最后，存款保险和危机处理制度保障了中小银行的安全。美国是世界上最早建立存款保险制度的国家。美国联邦银行存款保险制度是 1933 年金融大恐慌的结果，是银行制度重要的变革。存款保险制度旨在保护银行和储蓄机构的存款，在金融机构市场退出过程中处理债权债务和提供救助，从而为存款人、债权人、经营者提供一个保护机制，有利于降低风险，维持公众信心和保证整个金融体系的安全和稳定。由于联邦存款保险公司除提供保险外，还兼有金融检查和监管职责，能及时发现各投保银行的问题和采取解决措施，并提供培训和业务指导。在危机处理方面，美国联邦储备银行作为最后贷款人，除对商业银行设有贴现窗口外，当银行短期流动资金周转困难时，还提供特别的资金援助；当银行出现清偿能力危机时，联邦存款保险公司可以发放紧急贷款或建议银行进行合并。监管部门对于出现问题的银行通常采取谨慎的援助处置方式，提出正式的或非正式的警告的同时，对其采取一定的援助措施。只有对采取补救措施无力的、问题比较严重的银行，如果援助的成本大于退市成本，监管当局才选择采取惩罚的处置，撤销关闭及接管机构，或宣布破产。[116] 存款保险制度和危机处理制度既有利于维护广大存款人的利益，确保金融体系稳定，又能够为银行机构提供指导和援助，有助于提升规模相对较小、资金实力较弱的中小银行的信誉，尤其是增强了中小银行在获取存款方面的竞争力。

法律制度规定了市场运行的原则，减少了市场交易成本，从而推进了市场发展，为金融业和中小银行的发展打下了良好的市场环境基础。美国宪法是世界上第一部成文宪法，它规定了美国的基本政治体制和经济与社会的基本原则，为美国经济和金融发展奠定了最基本的制度基础。美国宪法修正案第一条明确提出了保障自由，自由原则在市场经济中保障了市场主体自由选择的权利。宪法第五条修正案通过对政府征用和剥夺财产的否定，提出了保护私有财产原则，私有财产神圣不可侵犯，是美国经济发展的铁律。在市场运行规则方面，美国有一系列规范约束市场主体的法律制度，如《公司法》提高公司地位，使公司与人一样享受宪法保护；《破产法》提出了"自愿破产"原则，规范公司所有人在公司经营失败后的行为。在规范市场交易行为方面，通过《契约法》、《票据法》、《买卖法》等确立契约自愿、买卖自由原则，规范市场交易规则；通过《反垄断法》限定市场上的价格操纵、市场划分、垄断和兼并等行为，促进公平竞争；在信息披露制度方面，美国对年报、季报和临时报告的信息披露要求实施较早，且执行颇为严格，包括《1933 年证券法》、《萨班斯—奥克斯利法案》以及《第 12 号联邦管理条例》等系列法案和条例都对上市银行信息披露作出了详细的责任约束和具体的处罚措施规定。[117]

但是，自 20 世纪 80 年代以来，美国中小银行生存发展所面临的有利制度环境发生了一些变化。伴随着银行业地域管制的放松，银行业掀起了兼并收购的浪潮，大量的兼并收购行为使得银行总的数量在不断减少。对分支机构设置的放开，又使得美国商业银行的分支机构数开始逐步扩张，营业网点显著增加，银行业呈现一定的地域扩张、规模扩张的趋势。《金融服务现代化法案》放宽了对银行从事证券及保险业务的限制，分业经营模式的解除让中小银行受到了新的挑战。变化的制度环境下，中小银行在一定的层面要面对拥有强大资本、人才和技术优势的"航空母舰"式大银行的竞争和挑战。在这样的境况下，更要求中小银行保持自己的特色和比较优势，并且在新的法律框架和信息化条件下，开展金融创新，更好地为地方经济服务。

4.2.2.3　引导中小银行经营模式定位的社区金融制度

为了加大金融机构对中低收入社区和低收入人群的金融支持力度，以推动区域间经济社会协调发展，美国从 1977 年开始就将银行业金融机构纳入《社区再投资法案》（Community Reinvestment Act，CRA）的约束，通过法律的形式形成制约。颁布该法案的动因源于公众对中低收入及少数民族社区的境况由于信贷可得性不足而不断恶化的忧虑。为了解决在放贷给低收入社区的过程中存在的"先动者问题"（the First - mover Problem，即每一家金融机构都希望让其竞争对手先行进入低收入社区市场放贷或投资，自己则只愿意从中低收入社区的居民和小企业获取存款），需要在制度安排上予以促进协调，否则"先动者问题"将可能导致没有金融机构会选择承受先进入的成本（Barr，2005）[118]。法案明确了银行机构必须为满足其所在社区（包括中低收入社区在内）的需求提供服务的原则。虽然是对所有银行服务社区都作出了约束，但由于中小银行本身就与所在社区存在紧密联系，这种社区金融服务的制度安排进一步强化了中小银行与社区的联系，促进中小银行形成社区性的市场定位。美国社区金融制度安排成为中小银行积极为中低收入和农村社区提供着金融支持的重要驱动因素。

国会指定美国联邦储备银行、联邦存款保险公司、货币监理署作为 CRA 执行情况的检查机构，定期审查并评估各银行机构满足 CRA 及公平信贷义务的社区服务表现，向社会公开各家银行的 CRA 评级结果。一方面，银行不良的 CRA 表现会面临监管当局潜在的惩罚，监管机构会将此作为是否通过银行参加存款保险、设立分支机构或其他存款设施、进行兼并收购等申请时的重要参考依据。另一方面，银行还可能由于不好的 CRA 记录而成为民间社区团体的攻击目标，当 CRA 评级较差的银行进入新的地方市场时，当地民间社区团体可以借此提出抗议，通过反面宣传来抵制其进入，增加这些银行进入新市场的成本和难度。

评估标准基于不同银行与不同业务有所区别。评估标准区分了作为银行传统业务的零售业务与旨在改善中低收入社区福利水平的社区开发业务，并对不同规模的银行作出了不同要求。零售业务和社区开放业务都是监管机构对大型银行 CRA 评级的强制性组成部分，资产 10 亿美元以上的银行机构需接受包括贷款考核、投资考核、服务考核的三个部分考核，而小型银行可自由选择是否将社区开发活动纳入评估范围，资产小于 2.5 亿美元的银行以接受贷款业务的评估为主。对小银行采取简化的标准旨在减少社区银行的经营成本，提高银行业监管的弹性，有利于更好地满足 CRA 法案的社区发展目标。

自 CRA 颁布以来，其实施规则先后在 1989 年、1995 年及 2005 年经历了 3 次较大的修正，不断吸取实施过程中的经验教训并使其适应经济和金融发展的需要。美国联邦储备银行主席伯南克称"CRA 是一个通过制度渐进发展以适应经济、金融和社会环境改变的典型案例"[①]。CRA 鼓励银行为中低收入社区服务，但并未包含较多的强制性的明细规定，也并不要求这些机构为此从事高风险经营活动，危及自身安全。相反，该法案明确提出存款机构所开展的 CRA 项下的业务活动应不违背银行安全稳健的经营原则。CRA 给予监管机构一定的自由裁量权和变通可能，让其可以根据金融市场的发展来具体执行。例

---

① Bernanke Ben S. The Community Reinvestment Act: Its Evolution and New Challenges, Speech, At the Community Affairs Research Conference, Washington D. C. , March 30, 2007.

如，关于银行经营区域的界定、CRA 评级标准的设立等方面，由于不同地区之间存在经济条件差异，在考虑被监管对象所处的具体环境的基础上，各监管机构可根据情况自行决定。在不同时期变化的经济形势之下，监管机构也可适当地变通调整，在发展变化的现实环境中保持 CRA 的适用性。总而言之，CRA 是政府用"看得见的手"对市场机制的干预，但政府的干预不完全是强制性的，而是包含着较大的灵活性。这种灵活性在减少银行的服从监管成本的同时，有效地促进了中小银行形成服务社区的定位，鼓励银行机构为中低收入社区的发展效力。

4.2.3 影响美国中小银行发展的社会和技术环境

4.2.3.1 反对垄断的社会环境

美国移民的各种民族精神、文化传统相互碰撞和相互融合，这种包容性有利于取长补短，进而形成了美国社会崇尚自由民主、反对垄断、平等竞争的文化环境。这些文化传统深深影响着美国社会的方方面面，对美国民主体制的确立产生了积极影响，形成了自由竞争、地方自治、限制政府和国家干预的自由市场经济体制。美国社会强烈反对垄断和集中，其确立的单一银行制本质上排斥商业银行的垄断，同样是基于美国民众崇尚自由的理念。美国文化反对垄断，认为小型银行和金融资源的地方控制有限制垄断和加强竞争的优点，而经济、政治力量的集中，包括资金在银行业的垄断都存在内在的缺陷（DeYoung、Hunter & Udell，2002）[119]。美国民众相信，单一制地方性小银行特别适合广大中小企业的发展和需要，更能适应美国地区、地理、行业间的差别和多样性特征，具有自由、灵活和适应性强等优越性。[120] 美国这种精神文化背景也为中小银行营造了自由竞争的环境，促进了大量社区银行的快速成长。

美国文化重视探索创新。这种创新和探索的精神不仅表现在日常生活方面，也体现在经济方面，这为金融变革过程中的金融创新提供了思想基础。因此，银行业在面临严格管制的情形下，也试图寻找规避管制的方式和途径。

4.2.3.2 推动金融变革的技术环境

近三四十年来，新技术革命极大地推动了金融的变革。先进的电子信息技术被应用到了经济和金融领域。先进的网络和数字化为监管机构提供了良好的信息传输渠道。商业银行将监管当局要求的报表数据通过电子方式传输到专业的信息技术公司（Electronic Data System Corporation），由该公司收集汇总数据后再分门别类分别传送给各个监管机构。发达的网络和先进的技术手段使监管机构之间能够联网实现资源的高度共享，方便从监管系统中调出监管对象的有关信息。目前，美国商业银行的公开信息披露比较详尽，公众也可以通过存款保险公司、美国联邦储备银行等公开数据库查询大量的商业银行数据信息。

技术环境也推动和促进了美国资本市场的发展，包括股票市场、债券市场和衍生工具市场等。资本市场的发展也影响了美国银行的客户结构。因为企业的融资选择越来越多，而大企业通过资本市场进行直接融资相对中小企业通常更容易，所以美国银行业也加强了对中小型企业甚至是小微企业客户的重视，客户类型较为多元，信贷结构也往中小企业信贷、一般消费信贷和次级住房贷款偏移。即便是大型银行也非常重视零售贷款和中小企业业务，只不过和中小银行采取的贷款模式和业务特点不同而已。美国银行机构的零售贷款和中小企业贷款占比普遍较高，如美国银行、花旗银行这样的大银行的零售贷款占比近年来都在一半以上。[121] 由于这些贷款的风险暴露较高，这也促使了银行业风险定价技术和能力的不断提升。

另一方面，如前所述，金融电子化和互联网的普及也给银行业带来了新的挑战。2008 年爆发的美国金融危机虽始料未及，但通过反思，可作出清晰的判断，正是金融信息化加速了次级贷款衍生产品的泡沫膨胀，再加上宏观审慎监管的缺失，金融危机就不可避免地发生了。

伴随技术进步，大型银行的综合业务在管制放松后更加全面，各种新型产品和业务给中小银行制造了更多的竞争压力。在风险管理方面，除了利用技术手段持续努力提高银行自身的风险管理水平，美国银行业还把为其客户提供风险管理服务作为银行新的业务增长点。特别是大型银行，除了在银行内有技术开发部门提供技术支持，并设立不同功能部门负责内部风险控制工作外，还另外设立专门业务操作部门为其客户提供风险管理的专业化服务，开辟收入来源并赚取了可观收益。再加上资本市场的发展，金融脱媒现象逐渐突出，影子银行系统也向银行业提出挑战。激烈的竞争之下，中小银行去和大型银行硬拼实力和技术、比创新和全面是行不通的，这也迫使中小银行更多地在自身的优势上下工夫，在专业化和特色化上求突破。

4.3　中国中小银行发展的宏观环境分析

中国中小银行的发展同样受到国内宏观环境的影响。下面从历史与逻辑相统一的角度分析影响中国中小银行发展的外部环境。

4.3.1　影响中国中小银行发展的经济环境

4.3.1.1　缺乏中小银行发展动力的计划经济体制

新中国成立后的相当长一段时期，借鉴和效仿前苏联的工业化经验，制定和实施了重工业优先发展的经济发展战略。中国劳动力丰富而资本稀缺，重工业又属于资本密集型产业，投资周期长，投资规模大，为了解决重工业优先发展所需资金的缺口，实行了集中动员和配置资源的计划经济体制。在计划经济体制下所实行的中国人民银行"大一统"银行体系，使得中国人民银行在担负着国家金融管理职能的同时，还是办理存贷款及汇兑业务的银行业机构。在城市，中国不存在对外营业的其他银行业机构，也就不存在中小银行生存和发展的可能。在农村，除政府支农资金由中国人民银行和不对外营业的中国农业银行等专业性金融机构管理以外，在农村提供金融服务网点的只有农村信用社，且业务结构单一。

计划经济模式影响了中国中小银行的发展。尽管在 20 世纪 80 年代银行业改革之初就在认识到上述弊端的基础上对城市信用社和农村信用社的发展确定了与国有银行不同的功能定位，但现实中的实际运行状况并不理想。中国银行业机构长期以来依赖大客户、大项目，偏好于拥有隐性政府信用、风险缓冲能力较强的国有企业。银行大量贷款集中在国有大中型企业中，一般的中小企业和农户较难获得贷款。直到实行改革开放三十多年后的今天，残余的计划经济模式思维仍在银行业起着一定的作用。目前中国多数银行的零售贷款占全部贷款的比重不超过 20%，中小企业贷款占全部贷款的比重不超过 40%。长期的特殊体制背景使中国银行管理者具有规模偏好和费用偏好，倾向于过度依赖成本投入的粗放经营模式。一方面热衷于扩张机构、扩大规模，另一方面费用支出庞大，特别是兴建豪华的办公楼、培训中心等，导致银行利润下降。据统计，中国银行业自 2001 年以来的营业费用年复合增长率超过 13%，明显高于国际先进银行水平，人均利润和网点平均利润却显著低于国际先进银行水平，成本投入与利润形成明显反差[①]。这些经营理念和经营模式不利于中小银行的生存，制约了中小银行的发展。

4.3.1.2　为中小银行提供发展空间的二元经济结构

二元经济结构是中国经济发展过程中的典型特征，部门间劳动生产率差异大，区域间经济发展不平衡。新中国成立后，在人口众多、经济基础薄弱的现

---

① 资料来源：马蔚华：《利率市场化是中国银行业生死考验》，载《中国总会计师》，2012（8）。

实下中国采取了重工业优先的赶超战略，以牺牲农业的发展为代价，利用工农剪刀差来大力发展工业，形成了明显的工农部门间的差距。实施改革开放后，由于东中西部地区的地理条件和经济基础本身存在差异，再加上沿海地区得到了一系列特殊优惠政策，这种"让一部分人和一部分地区先富起来"的经济发展方式使得区域差异更加明显；同时，工业优先、城市优先的经济发展战略也使得城乡之间发展差距更加拉大。中国金融业同样表现出非均衡的区域发展差异。银行贷款更多向现代工业、城市和发达地区倾斜，工业部门以及城市和发达地区所获得的金融资源远远超过农业、农村和欠发达地区的金融资源。

为了改变二元经济结构的局面，实施非均衡协同发展战略是有效途径。根据国家社科基金重点项目《我国地方中小金融机构发展研究》课题组的定义，非均衡协同发展战略是指，在发展中国家或地区的经济发展中出现非均衡是必然的，非均衡既有产业、部门之间的非均衡又有区域之间的非均衡，不能强求实现工业和区域的均衡推进，而应根据条件的成熟程度实行非均衡推进，但在非均衡推进过程中必须把重点论和协同论结合起来，注意协调产业部门之间和区域之间的关系，以先行的带动后起的，加之落后地区和行业自身加快发展，以求得地区的均衡发展和产业的协同发展，形成产业之间、区域之间和整个经济系统的良性循环。[121]

在改变二元经济结构的过程中，中小银行有其独立的生存和发展空间，有其功能发挥的迫切必要性。为了实施非均衡协同发展战略，中小银行与大银行正好有其互补性。经济的二元性很可能导致金融的二元性，而金融的二元性会进一步加剧二元经济结构，产生更大的两极分化。由于大型银行资金和资源配置在全国范围内流动，趋利的商业目标会使其更倾向于大城市和大的资金需求者，这必然形成金融二元性的局面。中小银行主要在当地经营，可以充分有效地利用本地区的金融资源，为区域经济和农业经济的发展提供更多金融支持。如果中小银行能够为面临融资困境的中小企业提供更多的金融资源，更多地为"三农"提供金融服务，就能够有效地缓冲和消除金融的二元性，可以为中国二元经济结构的改变发挥重要作用。中小银行和大银行在实施非均衡协同发展战略过程中的互补性主要表现在，大银行的融资功能重点在于经济发展的"非均衡推进"，包括对国家和大区域的经济增长极提供强有力的金融支持，而中小银行的融资功能重点在于经济发展的"协同推进"，包括对地方中小城市和县域经济增长极提供金融支持，特别是对"三农"和地方中小企业提供强有力的金融支持。当然，金融分工并不是界限分明的，大银行也有责任承担"协同推进"的融资功能；但是，中小银行的全部责任应当是"为地方服务"，为经济发展的"协同推进"尽力。

经济结构不合理，发展不平衡、不协调的问题仍是中国经济面临的最大挑战。中国"十二五"规划纲要中明确提出，要坚持把经济结构战略性调整作为加快转变经济发展方式的主攻方向。经济结构调整对银行业加快调整信贷结构和业务转型提出了迫切要求。中国正处于产业转移、城镇化进程深入推进的关键阶段，国家采取了一系列如中部崛起、西部大开发战略、社会主义新农村建设等政策，这些进程的推进使得实体经济的信贷需求总体上将保持较高水平，既给国家经济的继续增长提供空间，应该说也给中小银行提供了巨大的发展空间。中小银行在支持当地经济发展的同时也将从中受益。由于区域间经济发展阶段的差异造成了地区间产业结构的梯度分布，可以形成不同区域间的梯度转移。[122]例如东部经济发达地区可以由低端制造业向技术创新型产业升级；而中西部地区则可以发展资本与劳动力驱动的制造产业，承接东部的产业转移。区域间经济的差异和不同产业规划格局对各地的中小银行来讲也意味着不同的发展机会，需要中小银行因地制宜，采取不同的经营战略和措施，才能有效地利用这一机会赢得自身发展。目前就整体而言，东部地区中小银行的发展要优于中西部地区，这也是基于中国区域之间的经济发展和城镇化水平等环境差异形成的。根据自身所处的具体经济、制度、社会和技术环境，合理定位和布局，是中小银行实现可持续发展的必然选择。

4.3.1.3　促进中小银行发展的新的生产方式

经过三十多年的改革开放，中国在经济、科技、教育和社会发展方面已取得了令人瞩目的成就，GDP 总量居世界第二，人均 GDP 也达到了 5 000 美元左右。在全面实施奔小康战略的过程中，中国已提出了建设创新型国家的新理念。党的十八大又提出了推行五位一体的总体布局，即把生态文明建设放在突出地位，将其融入经济建设、政治建设、文化建设、社会建设各方面和全过程。要建设创新型国家和推进生态文明建设，就提出了新的生产方式要求。

长期以来，中国工业生产方式过度依赖生产要素的高投入和资源的高消耗，粗放型增长特征明显。建设创新型国家，需要通过科技进步和技术创新实现经济发展方式转变，提升企业自主创新能力，推动由制造大国向创造强国的转化。据统计，2008 年中国大中型工业企业中仅有 24.9% 的企业有研发活动，研发经费支出占企业主营业务收入的比重只有 0.84%。中小企业的研发投入更少。发达国家的经验表明，企业研发经费投入低于销售收入1% 的将难以生存，达到 2% 的只能维持企业基本生存，而只有达到 5% 以上才有较强的竞争力。[123]中小企业由于资金和实力有限,更多依赖自然资源和低劳动成本生产经营,技术条件薄弱,不少企业在生产过程中能耗高、污染重。为了实现生产方式的转变,符合资源节约型和环境友好型的社会建设需要,中小企业不仅需要转变发展观念、培养创新意识,更迫切需要金融部门对其提供足够的技术创新资金支持。中小银行通过为中小企业提供金融服务,帮助其推动创新和生产转型,将和中小企业建立更加亲密的合作关系,有利于中小银行培养客户关系。契合国家经济发展和产业政策的需要,中小银行应为符合低碳经济和两型要求的中小企业节能减排和转变生产方式提供更多信贷支持,有针对性地促进创新型中小企业的发展,为第三产业和新兴产业提供多方面的金融服务。

在农业生产方面,落后的传统粗放的农业生产方式亟须改变。传统的小农经济模式下,单户分散经营的生产方式已经不适合现代农业的要求。要实现农业增效、农民增收的目标,需要依靠科技提高生产效率,增加农产品附加值,增强农业综合生产能力和市场竞争力,促进传统农业向现代农业转变。加快农业生产方式转变,关键是要提高农业生产中的产业化、规模化、集约化和组织化程度。在农业产业化龙头企业带动和农村专业合作组织配合下,能更有效地开发和利用农业资源,改善生态环境,推动生态文明建设。过去小农经济分散经营的时代,农村的金融服务需求是有限的,农户们的融资需求往往是解决购买化肥、农机等生产资金或周转的生活应急资金,资金需求一般不大。而在农业转型过程中,要大力推进农业机械化、生产规模化、经营产业化,需要更大的资金支持和更全面的金融服务,这也为中小银行的业务扩展带来了极大的发展空间。这既是响应五位一体总体布局的需要,也是中小银行一个明确定位、夯实市场的良机。

4.3.2   影响中国中小银行发展的制度环境

4.3.2.1   中小银行发展的监管环境

中国银行业监管机构是中国银行业监督管理委员会,成立于 2003 年。在此以前由中国人民银行履行银行业的监管职能。中国人民银行作为中央银行,在制定货币政策的同时还承担金融监管职能。由于中央银行的货币政策对商业银行的经营和利益产生影响,身兼两职的中央银行既要考虑宏观经济和实体经济的需要,又要顾及被监管对象——商业银行的承受能力,存在一定的角色冲突,影响了中央银行的独立性。中国银监会的成立不仅有利于让中央银行专注于货币政策职能,更有助于中国金融体制改革的推进,加强银行监管,促进银行机构改革。中国金融监管形成了由中国人民银行作为中央银行宏观指导，银监会、证监会和保监会分别对银行业、证券业和保险业进行监督和管理的"一行三会"分业监管模式。银监会的职责包括审查批准银行业机构的设立、变更、终止及业务范围；对银行业机构和高层的任职资格管理；监管银行业机构的业务活动及风险状况；处置银行业突发事件；统一编制并按规定公布全国银行业金融机构的统计数据和报表等。在监管方式上，采取现场检查和非现场监管结合，非现场监管信息系统于 2007 年正式运行。银行业金融机构须根据要求向银监会上报财务报表，既包括反映基本业务情况和主要风险状况的基础报表，也包括反映专项业务风险以及各类别机构特有业务的特色报表。

根据银监会的监管理念：坚持法人监管，重视对每个金融机构总体风险的把握、防范和化解；监管内容以风险为主；注意风险内控；提高监管透明度。实际上，银监会成立后除了承担监管职能，更关键的是要承担银行体系的制度变革职能。在中国银行制度不完善的情况下，推动银行的制度变革对中国银行业的整体发展更为关键。[124] 因此，银监会采取了一系列制度推进工作，例如制定制度框架促进完善银行公司治理结构，降低银行不良贷款，提高银行风险管理和经营效率，鼓励民间资本参与银行业，发展农村新型金融机构，完善中国银行业的产权结构和竞争结构等。随着近年来金融体制改革的推进，中小银行发展的监管环境还是有了很大改善的。银监会确立了要使银行成为资本充足、内控严密、运营安全、服务和效益良好的现代金融企业的目标。中小银行近年来在监管推动下公司治理和资产质量确实也有了显著提升。一般来说，资本充足性监管严格将使关系型贷款受到冲击，因为"软信息"无法被监管部门识别与评估，会被列为风险资产。贷款集中度的监管将使中小银行对单一借款企业的贷款额度受到限制，更多的只能给中小企业贷款，为控制风险，倾向于与中小企业建立较长期的银企关系，发放关系型贷款。银监会近年来持续研究探索构建小企业金融服务的差异化监管体系，通过采取对小企业不良贷款比率实际差异化考核、适当放宽对小企业不良贷款比率的容忍度等差异化监管政策，推动促进银行开展更多的小企业金融服务，有利于中小银行关系型业务的开展。

在中小银行的准入方面，2006 年 12 月，中国银监会发布《关于调整放宽农村地区银行业金融机构准入政策 更好支持社会主义新农村建设的若干意见》，鼓励各类资本设立主要为当地农户提供金融服务的村镇银行等农村新型金融机构。2012 年银监会的《中国银监会关于鼓励和引导民间资本进入银行业的实施意见》强调要为民间资本进入银行业创造良好环境，明确要不断提高银行业市场准入的透明度，要求各级银行业监督管理机构不得对民间资本进入银行业单独设置限制条件，而应加强对民间资本进入银行业提供指导和服务等。目前中国银行业缺乏存款保险制度体系，不利于中小银行赢得公众信任，也缺乏市场化银行退出机制，没有形成竞争性的市场结构。不过建立存款保险制度和银行破产退出制度呼声已久，政府和监管部门已在具体策划布置之中，应该会在不久的将来推出。

4.3.2.2　中小银行发展的法律环境

市场经济下的法治精神应是保障各利益主体的利益神圣不可侵犯，保障各产权主体的平等地位和相互之间的公平交易。根据对中国与发达国家和主要新兴市场国家的法律体制的比较研究，中国法律体制属于大陆法系，在立法保护方面差于采用英美法系的普通法系，在主要新兴市场国家中也是比较落后的，保护投资者利益的法律并不健全，对债权人和股权人权利的保护都显不足（Allen et al.，2005）[125]。这不利于金融中介体系的健全，制约了银行体系对非国有企业、中小企业的贷款供给，从而也限制了中小银行的发展，一定程度上为民间金融提供了空间。在法律环境不健全的前提下，民间金融则孕育着更多的不可测风险。因此，推动法制建设，打造切实保护所有者利益和公平市场交易规则的良好司法环境，不仅有助于解决中小企业融资难问题，也有利于推动民间金融阳光化，更是中小银行进一步发展的环境基础。

改革开放以来，中国的法制建设取得了巨大进步。中国在立法方面，平等保护各种所有制已经被写入了《宪法》；《中华人民共和国商业银行法》、《中华人民共和国银行业监督管理法》等金融法规都已颁布并实施；《中华人民共和国公司法》、《中华人民共和国合同法》、《中华人民共和国企业破产法》等都已制定并形成了市场运行和交易的规则。相比于立法，中国法律环境面临的执法问题更明显。一方面法律条款实施效力不高，司法监督体系欠完善，对司法工作人员的履职缺乏有效监督，影响了司法的公正和规范。另一方面司法的独立性不强，中国地方行政干预司法过程的现象一直存在，地方保护主义比较严重。在金融案件的执法过程中，受地方利益影响，在审批和执行过程中程序复杂，成本高而效率低。现实当中，涉及银行贷款的诉讼案中，银行胜诉率极高，但是执行率却相对较低。执行过程中，不但执行程序复杂，耗时长，立案、诉讼保全、审批、执行等各个环节费时费力，银行还要支付各个环节费用，包括鉴定、评估、执行物过户等，执行费用高。而且，通过法律程序执行的抵债资产回收效果不理想，真正收回债权的有时只有极少数，执行的结果较差。地方保护主义往往是本地企业逃避债务的庇护，也是导致中国信用环境欠佳的一大障碍。[126] 因此，增强执法力度、加大司法处置和提高执法效率，有利于通过司法程序对不良贷款和呆账依法处置，尤其是加大对有抵押贷款的处置，也是今后改善中国法律环境中的一项重要任务，这对于保障中小银行的权益、降低银行不良贷款率、促进中小银行发展具有积极意义。

4.3.2.3　中小银行发展的行政环境

由于银行在现代经济中处于重要核心地位，银行机构的经营定位和业务开展往往受到政府政策的干预和引导。在经济发展初期，由于市场体系还不完善，政府不得不借助集中力量，动员一切可动用的资源实现其发展目标，包括对金融的控制和干预，因为这是最容易且立竿见影地发挥效果的方式。而随着经济的发展和市场的规范，政府过多的干预和参与反而会扭曲市场，影响市场优胜劣汰机制发挥作用，负效应更明显。

在银行商业化改革之前，中国中央政府高度集中控制金融资源，国有银行的基层单位实际上承担着吸收当地储蓄上交总行，然后按照上级计划将配给的贷款额度投入国有企业和政府指定的重点项目之类的任务。地方政府则争相从中央争取被中央控制的金融资源。银行商业化改革之后，中央政府逐步放弃了一部分对金融资源的控制权，城市商业银行、农村信用社等融合了地方资本的中小银行纷纷出现，地方政府干预金融的现象也就开始加剧。中国中小银行的产生伴随着中国经济体制改革转轨过程，是典型的政府主导下的强制性制度变迁过程，过去很长一段时间受制于地方政府，没有真正实现自主经营。地方政府为了地方经济，有强烈的控制地方金融资源的动机，由于城市商业银行、农村信用社等中小银行都有当地政府的注资或受当地政府的直接领导，也依赖政府的扶持和帮助，被地方政府控制或受其影响就不足为奇了。

在市场化改革的大趋势下，中小银行的自我经营和独立发展能力在不断增强。为了充分发挥中小银行的社会功能，政府虽然不会完全放手任其发展，但也不应再采取强制干预的手段，而是要为中小银行发展打造良好的行政环境，通过引导扶持的方式促进中小银行发展。

4.3.3　影响中国中小银行发展的社会和技术环境

4.3.3.1　中小银行发展的社会环境

由于中国幅员辽阔，在不同区域之间存在明显的自然与文化环境差异。这种社会环境差异，也使我们能够在不同区域间看到经济和金融发展的差异。以温州模式为例，浓厚的商业氛围在社会网络中注重诚信规则，当地民间借贷中商人之间有时一个电话就能借来可观的资金，全凭熟人网络长期形成的信任关系。温州民间金融活跃与当地的商业氛围和信用文化是紧密相关的。商业文化和习惯随时间也在变化。计划经济体制曾经制约了创新意识和商业信用，过去企业根据计划指令生产经营，中国的商品交易中一定程度缺乏遵守法律框架的习惯，个人权力和人情关系在社会交往和商业活动中起到至关重要的作用，建立好的人际关系是生意成功的前提。现在实现创新的途径有了保障，创新意识更加受到重视，商品交易更强调遵循法律框架，合同为先的原则随着法制建设的完善逐步建立。中小银行在不同的地区、不同的社会环境下也应该充分认识到当地的特点，加强创新，适应当地的习惯，开展特色经营。

重储蓄是中华民族的传统，再加上过去中国缺乏多样化的投资渠道，"存银行"是大多数人特别是农村人口对于理财的唯一认识。金融市场的发展为投资者提供了更多可选择的投资品种，银行储蓄一定程度上出现了分流。近年来，中国社会公众特别是城市居民和中青年阶层的投资理财观念逐渐形成，除了储蓄之外，证券、保险、基金、信托等多种理财手段和渠道为人们所熟悉。银行也逐步加强了与信托、基金等的合作，为客户提供更多元化的金融服务。另外，中国居民的消费观念转变非常明显，居民对信贷消费理念逐渐熟悉并接受，近年来中国各商业银行的信用卡发卡数量出现了快速的增长，银行个人消费贷款、住房抵押贷款等也发展极快。社会环境和人们观念的变化给银行业务带来了影响，也不可避免地对中小银行提出了新的要求。中小银行面对越来越多样化的金融需求，也需要进行服务创新和业务拓展。

中国过去长期实行的计划经济体制对中国的信用环境造成了一定的负面影响，有意拖欠乃至逃废银行债务的现象在过去时常发生。缺乏以竞争为前提的信用基石，契约精神没有得到足够的重视，再加上政策法规的约束不力，法律体系不完善，导致失信成本过低，信用环境更加恶化。由于信用基础薄弱，经济生活中信用缺失和信用危机在企业、中介甚至政府都存在。不良信用环境下，银行客户违约会导致银行不良资产的上升，即便是没有与银行发生直接业务关系的居民或企业违约，也会在信用经济中由于相互之间的债务拖欠形成"三角债"，导致银行不良债权产生。不良信用环境严重限制了金融机构的发展，特别是中小银行的发展。中国缺乏存款保险体系，但大型国有银行有国家信用作为支持，即便出现问题，为了避免对金融体系的冲击，大银行也会更多地受到政府和监管机构的保护，所谓"大而不倒"，而中小银行则主要依靠自身。社会信用和法制环境不佳会加重社会公众对中小银行自身信用的担忧和怀疑，使中小银行更容易面临信用危机。另外，中小银行本身更多服务于中小企业，而在不良信用环境下，中小企业的信用状况相对大企业往往更差。随着对信用环境的逐步重视，国家通过法律制度和信用体系建设不断地推动信用环境的优化，中国近年来的信用环境有了很大的改进。作为以中小企业为主要经营对象的中小银行，本身抗风险能力较弱，由于其客户对象的不确定性风险大，比大银行更容易受到借款人违约风险的冲击，因而更需要良好信用环境的支持。

4.3.3.2 中小银行发展的技术环境

技术的飞速发展也不断推动中国银行业经营服务水平的提高。中国银行业机构的经营服务渠道日益丰富，ATM、电话银行、手机银行、网上银行等现代化金融服务手段越来越普及，给人们带来了更多的便利。根据统计，2007年中国网上银行交易额达到230万亿元，同比增加158%；2009年网上银行交易额突破400万亿元；2011年达到了780万亿元[①]。网上银行的发展极大地改变了银行的经营模式，让银行不再受物理营业网点的限制，过去中小银行的当地基层网点优势可能不再明显。再加上网络的发展也导致了技术性脱媒的出现。据统计，至2012年初，中国获得第三方支付牌照的企业已达101家，第三方支付产业连续五年增长率超过100%，第三方支付交易规模已突破2万亿元，预计到2014年将突破4万亿元。银行作为社会融资中介和支付中介的地位因此也将面临更严峻的挑战。

技术的发展推动了中国支付结算系统、征信体系等金融基础设施的完善，也促进了银行业管理的创新，提高了工作效率。银行业机构不仅在客户关系管理、信用评分模型、资金转移定价和经济资本管理等管理技术和模型的开发运用方面需要借助计算机和数据库的支持，银行业务交易处理系统、信贷管理系统、绩效考核系统等平台也离不开信息和网络技术的应用。目前中国的技术环境虽然有了很大改进，但是偏远农村等欠发达地区的技术环境仍亟待改善，金融基础设施条件方面也还有很大欠缺。中国金融创新的技术基础还比较薄弱，银行业务和产品更多是模仿、引进国外品种，缺乏对自主开发的技术平台和手段的利用。中国中小银行，尤其是农村信用社技术条件相对比较薄弱，在技术开发和网络运营上还有待加强。同时，中国的信息利用环境仍然不够完善，个人和企业的征信体系建设还不健全，信用信息不完备，增加了银行业机构的信息获取成本。这一方面更制约了基于"硬信息"的交易型贷款技术的广泛使用，但另一方面也给中小银行的"软信息"关系型贷款业务提供了更大的空间。

---

① 资料来源：易观智库：《中国网上银行市场监测》，www.eguan.cn。

4.4　中美中小银行发展的宏观环境的对比分析

4.4.1　中美中小银行发展的经济环境比较

美国中小银行的出现是基于美国特定的经济发展环境的。美国地域广阔，地域差异明显，州立银行制度的设立实际上也与地方经济发展相关。基于各州经济和自然条件存在差距，为了减少资金的跨州流动，避免银行业的垄断集中导致各州之间的不平衡拉大，因此采取了由州政府对银行进行授权，并限制银行机构跨州经营的方式。由此也奠定了美国银行体系主要由大量的小规模银行构成的特点。随着美国经济环境的发展变化，不同时期的银行监管政策也随之改变，美国中小银行经历了多次发展转型以适应经济和监管政策的变化，慢慢形成了与大银行开展错位竞争、注重差异化的经营定位。在美国经济发展过程中，中小银行在服务社区、为中小企业和农户提供资金融通方面起到了重要的作用。而随着美国经济实力的增强，城乡差异和地域差异都有了明显弱化，中小银行对地方经济发展的重要性有所减弱。国家经济环境和世界金融市场的变化越来越推动美国银行业向大型银行机构的集中，造成了中小银行数量和市场份额的减少。

中国中小银行的产生与发展同样受经济环境的影响，不同时期的经济发展需要对中小银行功能和定位也提出了不同的要求。过去的计划经济体制集中配置资源，不存在中小银行生存和发展的可能。在中国存在明显的工农部门差异、城乡以及区域经济差异的二元经济结构背景下，随着服务农村金融需求的农村信用社组建和服务当地城市的城市信用社成立，这些当地经营的中小银行机构能更好地利用本地资源，为区域经济和农业经济的发展提供金融支持，有利于改变二元经济结构，为经济协调发展贡献力量。因此，中国二元经济的现实需要为中小银行提供了发展空间。国家的发展在经济建设的基础上，又提出了政治、文化、社会和生态文明建设的全面发展要求，要求加快生产方式的转变，加强创新和提高农业产业化和规模化程度。这都加大了对中小银行向中小企业生产创新和农业集约化发展提供金融支持的要求，产生了中小银行进一步发展的推动力量。受中美两国经济环境的影响，中国中小银行的发展空间和潜力与美国中小银行不同，但美国中小银行适应经济环境变化而相应调整的发展战略值得中国中小银行学习借鉴。

4.4.2　中美中小银行发展的制度环境比较

　　美国的银行业多头分散监管模式主要是出于防止权力集中垄断的考虑和适应双重银行体制的需要，但却也增加了监管的复杂性，监管标准不一，加大了协调难度，反而在客观上形成了多头监管却无人负责的监管真空。20 世纪 80、90 年代开始，美国对金融的监管放松，对地理和业务的扩张限制明显减少，近年来在多头分业监管的模式下和银行综合业务发展的过程中，暴露出了对银行业复杂金融衍生产品风险监管上的明显的监管漏洞，为后来次贷危机的出现埋下了祸根。中国金融监管相对严格和集中，对市场准入、业务和分支机构设置方面一直实行严格控制，坚持分业经营、分业监管的模式，这种相对严格的监管对于维护中国金融体系的稳定和安全起到了关键作用。次贷危机的爆发也使得美国监管部门从自由放任式的分散监管向统一集中的强化监管转变。目前中美两国的金融监管部门都更加重视对资本和风险的监管，对系统性风险的认识加深，今后宏观审慎监管将是金融监管的重点。

　　美国中小银行产生和发展的过程中，制度环境在每一个不同时期都发挥了不同的阶段性作用。特别是早期的银行制度造就了美国中小银行的数量基础，为中小银行提供了发展空间，社区金融服务的制度安排又进一步突出了中小银行的业务特色。在对中小银行机构的监管方面，美国监管机构对中小银行的监管存在弹性，考虑到了中小银行的现实，灵活地为中小银行减轻负担。美国的存款保险体系和银行破产退出机制既有利于维护金融体系的稳定性，也注重形成银行业正常的优胜劣汰和竞争机制。在法律制度方面，美国的法制建设比较完善，形成了良好的信用基础和市场运行规则，有效地维护了市场的正常运行。

　　从美国银行业制度环境的变化过程来看，美国银行制度呈现典型的自由放任—管制强化—管制放松—监管强化的螺旋式变化特征，其制度变迁过程是强制性制度变迁和诱致性制度变迁交叉作用的结果。根据制度经济学，诱致性制度变迁是指微观主体为争取获利机会自发倡导、组织和实行对现行制度安排的变更或替代，创造新的制度安排。诱致性制度变迁通常呈现自发性、边际性和渐进性等特点。诱致性制度变迁的行为主体是基层的行为人和企业，他们看到了制度外存在的潜在利润，而主动提出了相应的制度需求；其制度变迁的策略采取边际革命、增量调整和渐进推行的方式，通常是在保留核心制度的前提下增加新的制度，或者对外围制度进行部分的调整，逐步推行、逐步深入，避免对社会产生巨大的震荡。而强制性制度变迁是指由国家的法令引起的变迁，由于具有强制性，能从核心制度开始进行改革，而不必像诱致性制度变迁那样先从外围开始，制度一出台就能一步到位，具有明显的激进性质。

美国强制性制度变迁最突出的体现是 20 世纪 30 年代美国政府对危机的处置方式，是一种典型的激进式强制性制度变迁模式。通过一场"暴风骤雨"式的变革，所有商业银行都必须在政策和法令生效以后，马上分离非银行业务，否则就会面临吊销执照的惩罚。在商业银行执行的过程中，政府机构负责监督各个商业银行的实施情况。这主要是针对金融危机形势和混乱的金融状况，国家需要在最短的时间内控制经济和金融的混乱局面，采取强制措施维护宏观金融形势的稳定。对突发的金融混乱采用激进的管制方式控制局面也体现了国家在维护金融稳定方面的能力。美国银行业之后从分业到混业的变迁过程中，又充分体现了诱致性的制度变迁模式。在银行业受到严格管制的过程中，美国银行业进行了许多创新，这些创新是各银行业机构自发的、追逐利润的一种表现，是一种需求诱致性制度变迁。例如，银行控股公司制的出现是为了规避开设分支和跨州经营的严格限制；海外分支机构的积极开拓是为了突破美国国内对银行业务的诸多限制，等等。诱致性制度变迁的渐进性可从时间上观察，比起 1933 年分业银行制的迅速推出，从分业到混业的转变则经历了半个多世纪，时间跨度相当长。从改革内容看，在《金融服务现代化法案》正式颁布前，经过了多次对分业银行制限制的局部突破，这都是在分业银行制度限制下的部分调整，是一种典型的边际革命和增量调整式的改革。

通过对中国制度环境的分析可以发现，中国的制度变迁更多以强制性制度变迁为主导，政府是制度变迁的主体，负责银行改革方案的起草和制定。中国对金融业实现严格的准入控制，历史上农村信用社和城市信用社的出现都是政府的制度安排在全国范围内执行的结果，后来对城市信用社的清理整顿和农村信用社股份制改造同样又是政府的政策推进。这种政府主导型的体制强调政府在资源配置中的核心作用，诱致性制度变迁较难实现。例如中国在金融需求得不到有效满足的情况下，民间金融表现活跃，对民间金融阳光化的呼吁和政策建议提了多年，政府部门才有相关政策出台，但时至今日仍然难以有效实行。强制性制度变迁对中国行政环境也存在影响。政府的政策控制和强制执行使得中国地方政府在正常的市场经济活动中也形成了政策指挥和干预的习惯，特别是地方中小银行在经营活动中过去常受到地方政府的干预，不利于中小银行实现自主经营的市场化发展。在法律环境方面，中国的法制建设近些年来显著加强，各项立法在逐步完善，但是在执法力度和执法效率方面，同样受到地方政府的干预影响，司法的独立性和公正性还有待加强。

　　强制性制度变迁的好处在于强有力的效应。因此，在政府强有力的作用下，政策推动同样也可以成为中小银行发展的助动力。通过推动银行制度改革，加强法制建设，以法律的手段制定制度框架，可以为中小银行的发展打造良好的制度环境。随着中国对中小银行的日益重视，促进中小银行发展的政策措施也越来越多，但还需要在市场准入、存款保险和退出机制等方面逐步加强。而中国存款保险体系建设的呼声由来已久，相关工作已在推进，但是直到目前依然没有建立，仍以隐性国家担保为主。建立存款保险制度和完善破产退出制度都是中国中小银行发展需要解决的关键制度环境因素。同时，减少政府过多的负面干预，改善中小银行发展的行政环境，也是中国制度环境优化需要努力的方向。

4.4.3　中美中小银行发展的社会文化环境和技术环境比较

　　文化环境的影响体现在经济、制度等各个方面，美国崇尚自由竞争、反对垄断的文化环境确立了排斥银行垄断的单一银行制，奠定了大量中小银行自由竞争的格局。重视创新的精神也促进了金融变革过程中的金融创新发展，中小银行在面对大型银行和其他金融机构竞争的情况下，积极地开拓创新业务，发展个性化的特色服务，为自己赢得客户的支持。中国的创新意识更多是受到过去计划经济体制的制约，包括商业活动中重权力、讲人情的习惯，没有为中小银行的发展形成良好的市场化运作氛围。重储蓄的传统也使得银行存款成为人们主要的理财方式，人们对消费信贷等新的金融服务也存在一个接受过程。现在中国文化环境的变化对中小银行而言意味着广阔的发展空间，需要中小银行适应越来越多样化的金融需求，积极进行服务创新和业务拓展。信用环境的优化也会为中小银行的发展创造更好的市场秩序。

　　技术的进步无疑通过更多自动化方式减轻了人工的负担，提高了银行处理业务的速度和效率。从国际以及美国银行业技术革新的进程来看，银行业等金融服务行业正在从过去的劳动密集型行业向资本密集型行业转变。从中美两国的技术环境来看，美国银行业对先进技术的使用和推广更早，整体金融基础设施条件要明显优于中国，美国中小银行的技术开发投入和力量虽然不如大型银行，但享受基本技术条件的便利是不成问题的。在网络开始普及之初，美国中小银行就借助网络技术进行推广宣传，有效地降低了运营成本。而中国的金融基础设施条件还不完善，在发达和欠发达地区之间的差异明显，特别是偏远的农村和山区等地，网络和技术的覆盖都有困难。这些基本技术环境的地区差异也造成了城市和农村间的中小银行机构的技术环境和条件的差异，发达城市的城市商业银行和落后农村的农村信用社之间，存在较大的技术差异。

有专家曾预言未来银行服务产品的生产和交付都将通过全自动化方式实现，银行的大楼和网点会被电子化网络所取代，银行与客户面对面交流的方式终将过去。针对这种观点，Rose 和 Hudgins（2011）指出，技术发展推动设备取代人工的发展方式虽然可以降低大规模交易的单位成本，但也会使得银行越来越失去人性化服务的特点，而面对面交流的人性化服务方式正是大部分银行客户青睐银行的原因之一。[127] 况且从技术发展的现实和解决就业需要来看，他们认为全自动化银行业即便真会实现，也仍然需要很长一段时间。即使以美国现有的技术环境，全自动银行都需要很长一段时间，那么中国的银行业，特别是农村地区银行机构实现全自动化的时间就更加漫长。技术条件的进步推动了美国金融创新和银行业务的拓展，而中国银行业更多是引进和模仿，自主开发的技术基础比较薄弱。一方面，中国技术环境的不完善限制了中国中小银行机构利用先进技术来降低成本和提高效率的可能，使中小银行和大银行在技术领域拉大了差距，不利于中小银行借助科学技术来创新产品、改善服务，更好地迎合客户的需要。但另一方面，这种技术环境的地域差异，也为中小银行的发展提供了契机。如前所述，人性化和面对面的服务是受银行客户欢迎的。在大型银行借助技术优势发展电子化、自动化业务的同时，中小银行却能利用注重交流的人性化、贴心服务赢得客户。特别是在技术环境落后的农村地区，大型银行无法展现其规模化的技术优势，农村中小银行反而更具发展空间。

4.5　本章小结

宏观环境为中小银行的产生与发展奠定了重要基础。随着经济社会的发展和银行监管政策的改变，在经济、制度、文化和技术环境交叉影响之下，美国中小银行经历了多次发展转型以适应这些环境的变化，最终形成了独具特色的经营定位，与大银行展开差异化的错位竞争，从而寻求发展。中国中小银行的产生与发展同样受宏观环境的综合影响。经济的发展在不同时期对中小银行产生了不同影响。过去的计划经济体制使中小银行缺乏发展动力；改变二元经济结构的现实需要则为中小银行提供了发展空间；生产方式的转变也产生了中小银行进一步发展的推动力量。制度既可以是中小银行发展的直接制约，也能成为有力的引导支持力量。中国银行监管、法律制度和行政环境都在不断改进，逐步为中小银行发展创造一个良好的制度环境。

　　另外，中小银行的发展受社会文化环境和技术环境的影响。美国社会文化反对垄断，追求创新，社会环境影响着美国银行制度和银行业务，也影响着金融服务需求。美国银行业发展过程中表现出来的诱致性制度变迁和需求引导型金融发展路径，其实也是文化环境影响中小银行发展的一个间接证明。中国不同地域存在多元的文化传统和习惯，人们的价值观念和消费理念也在随时代、经济和社会发展而发生改变，这都需要中小银行注重差异，灵活地适应环境的变化，提供更多样化和更有针对性的金融服务。另一方面，技术条件的进步推动了美国金融创新和银行业务的拓展，中国银行业的技术条件有了极大的进步，但中国金融创新的技术基础还比较薄弱，银行业务和产品更多是模仿、引进国外品种，缺乏对自主开发的技术平台和手段的利用。中国在金融基础设施条件方面也还有很大欠缺，虽然一定程度制约了中小银行的技术力量，但也为中小银行的发展提供了契机。

　　总而言之，美国的中小银行根植于美国的经济、制度、社会和技术土壤，而中国有中国特色的经济、政治、社会背景，中国的中小银行也应是根植于中国的土壤，走适合中国国情和现实的道路。

5

中美中小银行发展的银行业市场结构比较

不同的市场结构意味着不同的竞争程度和市场主体竞争状态，中小银行的业务模式、组织结构等都受到市场结构和竞争的影响。能够维持有效竞争的市场结构是中小银行比较优势形成和发挥的关键因素之一。本章将对中美银行业市场结构进行比较分析，从市场结构和产业竞争的角度分析其对中小银行市场行为的影响。

5.1 银行业市场结构的定义与衡量指标

5.1.1 银行业市场结构的定义

市场结构是指特定产业内，企业与企业间在数量、份额、规模上的关系及由此决定的竞争形式的总和。市场结构反映了企业之间市场关系的形态和特征，体现了市场供给方面的竞争和垄断程度，是决定产业组织竞争性质的重要方面。银行业市场结构则是指在银行业市场中，银行与银行间在数量、份额、规模上的关系，以及由此决定的竞争形式。从银行机构的数量和空间分布、银行机构的市场份额、市场集中度、市场的进入与退出壁垒、银行提供的服务产品的差别化程度、银行对其服务产品数量及价格控制程度等方面，都能体现银行业的竞争和垄断状态。本章主要从市场份额、市场集中度和市场进入退出壁垒三个方面对中美银行业市场结构进行比较分析。

5.1.2　银行业市场结构的衡量指标

5.1.2.1　银行业的市场份额

市场份额指某个企业的销售量（或销售额）在市场同类产品中所占的比重。银行业市场份额可以通过资产份额、存款份额或贷款份额来度量，是指某银行的某项指标值在银行业市场总值中所占的比重。相关指标值计算如下所示：

$$资产份额 = \frac{某银行资产总额}{同期银行业机构资产总额}$$

$$存款份额 = \frac{某银行存款总额}{同期银行机构存款总额}$$

$$贷款份额 = \frac{某银行贷款总额}{同期银行机构贷款总额}$$

如果单个银行机构的市场份额都比较小，通常意味着该市场的竞争程度较高；而如果单个银行机构的市场份额都比较大，一般说明垄断程度较高。

5.1.2.2　银行业的市场集中度

市场集中度是某一市场上卖方或买方各自的数目及其在市场上所占的份额。市场结构理论主要研究市场供给，因此衡量的是卖方集中度。银行市场集中度是反映市场结构的常用指标，市场集中度越高，单个银行的市场占有率越高，市场垄断程度越高，市场竞争程度相应下降。银行业市场集中度的常用衡量方法有行业集中度指数、赫芬达尔—赫希曼指数（HHI）等。

1. 行业集中度指数

行业集中度指数是指行业内的规模最大的前 n 位企业的有关数值 X 占整个市场或行业的份额之和。银行业的行业集中度指数是指银行业市场中少数几个最大银行所占整个行业的份额的总和，可以体现市场垄断竞争程度的高低。计算公式为

$$CR_n = \frac{\sum\limits_{i=1}^{n} X_i}{\sum\limits_{i=1}^{N} X_i} \tag{5.1}$$

式中：$N > n$；

　　CR_n——银行业中规模最大的前 n 位银行的行业集中度指数；

　　X_i——银行业中第 i 个银行的资产、存款或贷款数额；

　　n——银行业中的前 n 个银行；

N——银行业中全部银行的总数。

在行业集中度指数 CR_n 中，行业中银行机构的数量和规模这两个影响市场结构的重要变量都得到了综合反映。但 n 的取值有一定的主观性，n 的取值不同会得出不同的计算结果。而且 CR_n 仅仅反映了前 n 家银行的规模，忽略了其余的银行，这是该指标的明显不足。同时，它也存在无法反映最大的 n 家银行之间相对的分布情况和变化等缺陷。不过该指标计算简单方便，容易理解，所以也成为反映市场结构的常用指标。

经济学根据竞争程度的高低，一般将市场结构分为完全竞争市场、垄断竞争市场、寡头垄断市场和完全垄断市场四种类型。完全竞争市场和完全垄断市场这两种极端情况在现实中几乎不存在。一个行业的市场结构一般都介乎完全竞争和完全垄断之间，呈现垄断竞争或寡头垄断格局，只不过程度不一。贝恩（1968）运用市场集中度指标，对产业的垄断与竞争程度做了更为细致的划分（见表 5 - 1）。

表 5 - 1　　　　　　　贝恩对产业集中和竞争类型的分类

市场结构类型	CR_4	CR_8	该产业的企业数量
极高寡占型	75%以上		1—40 家
高集中寡占型	65%—75%	85%以上	20—100 家
中（上）集中寡占型	50%—65%	75%—85%	企业数量较多
中（下）集中寡占型	35%—50%	45%—75%	企业数量很多
低集中寡占型	30%—35%	40%—45%	企业数量很多
原子型（竞争型）	30%以下	40%以下	企业数极多，不存在集中现象

2. 赫芬达尔—赫希曼指数（HHI）

它是银行业市场上所有银行的市场份额的平方和，如公式（5.2）所示：

$$HHI = \sum_{i=1}^{N} \left(\frac{X_i}{\sum_{i=1}^{N} X_i} \right)^2 = \sum_{i=1}^{N} S_i^2 \qquad (5.2)$$

式中：X_i——银行业中第 i 个银行的资产、存款或贷款的数值；

$S_i = \dfrac{X_i}{X}$——银行业中某个银行的市场份额；

N——银行业的全部银行的总数。

当市场处于完全垄断时，$HHI = 1$；而当市场处于完全竞争状态，市场上存在很多规模相当的企业时，N 越大，则 HHI 越趋向于 0。因此，HHI 取值范围在 0 和 1 之间，反映垄断与竞争的不同程度。HHI 数值越大，表明市场集中度越高，垄断程度越高；而 HHI 数值越小，表明市场集中度越低，竞争程度越高。由于计算出的 HHI 数值较小，通常将其乘以 10 000。如果 HHI 大于 1 800，该市场被视为高度集中的市场（Highly Concentrated）；如果 HHI 在 1 000—1 800 之间，该市场被视为集中程度适中的市场（Moderately Concentrated）；而 HHI 小于 1 000 的市场则被归入集中程度较低的市场（un – Concentrated）。

通过 HHI 反映市场集中度的好处在于：一方面，HHI 不像 CR_n 那样受 n 取值的影响，能较为完整地反映整个市场垄断或竞争的程度。如果一个市场上有 n 家规模相同的企业，那么，$HHI = \dfrac{1}{n}$。利用 HHI 的倒数可以很方便地得到市场相当于存在多少家规模相当企业，从而直观地体现市场垄断或竞争的情况；另一方面，与 CR_n 相比，HHI 考虑了所有企业的份额，能够更好地反映厂商之间市场份额的非均匀分布对市场集中度的影响，能够更有效地考虑不同企业市场力量的差异。不过，由于需要计算所有企业的市场份额，因而数据量要求更大。另外，由于指数计算过程中需要对各企业的市场份额求平方，较大的市场份额在 HHI 值中的所占比重通过平方更加放大，因此 HHI 值对规模较大企业的市场份额更加敏感，更突出领先企业对整个行业结构的影响。

5.1.2.3 银行业的进入与退出壁垒

衡量银行业市场结构的还包括进入与退出壁垒，从新进入者进入银行业市场与原有银行退出市场的角度来考察银行业市场的关系和潜在竞争程度，与市场份额和市场集中度结合可以共同描述市场结构的基本特征。因为市场份额和市场集中度体现的是现存市场的当前竞争程度，而进入壁垒则是对市场中潜在竞争程度的反映，综合的反映更加全面。

银行业进入壁垒是指阻止市场外部的潜在进入者加入市场、与原有的在位银行进行竞争的因素。进入壁垒大致可以分为结构性壁垒、行为性壁垒和政策法律性壁垒三种类型。结构性壁垒与银行业本身的基本特性相关，包括设立银行的成本和必要资本、市场容量、规模经济以及产品差别化等方面；行为性壁垒是指原有的在位银行的阻碍行为，在位银行为了阻止潜在竞争银行和新进入银行往往会采取一系列行为阻止对手进入及驱逐对手，这些行为可能会造成结构性壁垒的进一步提高。政策法律性进入壁垒是政府从维护金融安全和经济稳定的角度，对银行业实行的严格的政策法律性进入管制，包括对新设银行的授权、对经营范围的许可以及设立分支机构等方面的限制。

退出壁垒是指阻碍现有银行退出市场的各种限制条件，同样包括经济性退出壁垒和政策法律性退出壁垒。退出壁垒与进入壁垒相辅相成，因为潜在进入者在试图进入某行业时，也会考虑到能否低成本地通畅退出。退出相对容易，且成本较低，则会增加潜在进入者的进入倾向；反之则增加了进入的障碍。在经济性退出壁垒方面，由于银行固定资产的专用性不太强，资金等金融资产很容易转为他用，这些沉没成本都不大。但银行作为经营信用的企业，商誉和客户资源等无形资产的退出损失是较大的。当银行的人力资本较多时，在银行退出时的解雇费用上，除了直接支付退休解聘等人员的费用外，间接的协调成本等社会支出费用比较高。在政策法律性壁垒方面，由于银行业作为国家的金融命脉，对经济的稳定运行起着至关重要的作用，一个银行的退出很可能会增加整个银行业的系统风险，因此政府会竭力避免银行的倒闭，通过制定政策和法规来限制其退出。

由于市场份额和市场集中度都是从结构角度进行的数量分析，虽然可以客观地反映市场竞争和结构分布状况，但是银行业市场竞争的复杂情况很难由一两个数量指标予以体现，需要结合业务特性，通过市场准入和退出壁垒的定性分析，才能更好地全面反映。

5.2 美国中小银行发展的银行业市场结构分析

美国崇尚自由的市场理念和特定的银行制度长期以来形成了银行业自由竞争的格局，即便是在银行业放松管制和大规模银行并购浪潮出现，银行机构的数量，特别是中小银行数量在不断减少的情况下，也并没有导致金融力量的过度集中。

5.2.1 美国银行业的市场份额分析

从表 5 - 2 美国银行业市场资产份额的统计数据来看，中小银行的资产份额有逐年下降的趋势，从 1992 年的 29.28% 左右，下降到 2011 年的不到 9.33%，缩水至原来的三成。中小银行的数量从 1992 年的 11 083 家下降到 2011 年的 5 776 家，减少了 47.88%，资产份额的下降速度远远大于数量减少的速度。与中小银行市场份额不断下降同样的是，大银行的市场份额也从 1992 年的 23.05% 一直持续减少到 2011 年的 8.71%。而同期大型银行的数量在这 20 年间还有小幅的上涨，从 1992 年的 329 家增加到 429 家，数量占比从

2.87% 上升到 6.82。相比之下，超大银行的市场份额增长迅速，从 1992 年的 41.22% 上升到 2011 年的 81.96%，几乎翻倍。超大银行的数量从 1992 年的 51 家增长到 2011 年的 86 家，自 2002 年以来一直维持在 80 多家，以不到 1.5% 的数量就占据了美国商业银行总资产的 70% 以上份额。

表 5-2　　　　　　　　　美国银行业资产份额分布　　　　　　　单位：%

年份	中小银行	大型银行	超大银行
1992	29.28	23.05	41.22
1995	23.05	24.46	52.40
2000	16.08	14.08	69.84
2001	15.89	13.97	70.14
2002	15.28	13.25	71.47
2003	14.61	12.47	72.92
2004	13.58	11.59	74.83
2005	13.06	11.90	75.04
2006	11.99	10.67	77.34
2007	10.95	9.97	79.08
2008	10.22	9.27	80.51
2009	10.60	9.47	79.93
2010	9.87	9.02	81.10
2011	9.33	8.71	81.96

资料来源：根据 FDIC 数据整理。

从表 5-3 存款份额和表 5-4 贷款份额来看，变化趋势与资产份额相同。中小银行的存款市场份额和贷款市场份额分别从 1992 年的 33.12% 和 28.1% 下降到 2011 年的 10.69% 和 11.01%。由于中小银行更依赖存贷款等传统银行业务，因此其存贷款的市场份额往往相对要高于其资产份额。相比之下，中小银行贷款份额的下降幅度要明显低于资产份额和存款份额的下降幅度。这二十年间资产份额、存款份额和贷款份额的降幅分别为 68.14%、67.72% 和 60.82%。无论是从存款份额，还是贷款份额来看，大型银行的市场份额都在持续减少，而超大银行的市场份额明显提高。整体而言，美国银行业的市场份额越来越向超级航母型的银行巨头集中。

表 5 – 3   美国银行业存款份额分布   单位：%

年份	中小银行	大型银行	超大银行
1992	33.12	29.19	37.69
1995	27.91	24.25	47.84
2000	19.80	14.76	65.43
2001	19.56	14.28	66.16
2002	18.89	13.64	67.48
2003	17.99	12.83	69.18
2004	16.61	11.92	71.47
2005	15.86	12.42	71.72
2006	14.68	11.40	73.91
2007	13.51	10.86	75.63
2008	12.53	10.28	77.19
2009	12.45	10.21	77.35
2010	11.71	9.88	78.41
2011	10.69	9.23	80.08

资料来源：根据 FDIC 数据整理。

表 5 – 4   美国银行业贷款份额分布   单位：%

年份	中小银行	大型银行	超大银行
1992	28.10	30.31	41.59
1995	22.46	26.50	51.04
2000	16.96	14.60	68.44
2001	17.20	14.54	68.26
2002	16.68	13.67	69.65
2003	16.13	13.02	70.85
2004	15.46	12.82	71.71
2005	14.77	13.06	72.17
2006	13.81	12.07	74.11
2007	12.85	11.65	75.50
2008	12.83	11.70	75.47
2009	12.94	11.44	75.61
2010	11.73	10.56	77.71
2011	11.01	10.36	78.64

资料来源：根据 FDIC 数据整理。

从市场份额的分布来看，美国银行业的市场向大型银行集中的程度在世界范围内比较还是相对较低。美国在 20 世纪之前，大约前 2 000 家银行才能占到全国存款的 90% 市场份额，目前最大 100 家银行的资产市场份额为 80% 多，从 2009 年开始还出现了自 1991 年来的首次下降。而大多数发达国家中 10 家以下的银行就可能占到全国存款的 90%，特别是银行数量少于 100 家的加拿大和澳大利亚等国，最大 5 家银行的市场份额就占到了 80% 以上。加拿大主要银行均在全国设立分支机构，是高市场集中度的典型代表。根据加拿大金融机构监管局公布的截至 2010 年 3 月的数据，加拿大 77 家银行中本国银行 22 家、外国银行附属机构 25 家、外国银行分行 30 家。加拿大六大商业银行（加拿大皇家银行、多伦多道明银行、丰业银行、蒙特利尔银行、帝国商业银行和国民银行）自 20 世纪 60 年代以来一直拥有稳固的市场垄断地位，2010 年初这六大商业银行资产份额高达 97%，存款份额达 95%。[128]

5.2.2　美国银行业的集中度分析

表 5-5 统计的是美国银行业资产 CR_4 和 HHI 的变化，以此反映美国银行业的市场结构情况。CR_4 计算的是美国四家最大银行资产占银行业总资产的份额之总和。2008 年以来，美国前四家最大银行一直分别是摩根大通银行、美国银行、花旗银行和富国银行。其中排名第四位的富国银行在 2011 年资产规模都超过了 1 160 亿美元，是第五大银行资产规模的三倍多，是第 100 大银行资产规模的 138 倍。而在 20 世纪 90 年代，前四家最大银行的资产规模与第五大银行相差不大，1998 年第四大银行的资产规模大约是第 100 大银行的 39 倍。由此已经可以看出美国银行业向航空母舰级巨头集中的趋势。HHI 应是计算每家银行市场份额平方的总和，出于数据可得性的考虑，本书 HHI 计算是基于资产规模前 100 家大银行的每家银行资产占有份额的平方和计算，计算结果已乘以 10 000①。因为前 100 家大银行的市场份额占据了银行业的 80% 左右，其他 6 000多家银行单个的市场份额相对都较小，再取平方后则更小，所以这种处理虽然存在一定低估，但影响不大。

---

　　①　本书对美国银行业集中度的计算是基于商业银行市场，即仅计算商业银行的市场份额，不同于其他研究中对美国银行业集中度的计算包括储蓄银行甚至信用社等银行类机构的市场份额，因此，本书计算的集中度水平相对更高。

表 5-5 美国银行业的资产集中度指标

年份	CR$_4$	HHI
1992	13.78%	75.3498
1995	15.62%	94.3939
1998	21.54%	174.6670
2002	28.33%	261.3115
2003	28.71%	270.8837
2004	33.55%	358.1130
2005	36.22%	405.0545
2006	38.77%	450.6993
2007	40.59%	483.7893
2008	41.26%	520.9778
2009	41.13%	518.5417
2010	44.51%	546.2484
2011	45.26%	566.9261

资料来源：FDIC。

根据贝恩对产业集中和竞争程度的分类，表 5-5 中 CR$_4$ 的统计结果表明，美国在 2003 年之前都属于竞争型的市场结构（CR$_4$ < 30%），不存在集中现象。而在 2004 年表现为低集中寡占型后（30%—35%），2005 年至今都属于中（下）集中寡占型市场类型（35%—50%）。虽然仍然属于集中程度中等偏下，但 20 年来的 CR$_4$ 指标上升显著，是 1992 年的 3 倍多，与市场份额的变化一样表明了美国大型商业银行的巨型化规模扩张趋势。由于美国银行数量众多，对美国 CR$_n$ 的统计通常计算 CR$_{10}$ 的较多。以 CR$_{10}$ 的变化情况来看，1970 年为 21%，1990 年上升到 25% 左右，至 2000 年迅速上升到约 45%，从 2009 年至 2011 年期间大约一直占到 55%。从 CR$_{10}$ 的变化来看，上升幅度要小于 CR$_4$ 指标，目前是 20 世纪 90 年代的 2 倍多。

本书计算的 HHI 由于仅以 100 家最大银行的市场份额为计算基础，存在一定的低估，但从变化趋势上可以明显看出集度的提高。HHI 的变化情况同样明显呈快速上升趋势，从 1992 年到 1998 年的提高就超过 1 倍，2003 年又是 1998 年的 2 倍多，再到 2011 年，HHI 已是之前 1992 年的 7 倍多。不过，整体来看，20 世纪 90 年代和 21 世纪初的集中速度相对较快，后期上升相对平缓。从 HHI 的数值来判断，目前美国银行业 HHI 也远低于 1 000，整体银行业依然属于集中化程度较低的市场。

由于美国地域广阔，美国银行业市场结构在各州之间和不同地区之间的差异性也很大。例如，美国东南部的阿拉巴马州 2012 年 6 月的银行业存款 HHI 为 937.6424，州内共有 172 家银行，1 573 个银行网点，最大银行市场份额为

24.98%；而位于美国西北太平洋沿岸的美国最大州——阿拉斯加州的存款 HHI 为 3 314.79，州内只有 8 家银行，132 个营业网点，最大银行市场份额为 52.31%[①]。两者之间的差异显著。美国各州经济基础等环境不同，一般而言，经济相对发达地区的银行数量相对较多，市场集中度相对分散；经济相对落后地区的银行数量相对较少，市场集中度相对更高。城市地区的市场集中度更低，农村地区的集中度更高。同时各州的银行制度的差异，也对市场结构差异产生影响。

市场结构基于不同业务来看也表现出一定差异。从银行业务区分来看，西方学者 Buckle 和 Thompson（1998）将银行业务分为零售银行业务和批发银行业务，前者是笔数众多、每笔业务金额不大、以个人和小企业为服务对象的银行业务，后者是指以大企业和大机构为主要客户的、笔数少、单笔业务金额很大的银行业务。[129] 由于零售银行业务需要营业网点接待客户，因而零售银行业务具有很强的地方性，位于不同地方的银行分支机构无法相互竞争，具有一定的地理垄断性；批发银行业务对网点地理位置的要求相对较低，银行都可以参与，因而竞争性更强。在此规律的作用下，再加上由于美国长期实行的单一银行制限制银行分支机构和跨州经营的发展，造成了在分隔的各州银行市场上的零售银行业务市场相对集中，而批发银行业市场相对分散。[130] 放开分支机构和跨州经营管制后，中小银行也同样利用其本地优势，重点发展零售业务，而地方性不那么强的批发业务则竞争更加激烈。就市场竞争而言，由于各类银行可以通过制定不同的市场定位，从而在细分的市场上分层经营，以提供差异化的产品和服务进行错位竞争。这既是银行机构适应竞争需要的调整响应，客观上也减轻了竞争的激烈程度，因此有研究总结尽管整体看美国银行集中度显著提高，但由于存在分隔的市场和错位竞争，美国银行业的市场竞争程度并不高。[131]

美国银行业市场集中度提高的趋势从 20 世纪 80 年代以来就一直延续。尽管未来银行业发展的长期演变势必充满相当的不确定性，但值得注意的是，美国银行业由为数不多的大银行和众多的中小银行组成，即一方面大型银行的巨型化越来越明显，另一方面庞大的中小银行的分散数量依然存在，中小银行在数量上始终占据着 90% 以上。在大型银行的规模和市场份额越来越大后，仅从市场份额和集中度指标并无法完整体现出这种"两头化"的结构特征。

---

① 资料来源于美国 FDIC 网站。

5.2.3 美国银行业的进入与退出壁垒

美国银行业的市场进入门槛相对宽松。美国货币监理署和 50 个州的州立银行委员会分别负责审批设立国民银行和州立银行的申请并颁发银行许可证。申请国民银行许可证的联邦规则标准相对比州立银行的标准更为严格，但是联邦银行法规比各州法律效力更高，联邦颁布的国民银行许可证相对也更能赢得客户信任，有利于银行树立威信，吸引更多客户。州立银行则有选择是否加入联邦储备体系的自由；可以提供国民银行所不能提供的贷款和服务，例如像土地耕种者提供贷款和房产经纪服务等；各州对州立银行监管标准有一定差异，例如许多州允许的银行单家客户贷款占银行资本的比例相对更高。另外，申请州立银行许可证的好处在于申请相对容易，成本较低。监管部门要求申请设立新银行者提供证明，证实在拟设立银行的地区确实存在公众对新银行的需求，具备能力和实力，在公众中有诚信基础，并提出具体管理计划。美国的银行最低注册资本要求不高，国民银行最低注册资本 100 万美元，州银行一般不超过 20 万美元。申请设立银行时一般还需筹集 200 万美元至 1 000 万美元的启动资金满足前期投入需要，并向有关机构证明将会达到必要的盈利水平。总体而言，美国的州立银行数量要远远多过国民银行，截至 2011 年 6 月，美国州立银行的占比约为 79%。

在美国过去长期实行的单一银行制下，设立分支机构和跨州经营受到严格管制，所以美国各地银行市场事实上是被人为地分隔成各个独立的市场。各州的银行市场对于州外的潜在进入者实际是存在极高的进入壁垒的，这就使得各州的银行市场竞争程度有所区别。在跨州经营管制放开后，州外的银行准许进入，更促进了银行跨州的并购，尽管允许直接开设跨州的分支，但选择并购的银行还是占多数，因此在并购盛行之下，中小银行数量和市场份额减少，改变了各州内的银行市场结构。通过对 1984—1998 年间美国大都市统计区和非大都市统计区的 HHI 的统计，在市场集中程度相对比较低的大都市统计区和非大都市统计区，大量的并购行为促进了银行的集中，市场集中程度趋向于升高；而在市场集中程度相对较高的大都市统计区和非大都市统计区，由于反垄断政策限制在 HHI 较高地区进行银行兼并，特别是在 HHI 超过 1 800 点的地区，因此在反垄断政策的约束下并购较少，新设银行或分支较多，这些地区的市场集中程度则趋向于降低。[132]

美国银行业市场化的退出机制比较完善。首先，美国是世界最早建立存款保险制度的国家，经过长期的运行，制度比较成熟。而且存款保险制度通常是建立银行破产退出制度的先决条件，有利于银行的平稳退出。美国银行破产法律制度给予银行主管部门启动破产程序的权力，同时也是监管部门一项不可推卸的义务。1991 年美国通过《联邦存款保险公司改进法案》规定，银行破产条件基于银行的资本，当资本充足率跌至 2% 以下，进入资本严重不足状态 90 天内监管部门必须采取接管措施，提前将其关闭，避免给债权人和社会带来损失。破产清算的果断是美国银行破产制度的突出特点，进入破产程序的银行被取消营业许可证，高级管理层也会被更换，由存款保险公司在对银行的救助和重整中实施财产保护治理。不过市场化的银行退出机制并不排除国家权力的积极干预，必要时候监管部门也会采取一定的资助和援救手段，维护银行体系安全，防止系统性风险蔓延。

美国银行业的进入壁垒相对宽松，同时优胜劣汰的退出机制也比较成熟，这一点也可侧面从美国银行机构的新设和破产退出的数据看出。虽然美国中小银行的总数量在不断减少，但新注册的银行也不断出现，从表 5 - 6 的银行数量变化原因的统计可以看出，每年银行总量变化中增加的银行主要是新获准注册授权的银行，尤其是 1995 年核准的新银行执照数量从前一年的 45 家翻番到 96 家，1996 年新执照 139 家，并在此后至 2007 年的 10 年时间内维持平均每年的新增银行执照 150 多家。直到 2008 年后因为次贷危机的影响，经济形势的变化使得新进银行数量显著减少。由此可以看出，一方面银行总量在不断减少，但另一方面始终不断地有新的银行加入银行体系，补充新鲜血液。尽管退出机制相对成熟，但是在银行总量减少的原因中，并购占绝大比例，由于经营失败的退出只占极小部分，如表 5 - 6 所示。尤其在 2000 年之前的并购浪潮中，每年由并购导致的银行总数减少有四五百家之多，1995 年更是高达 608 家。这是因为，跨州经营放开后，大部分银行的跨州经营通过并购其他银行实现，银行并购的动机进一步加大，而 2001 年以后，银行并购的数量有了明显减少。银行数量减少的原因中，真正由于经营失败关闭的数量在 1994 年之后并不多（2009 年和 2010 年急剧增加的银行经营失败数是受 2008 年金融危机的特殊影响）。特别是从中小银行的数量增加变化的原因统计来看（表 5 - 7），中小银行的数量减少主要是由于并购所造成，1995 年以后经营失败倒闭的中小银行每年平均不到 5 家，这对于中小银行几千家的数量规模而言，实在是微乎其微。每年新注册成立的中小银行在此期间则平均超过 100 家。因此，银行业扩张浪潮并没有导致金融力量的过度集中，因为较为宽松的进入门槛保证了市场不断有新的进入者，而优胜劣汰的淘汰机制又保证了市场的竞争性，只要银行业整体保持良好的盈利能力，就能始终吸引新的进入者。

表 5 - 6　　　　　　　　　　　美国银行机构数量增减变化　　　　　　　单位：家

年份	增加数量		减少数量	
	新成立	转换	并购	经营失败
1991	76	31	446	47
1992	40	10	429	101
1993	47	12	480	92
1994	45	12	547	10
1995	96	28	608	45
1996	139	35	553	27
1997	182	51	599	17
1998	187	28	559	7
1999	227	18	418	44
2000	188	22	456	23
2001	125	16	359	1
2002	90	13	275	35
2003	110	18	225	15
2004	120	25	262	23
2005	167	11	271	17
2006	177	12	309	1
2007	175	19	293	15
2008	90	19	259	44
2009	24	10	158	133
2010	5	8	183	124

资料来源：FDIC。

表 5 - 7　　　　　　　　　　　美国中小银行数量增减变化　　　　　　　单位：家

年份	增加数量		减少数量	
	新成立	其他	并购	经营失败
1995	71	2	495	8
1996	109	2	432	6
1997	149	4	425	1
1998	166	8	482	3
1999	212	8	349	7
2000	178	10	263	5
2001	113	5	224	2
2002	79	1	198	9
2003	101	1	208	1

资料来源：Critchfield, T. , Davis, T. , Davison, L. . Community Banks：Their Recent Past, Current Performance, and Future Prospects. *FDIC Banking Review*, 2004 (6)：1 - 18。

5.3 中国中小银行发展的银行业市场结构分析

中国银行业市场结构在改革开放后经历了极大的变化，从过去四大国有银行高度垄断，到股份制商业银行的兴起，再到城市商业银行和农村中小金融机构的发展，银行机构的数量显著增加，银行业整体竞争性在增强，市场结构在逐步优化。

5.3.1 中国银行业的市场份额分析

表 5 - 8　　　　　中国银行业不同类型银行的市场份额分布　　　　单位：%

银行类型		国有商业银行	股份制银行	城市商业银行、城市信用社	农村商业银行、农村合作银行、农村信用社
类别	年份				
资产份额	2005	65.06	13.77	8.17	13.01
	2006	65.92	14.67	7.48	11.91
	2007	63.69	16.42	7.85	12.04
	2008	62.24	17.02	7.92	12.73
	2009	61.17	17.74	8.44	12.66
	2010	58.71	18.62	9.67	12.99
	2011	59.42	19.27	9.91	11.39
负债份额	2005	66.73	14.38	7.13	11.76
	2006	65.89	14.82	7.45	11.86
	2007	63.36	16.39	7.7	11.55
	2008	61.14	17.75	7.75	13.37
	2009	61.33	17.42	8.38	12.87
	2010	60.98	19.49	7.25	12.29
	2011	57.38	18.92	10.32	13.37

资料来源：《中国金融年鉴》（2005—2011 年）。

本书所计算的市场份额是基于商业型银行类机构的市场份额分布，有别于中国银监会统计的银行业市场份额中还包括政策性银行和信托等其他类金融机构，因此本书对银行市场结构的分析更能反映本书所讨论的大中小型银行类机构的真实竞争情况。随着股份制银行、城市商业银行等多元竞争主体的出现，中国银行业过去由国有银行一统天下的局面有了很大改观，这一点从国有银行市场份额由 20 世纪 90 年代 80% 以上的绝对市场主导持续下降到 21 世纪的 60% 多就可以证明。表 5 - 8 中的数据显示，2005—2011 年国有商业银行在资产和负债方面所占市场份额继续下降，但下降幅度并不太大，仍维持在 57% 以上。其中，资产的市场份额 2011 年甚至比 2010 年还有一定提高。可以说，从产权结构来看，中国银行业仍然具有较为明显的国有垄断特征。股份制商业银行的市场份额在持续上升，股份制银行的兴起对于改变国有银行独大的垄断格局起到了关键的作用，目前股份制银行的市场份额已接近 20%。但城市商业银行和农村商业银行等中小银行的市场份额其实变化都不大，比较稳定。因此，国有银行的份额下降主要是由股份制银行的份额上升带来的，总体来看，大型银行的市场份额仍然占据了 80% 左右，中小银行的发展还是相对不足的。

各类银行的市场份额在中国不同地区之间也存在差异。如表 5 - 9 所示，无论从存款份额还是贷款份额上看，东部地区股份制银行、城市商业银行、城市信用社的份额都要明显高于中部和西部，这说明东部地区的银行业市场的竞争程度比较高，国有商业银行的垄断地位相对较弱。另外，西部地区国有商业银行的存款份额要明显大于东部地区，且远高于贷款份额，说明西部国有商业银行在西部存款业务上市场力量更大，吸收了大量的存款，但在当地的贷款业务的市场份额相比存款份额要低得多，这可能和国有商业银行在全国内调配资金有关，国有商业银行在经济发展相对落后的西部地区吸收的存款却并没有在当地完全投放。而中小银行，特别是农村商业银行和农村信用社的存款份额和贷款份额则大致相当。

表 5 - 9　　　　中国不同地区银行业市场份额分布情况（2008 年）　　　　单位：%

银行类型		国有商业银行	股份制银行	城市商业银行、城市信用社	农村商业银行、农村信用社
类别	地区				
存款份额	东部	59.88	15.37	8.15	12.91
	中部	59.15	7.74	7.37	15.20
	西部	68.56	7.75	5.09	12.07
贷款份额	东部	51.18	16.70	7.11	11.30
	中部	44.72	9.77	6.95	15.51
	西部	49.48	11.04	4.87	11.38

资料来源：中国银监会网站农村金融图集[1]。

---

[1]　其中东部地区包括北京、天津、河北、辽宁、上海、江苏、浙江、福建、山东、广东和海南；中部地区包括山西、吉林、黑龙江、安徽、江西、河南、湖北、湖南；西部地区包括四川、重庆、贵州、云南、西藏、陕西、甘肃、青海、宁夏、新疆、广西、内蒙古。

5.3.2　中国银行业市场集中度分析

中国银行业市场市场集中度较高，特别是在 2000 年之前，中国银行业市场的 CR_4 指数不论是存款、贷款还是资产均超过了 80%，银行业属于极高寡占型市场结构，呈现典型的四家国有大银行绝对控制的垄断特征。不过近年来，中国银行业的 CR_4 指标无论是存款、贷款还是资产、负债，都持续下降（见表 5 - 10），充分表明四大国有商业银行在银行业市场中垄断程度的弱化，银行业市场结构持续分散化趋势。以 2011 年的资产和负债的 CR_4 指标来看，中国银行业属于中（上）集中寡占型，而以存款和贷款的 CR_4 指标来看，属于中（下）集中寡占型。但从中国银行业的资产 CR_{10} 指标来看，从 2005 年至 2011 年，中国银行业资产 CR_{10} 基本在 73% 左右稍微浮动，比较平稳，如图 5 - 1 所示。从这一指标来看，中国银行业集中度比较稳定，没有太大变化，这也体现出 CR_n 指标表现与 n 的取值相关，不能很好地完整反映市场结构的真实情况。

表 5 - 10　　　　中国银行业存款、贷款、负债、资产的 CR_4 指标　　　　单位：%

年份	存款	贷款	负债	资产
2003	58.83	62.47	63.66	64.04
2004	57.74	61.61	61.97	62.18
2005	55.28	54.54	61.22	61.20
2006	55.06	55.69	60.84	60.13
2007	52.71	53.58	57.30	57.15
2008	52.51	50.43	56.09	56.18
2009	51.70	52.08	55.72	55.71
2010	49.30	51.54	53.22	53.28
2011	49.22	44.88	50.76	50.75

资料来源：各银行年报及各年《中国金融年鉴》。

进一步通过计算 HHI 分析中国银行业市场集中度。除国有大银行和股份制银行外，由于很难得到每家农村商业银行、农村信用社、城市商业银行、城市信用社具体的资产和负债份额数据，所以本书计算 HHI 时，对各家大型银行的市场份额分别计算，对中小银行则采用分农村商业银行、农村信用社、城市商业银行、城市信用社等不同类别银行机构计算市场份额的方法。按此方法计算会造成 HHI 一定的高估，但由于国有大银行和股份制银行占据的市场份

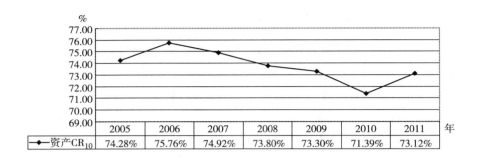

图 5 - 1　中国银行业资产 CR$_{10}$ 变化

额高达 80% 左右，且经过了平方的处理，因此对仅占 20% 左右的中小银行市场份额采用分类计算的处理不会对指标带来太大的影响。从表 5 - 11 的数据可以看出，尽管中国银行业 HHI 远高于美国水平，但如果根据 HHI 小于 1 000 则可视为分散程度较低市场的判断原则，中国银行业 HHI 在 2011 年恰好达到了较为分散的程度，在 2005 年至 2010 年期间都在集中程度适中的范围。同时，中国银行业资产和负债的 HHI 也一直在下降，表明中国整个银行业的竞争程度在不断提高。

表 5 - 11　　　　　　　　　　中国银行业市场结构 HHI

年份	2005	2006	2007	2008	2009	2010	2011
资产	1 313	1 143	1 083	1 050	1 019	974	983
负债	1 192	1 106	1 104	1 036	1 023	986	954

资料来源：各银行年报及各年《中国金融年鉴》。

　　中国银行业市场结构在不同地区间存在差异。中国银行业发展受政府管控，过去银行机构的发展模式依照行政规划设置分支，各省市的银行业发展情况都比较类似，因此银行业市场结构在各省市之间差异不大。随着股份制商业银行和地方中小银行的发展，经济发达地区和欠发达地区的银行业市场集中度则开始出现不同。股份制商业银行在向全国范围扩张时，在经济发达地区的网点布设相对较多，增长更快，在中西部等城市则分支较少或没有，因此各地的银行机构市场份额分布会存在区别。另外，城市地区的银行机构比较多，银行市场竞争更激烈，集中度相对较低；而农村地区的金融机构在国有大型银行撤出后，银行机构数量较少，所以市场集中度相对较高。以对广州市银行市场的集中度调查为例，广州市作为经济发达城市，其市场集中度要低于全国平均水平。从业务分类市场结构来看，市场集中度也存在区别。广州市的企业存款

HHI 为 1 777，属于集中程度适中但靠近高度集中市场，储蓄存款 HHI 为 1 024，接近非集中市场界限。企业存款集中度要高于储蓄存款集中度的原因在于，储蓄存款业务更依赖银行网点，尽管广州市经济发达，股份制银行相对较多，增加了银行市场竞争，但是相比于大型国有银行的网点数量，股份制银行和城市商业银行等其他银行机构的网点明显处于劣势，因此在储蓄业务市场上仍以大型国有银行为主，集中度较高。而在贷款业务上，个人贷款业务集中度更高，四大国有商业银行占据了广州市 90% 的市场份额；企业贷款业务市场集中度则相对低得多[1]。2010 年全国的储蓄存款 CR_4 在 56% 左右，企业存款的 CR_4 仅 35.06%，同样表明储蓄存款市场集中度要高于企业存款集中度[2]。这些数据表明，市场集中度在不同地域、不同业务上也有不同，各地的银行机构应该根据自己的特点来选择业务重点，有所侧重。

整体而言，从银行业市场的集中度指标来看，中国银行业市场虽然仍然具有较高的集中度状况，但是在发展趋势上，市场集中度正在不断下降，市场竞争因素不断加强，市场结构在逐步优化。市场竞争机制逐步形成，有效提高了银行业的资源配置效率，也表明中国银行业的市场结构正在经历转型的过程，在未来，集中度下降这一趋势应该会更为明显。

5.3.3 中国银行业的进入与退出壁垒

中国银行业的进入壁垒主要是政策法规性壁垒。中国银行机构的设立基本是政府直接干预的结果，政府作为金融资源的控制者，根据国家经济金融的需要作出整体政策安排，因此，银行业的准入壁垒相当高。2003 年之前，银行的设立由当时的银行监管部门中国人民银行来审查批准。2003 年，中国银监会成立，承担银行监管职责，开始负责审批银行机构的设立。以中国人民银行履行银行业监管时期的要求为例，1995 年《中华人民共和国商业银行法》的颁布对银行机构设立审批、注册资本最低限额、从业人员要求、业务经营范围等进行了具体规定。中国人民银行除审查申请者是否符合基本条件外，还要基于对当地经济发展的需要和银行业竞争态势的判断，来决定是否通过审批，并且总行实行指标计划管理，因此审批相当严格。以城市信用合作社的设立为

---

① 资料来源：吴庆、高宇辉：《对广州市银行业市场集中度的调查与分析》，载《调查研究报告》，2004（91）。

② 资料来源：杨珉、韩蓓：《加拿大银行业的高集中度与银行稳定》，载《中国金融》，2012（5）。

例，在中国人民银行总行指标计划控制下，由当地中国人民银行省、自治区、直辖市、计划单列市分行负责审核、批准，同时抄报总行备案。在设立农村信用社方面，注册资本和其他一些笼统条件虽然要求并不高，但中国人民银行总行对各省农村信用社的设立数量一样实行计划指标管理，实际进入壁垒是极高的。由于金融业的特殊性，实施指标控制似乎无可厚非，但这种指标计划的设置和分配在一定程度上缺乏科学性和透明度，形成了银行业隐形的高准入壁垒。

2003 年修订的《中华人民共和国商业银行法》规定，设立全国性商业银行的注册资本最低限额为十亿元人民币，设立城市商业银行的注册资本最低限额为一亿元人民币，设立农村商业银行的注册资本最低限额为五千万元人民币。中国银行业要求的注册资本从国际银行业范围来看，相对较高，例如日本银行的注册资本最低限额是 10 亿日元，约合 7 700 万元人民币；英国是 500 万英镑，约合 5 000 万元人民币；新加坡是 300 万新加坡元，约合 1 500 万元人民币；俄罗斯从 2010 年的 9 000 万卢布增至 2012 年的 1.8 亿卢布，约合 3 500 万元人民币。

现实当中商业银行的设立除了注册资本等法律明确的要求之外，还有其他诸多限制，存在隐形门槛，包括对产权的限制，民间资本进入金融业的难度更大。因此，中国银行业在产权结构上长期以来具有高度的国有特征。对银行业市场进入壁垒的放松，也包括放宽银行业所有制成分限制，引导民间资本进入银行业。2006 年 12 月，中国银监会发布的《关于调整放宽农村地区银行业金融机构准入政策　更好支持社会主义新农村建设的若干意见》鼓励民间资本设立以村镇银行为代表的农村金融机构，是放宽农村市场准入的开始；针对温州民间资金活跃却缺乏法律框架保护的情况，2012 年 3 月国务院批准通过了《浙江省温州市金融综合改革试验区总体方案》，助推民间融资阳光化和规范化，促进其向中小金融机构的发展。2012 年 5 月银监会的《中国银监会关于鼓励和引导民间资本进入银行业的实施意见》进一步强调要不断提高银行业市场准入的透明度，为民间资本进入银行业创造良好环境，支持符合银行业行政许可规章相关规定且具备一定条件的民营企业投资银行业金融机构；支持民间资本参与村镇银行的发起设立或增资扩股。2012 年 11 月，温州金融综合改革方案的实施细则公布，明确了支持民间资金参与地方金融机构改革，鼓励民间资金发起设立或参股村镇银行等新型银行类金融组织的同时，支持民营融资性担保公司发展，完善农信担保服务体系等。放宽市场准入的产权约束，推动民间资本进入银行业，这一系列措施将对形成中国银行业市场多元产权结构和竞争性结构起到积极作用。

中国还没有形成健全的银行市场退出机制，仍以隐性国家担保为主，退出壁垒主要也是政策法律壁垒。对于因违规操作、经营不善等原因出现债务危机和支付困难的银行机构，政府通常采用行政关闭、业务接管的行政处理手段。政府在银行机构市场退出过程中介入过深，本身是违背市场优胜劣汰的竞争原则的，但是由于中国没有建立存款保险制度，为了维护银行体系的安全和社会经济的稳定，只能由政府出面承担。例如历史上出现的海南发展银行、广东国际信托等金融机构破产事件中，为了控制金融风险蔓延和消除社会影响，基本都是政府埋单，没有真正进入破产程序。而且历史上出现问题的银行机构中，还有的是由于政策包袱过重、政府不当干预过多造成的结果，更加只能由政府埋单。

2001 年《金融机构撤销条例》颁布后，对于化解金融机构风险、完善市场约束机制方面发挥了积极作用，但在适应范围、适用条件和债权人保护等具体方面都不完善。2006 年的《中华人民共和国企业破产法》为银行破产提供了法律依据，但退出具体如何操作仍未解决。国家信用的过度保护会减少银行业机构的忧患意识，增加道德风险，使银行机构将风险和损失转嫁给国家，对社会资源和国家利益带来损害。农村信用社暴露出来的经营管理不善、资产质量差等问题一定程度上也与此相关。目前中国银行业结构已经逐步优化，多元化竞争格局已经基本形成，银行机构的经营风险伴随着竞争的增加也会难以避免地凸显。随着银行业市场化改革的推进，银行在摆脱行政干预的同时，也必然面临政府不再提供隐性担保的局面。只有完善银行业退出机制，建立正常的优胜劣汰机制，才能更有效地促进银行业机构加强风险意识，提高管理能力和经营绩效。银行的市场化退出机制通常包括存款保险制度和破产制度两个方面，而存款保险制度是银行破产制度建立的重要前提，可以有效地保护存款人利益，减少社会损失。目前，建立存款保险制度和银行破产退出制度已经得到了国家和监管部门的高度重视，相关工作也已经在着手展开。

总体而言，中国银行业的进入与退出主要都面临政府管制的政策法律性壁垒。在金融发展的初期，政府严格管制下的政策法律性制度壁垒是必不可少的，它有利于国家对国民经济和金融发展的规划实施，保障金融安全和社会经济、政治稳定；但从长远来看，随着中国银行业改革的推进，目前的进入和退出壁垒既限制了潜在市场进入者增加市场竞争，也没有形成优胜劣汰的市场淘汰机制。这实际上对现有银行机构起到了行政庇护的作用，抑制了银行机构的风险意识和开拓精神，这也是造成中国银行业高垄断与低效率并存的原因之一。完善中国银行市场结构的进入与退出制度安排，优化中国银行市场结构，建立行业市场竞争机制和激励机制，才符合银行机构发展和金融业稳健运行的需要。

5.4　中美中小银行发展的银行业市场结构对比分析

5.4.1　中美银行业市场集中程度和变化趋势的比较

从市场集中度指标来看，美国银行业市场集中度相对较低，而中国银行业的集中度相对较高。尽管美国银行业的资产 CR_4 指标从 1992 年到 2011 年 20 年的时间里上升至之前的三倍，但中国银行业的资产 CR_4 指标仍然高于美国。不过，美国从 2003 年之前竞争型的市场结构变化到 2011 年的中（下）集中寡占型市场类型，中国 2011 年资产和负债的 CR_4 属于中（上）集中寡占型，但以存款和贷款的 CR_4 指标来看也属于中（下）集中寡占型。中美银行业的 CR_4 指标差异近年来在逐渐缩小。差距的缩小也表明了中美两国的银行业市场结构变化趋势截然不同。无论从 CR_4 指标，还是从 HHI 来看，美国的银行市场集中度都在不断地提高，而且变化幅度非常大。而中国银行市场集中度呈现明显的下降趋势。不过从图 5-2 中美银行业 HHI 对比来看，美国的 HHI 至今不到中国 HHI 的一半水平，美国以 HHI 衡量的集中度水平要明显低于中国。

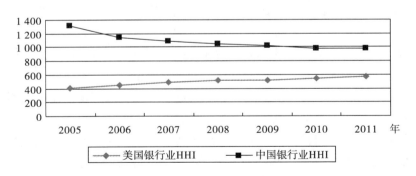

图 5-2　中美银行业 HHI 对比

在这种变化趋势的背后，美国的银行业主要是由于放松了银行设立分支机构和跨州经营的限制，再加上美国从分业经营到混业经营模式的转变，来自综合性金融控股公司及其他金融机构的竞争冲击加大，银行业的兼并收购浪潮使得中小银行的数量有了显著下降，其直接结果就是中小银行在整个银行业中市场份额明显下降；而大银行扩张速度和幅度明显，形成越来越庞大的金融航母型超大银行，整体市场份额不断上升，银行业向大型银行集中的趋势由此加快。中小银行虽然在数量上始终占据 90% 以上，大大超过大银行，但是其市场份额较小；大型银行数量少，却以其规模性占据了美国商业银行市场的绝大部分市场份额。

中国银行业集中度的下降同样与银行业改革的制度变化有关，全国性股份制银行的发展加快使得其市场份额显著提高，股份制商业银行的兴起对打破过去国有大型银行一统天下的格局起到了关键的作用，有利于促进中国银行市场竞争。但目前全国性股份制商业银行同是大型银行，中国中小银行的市场份额近年来实际上变化并不大。因此，中国中小银行在数量上占据优势，但在市场份额占比上却相对较小，这一点与美国的银行市场特点相同。目前来看，美国中小银行的数量占比 90% 的情况下，市场份额却只有 10% 左右；中国中小银行的数量占比也达到了 90%，市场份额约 20%，相对来说，中国中小银行的市场占有率比美国中小银行表现更好。如前文所述，美国的经济制度等宏观环境与中国不同，美国中小银行历史上已经充分发挥了支持地方经济和中小企业、农业发展的作用，美国的二元经济性已经有所减弱，中小银行的作用也相对弱化，银行制度等改变在促进银行业的集中；中国的二元经济结构更突出，在现阶段中国更需要中小银行发挥金融支持作用，中小银行的市场份额和竞争力需要更大的提升。目前中国大型银行间的竞争明显激烈，而中小银行的竞争还有待加强。提高中小银行的竞争力，促进中小银行加快发展对于进一步优化市场结构、促进中国银行机构改进市场行为、提高银行效率都能发挥积极的作用。

5.4.2　中美银行业市场准入与退出的比较

美国相对分散的市场结构与美国银行业较为宽松的准入制度是紧密联系的。在相对宽松的准入制度下，银行资本要求和设立条件都不高，因而行业中不断有新的进入者。在注册资本要求方面，美国的国民银行最低注册资本 100 万美元，州银行一般不超过 20 万美元，明显低于中国银行业的注册资本要求。从设立全国性银行的标准来看，中国 10 亿元人民币的资本要求是美国的 166 倍，城市商业银行 1 亿元和农村商业银行 5 000 万元的注册资本也明显高于美国州立银行最低资本限额。而资本的要求还并不是准入的关键，中国银行业的进入受政府集中严格控制，隐形门槛更高。这种不透明的高门槛既限制了新银行的进入，也使得中国银行业在产权结构上长期以国有产权为主，形成了国有银行高度垄断的格局。由于银行业的特殊地位，政府从社会稳定与金融安全的角度，在金融市场机制尚不完善的条件下，设定严格的制度性进入壁垒是完全必要的，这是维持整个金融产业和国民经济平稳运行不可缺少的政策手段。不过，随着中国金融业的发展和市场经济的成熟，这一定程度上也成为了制约银行业竞争的障碍。放松对新银行进入的障碍，从注册资本、业务准入和机构设立等方面降低门槛，对于增强银行业的竞争，优化中国银行市场结构将是必要的选择。从中美两国的单位银行机构和网点平均服务人数对比来看（见表5－12），美国的银行机构平均服务人数为49 626人，单位网点的平均服务人数为3 768人；中国的银行平均服务人数360 668人，是美国的7倍多，银行网点的平均服务人数是6 993人，同样远高于美国。因此，虽然中国银行机构的总数量在世界范围内领先，仅次于美国，但银行数量仍然有提高的空间，以增强银行的服务能力和质量。以村镇银行为代表的农村新型金融机构的出现正是中国银行业放松准入门槛的表现，明确了增加农村金融供给，加强银行业市场竞争的政策导向。政府政策和监管部门的制度导向都多次作出了要放宽银行业市场准入的产权约束，引导和推动民间资本进入银行业，提高银行业市场准入的透明度的明确表态。整体而言，中国银行业的市场准入正在逐步放松，透明度有所提高，对于中小银行的发展有极大的促进作用，有利于形成中国银行业市场多元产权结构和竞争性结构。

表5－12　　　　　　　　　中美银行机构和网点平均服务人数

	银行机构平均服务人数	银行网点平均服务人数
美国	49 626	3 768
中国	360 668	6 993

资料来源：根据FDIC和中国银监会数据整理。

在银行业退出方面，美国的存款保险制度建立最早，运行机制比较完善，为银行破产退出奠定了基础，形成了比较成熟的市场化退出机制。在完善的退出机制下，从1991年至2007年平均每年约30家银行破产关闭，市场的优胜劣汰是正常竞争原则的体现，也有利于市场的运作，促进银行机构形成风险意识，加强管理和提高盈利。在次贷危机后，2008年至2010年末共计300余家银行破产关闭，经过接管、重组、清算等破产程序，基本实现了平稳退出，没有对存款人和社会造成大的损害。由于拥有比较完善的退出机制，相对容易的退出事实上也有助于增加潜在进入者的积极性。美国在1991年至2007年的18

年时间内，平均每年新开设的银行约 130 家，即便是 2007 年次贷危机之后，2008 年新设银行还有 90 家，2009 年下降到 24 家，2010 年仍有 5 家新进银行。银行市场进入与退出机制的完善保证了市场的竞争力，使其始终对潜在进入者有吸引力。美国银行退出机制中，银行监管机构拥有破产程序的启动权，必须果断地接管和清算问题银行，撤销其银行许可权，控制股东权力和利益，更换银行管理层，由联邦存款保险公司作为接管人或财产保护治理人，最大限度保护债权人和社会利益。在中国，呼吁已久的存款保险制度至今没有建立，也影响了银行破产制度的建立。中国银行业受政府严格管控，在没有存款保险制度的情况下，始终是以政府隐性担保为主。对于经营不善或出现问题的银行机构，政府通过行政手段干预往往维持其经营，或尽量促成对其的接管重组，真正破产关闭的少之又少。没有市场化的退出机制，客观上也使得银行机构容易忽视风险，不注重控制成本和提高管理能力，一定程度上加重了中国银行业高垄断与低效率并存的状况。随着中国银行业市场化改革的推进，政府的干预势必减少，银行机构将不再受到政府的信用担保，在激烈的市场竞争过程中难免会有经营不善的银行需要破产退出。加快存款保险制度的建立，有利于维护存款人利益和金融安全，有助于增加中小银行在公众中的信任度，提高中小银行竞争力。在存款保险制度建立的基础上，才能更快推动银行机构破产制度建设，形成安全有序的市场化退出机制，又能进一步促进银行机构强化风险意识，加强管理，有助于银行体系的安全运行。

5.4.3　中美银行业市场结构影响的比较

美国银行业市场结构的影响比较复杂。大量基于美国的实证研究证明了美国银行业市场结构与银行业效率间存在正向关系。实证结果支持市场力量假说和效率结构假说的都有，对于究竟是市场结构决定了效率，抑或是效率决定了市场结构，虽然缺乏一致结论，但至少说明了结构与效率之间存在联系，市场结构内生于经济体系的特点已经比较明显。由于市场结构在不同区域、不同产品市场上都有区别，针对不同对象的实证结果不一致也在情理之中。加上如外生结构理论解释的，政府管制和法制体系对市场结构也存在影响，美国银行业市场结构确实随着银行监管制度的改变相应发生了明显变化。有实证结果发现银行市场结构与银行效率和绩效表现没有必然联系也就不足为奇，毕竟不同时期、不同地域、不同产品市场的情况都有所不同。

中国银行业市场结构更多是历史和体制所形成的，而不是市场竞争的结果。由于政府对金融严格管控，计划经济时期中国人民银行一统天下，专业银行向商业银行改革后，国有银行高度垄断。在国有产权主导之下，受计划经济体制的影响，所有者缺位使得国有银行、城市信用社和农村信用社没有提高经营绩效的积极性，风险管理能力都不强，资产质量不高，更缺乏对相对弱势的中小企业和农村金融需求的关注。在没有市场化运作之前，中国银行业垄断具有行政垄断特征。国有银行虽然占据市场份额的绝对优势，但这种市场份额既不是通过大银行的市场力量争取而来，也不是银行经营效率高的反映，而是由传统金融体制性质所决定的。随着中国中小银行数量的增加，越来越多的银行机构参与竞争，银行越来越难以通过合谋方式形成所谓的垄断利润。在中国银行存贷款利率仍受管制、没有实现利率完全市场化的情况下，目前中国各银行机构提供的多为同质性金融产品和服务，即便是占据市场优势地位的银行机构也缺少通过市场力量获取超额利润的可能性，也没有通过价格优势赢得竞争的能力。因此，市场力量假说在中国市场很难成立。而效率结构假说下银行市场集中度和市场份额内生于银行效率，如前所述，中国银行业的市场结构是受政府管制的影响，随金融监管制度的改变而变化，中国银行业的市场准入壁垒仍然较高，市场退出机制不完善，市场竞争不充分，这与效率结构假说的作用机理存在明显不同。因此，对于中国银行业市场结构和银行绩效的相关研究，往往没有找到中国银行业市场结构和银行绩效之间存在相互关系的充分证据，早期的实证研究发现银行市场份额与银行效率与绩效水平无关甚至负相关都不难理解。中国银行业市场结构的高集中度对银行业经营效率的提高甚至起着负面作用。因此，从完善银行业市场结构的角度来看，发展中小银行有着很强的现实性和紧迫性。

根据对不同业务的市场结构的分析，美国银行的批发业务市场集中度较低，零售业务市场集中度较高。这种结构与零售业务更依赖于网点便利的地理位置有关，中小银行可以依据当地的网点优势发展具有很强地方性的零售业务，而批发银行业务对网点地理位置的要求相对较低，银行都可以参与，因而竞争性更强。各类银行可以通过制定不同的市场定位，从而在细分的市场上分层经营，以提供差异化的产品和服务进行错位竞争。美国银行业放松银行分支机构和跨州经营的管制后，美国各州相对分隔的银行市场格局出现了变化，银行兼并大量发生，过去受市场分割保护的中小银行面临更多的竞争冲击。在竞争加剧的情况下，美国中小银行以提高银行的服务水平和突出服务特色实施产品差异化手段，与大型银行在竞争的市场结构下形成了各有特色的错位竞争。中国储蓄存款业务的集中度高于企业存款的集中度与美国市场上零售业务集中度高于批发业务集中度的规律是类似的。由于储蓄业务对网点的依赖，而开设大量营业网点或分支机构需要投入较大的固定成本，中国四大国有银行长期以来形成了庞大的网点规模，已经建立了优势地位，特别是在城市地区。以广州市为例，根据对广州市银行市场集中度的调查报告，在面对国有大型银行网点遍布的竞争下，股份制商业银行意识到自身劣势之后，更加着力于拓展批发业务，从而导致广州市银行市场上批发银行业务的集中度大幅下降，而零售银行业务的集中度变化较慢。中国银行市场竞争也需要在市场结构变化、集中度降低的同时更突出中小银行与大银行的差异性，这样才能展开真正的有效竞争。随着中小银行机构的出现和发展、银行市场结构的改善，中国银行市场目前不是没有竞争主体，更多的是缺乏具有明确市场定位战略的有效竞争。传统银行价格竞争和数量竞争的手段对中小银行是不适用的，反而是大型银行更容易利用其规模优势采取价格竞争和数量竞争。目前国有大型银行和全国性的股份制商业银行网点遍布全国，对中小银行而言，与大型银行拼网点数量和分布范围是明显处于劣势的。所以，城市商业银行更应该利用其当地优势，立足当地发展当地业务，不适合跨区域发展；而在农村地区，国有大银行撤出农村地区后，农村中小金融机构的网点优势就可以凸显出来了。

从银行市场结构对关系型贷款的影响来看，美国的实证结果已经表明，当银行市场竞争较低时，交易型贷款居多，而竞争加剧会促使银行从交易型贷款转向关系型贷款。因为银行之间竞争的加强虽然使关系型贷款和交易型贷款的收益都减少，但交易型贷款减少量更大（Boot & Thakor，2000）[133]。Hauswald和Marquez（2002）同样发现当市场竞争不激烈时，银行仅仅会对少部分客户投资以获取软信息，大部分业务还是基于硬信息的交易型贷款。[134] 而当竞争加剧时，交易型贷款受竞争的影响更大，银行会将更多的资源从交易型贷款向关系型贷款转移。因此，激烈的竞争会促使银行从事其擅长的关系型贷款。而市场垄断之下，银行提高贷款利率对小企业冲击更大。银行在垄断市场力量下为了能收回已发放的贷款更倾向于对已贷款企业提供支持，不愿意贷款给新进入的企业。因此，垄断降低中小企业的信贷可得性，竞争则有利于关系型贷款的发展。总体而言，市场竞争对关系型贷款究竟影响如何，还是要基于现实的市场结构具体情况。市场高度垄断下，银行会更倾向于使用基于易获得的硬信息的交易型贷款，对关系型贷款肯定是不利的。如果增加市场竞争，会促使具有软信息优势的银行发展关系型贷款。但如果市场竞争程度已经非常激烈，再进一步加剧的竞争会减少银行收入，降低银行对银企关系投入的收益预期，打击银行开展关系型贷款的积极性，从而对关系型贷款带来不利影响。目前，中国农村金融供给相对不足，农村市场的银行集中度水平相对要更高，根据市场竞争对关系型贷款的影响的相关研究结果，这种过于集中的市场结构是不利于关系型贷款开展的，因此，中国农村银行市场愈发需要更多中小银行的进入和发展，为市场进一步引入竞争。

5.5 本章小结

究竟银行业市场结构是否存在最优结构，如何才算达到了最佳状态，理论和实践其实都无法给出完整的标准答案。这充分说明，由于特质各异，在不同国家和不同经济、制度、文化等环境下，银行市场结构必然有所差异。

美国银行业总体上是一种低集中度的市场结构代表，尤其是在 20 世纪 80 年代以前。此后银行制度的调整和管制放松，致使银行业的市场结构发生变化，市场集中度不断提高，但 CR_4 和 CR_{10} 指标仍然低于一般国家的银行业集中度水平。CR_n 指标体现的是美国银行市场中向规模巨大的航母级大银行的集中，但另一方面市场中始终广泛存在着数目庞大的中小银行。正是在美国较为宽松的市场准入和比较完善的市场退出机制下，新设的银行机构不断出现，优胜劣汰的机制保证了市场始终存在激烈的竞争。从 HHI 来看，美国市场结构属于非集中的市场结构。美国中小银行在竞争加剧的市场结构下更突出了差异化，与大型银行在不同业务、不同层次的市场展开错位竞争。

中国银行业各项指标表明，市场集中度继续降低，正在逐步走向竞争型的结构。从目前现实来看，中国银行市场中的银行机构已经多元化，中小银行在数量上与美国同样占据了 90% 以上，但银行市场结构的变化更多是体制和制度调整的结果，中小银行的市场份额并没有显著的提高。目前中国银行业还没有形成一种真正有效的市场竞争机制，同质化的低层次竞争较多。中小银行应形成正确的市场竞争战略，避免盲目竞争，在当地发挥更多的金融支持作用，提高自身实力，更进一步推进中国银行业市场结构的合理调整。中国农村市场的银行集中度水平相对较高，通过适当放宽市场准入政策，加大金融市场竞争力度，有利于促进中小银行关系型贷款的发展。逐步完善退出机制，建立市场化的优胜劣汰有效机制，能进一步促进银行机构形成风险意识和提高管理能力、盈利水平，银行业的市场结构也会不断优化。

6

中美中小银行的经营模式比较

经营模式是企业根据其经营宗旨，为实现企业所确认的价值定位所采取的某一类方式方法的总称。其中包括企业为实现价值定位所规定的业务范围、企业在产业链的位置，以及在这样的定位下实现价值的方式和方法。经营模式是企业对市场作出反应的一种范式，这种范式在特定的环境下是有效的。中小银行的经营模式是指中小银行为了创造价值并实现生存和发展，根据自身拥有的资源和优势所确认的市场定位、为了实现定位所采取的方式方法，以及在其市场定位下具体的业务经营范围、经营区域等选择。本章对中美中小银行的经营模式进行比较，分析中小银行的市场定位和业务特点是否发挥了其比较优势。

6.1 中小银行的业务经营模式定位与选择

6.1.1 银行的业务经营模式定位战略

市场定位是指银行对其核心业务或产品、主要客户群以及主要竞争地的认定或确定，以树立自身强有力的、与众不同的鲜明个性。从市场营销的角度，市场定位是指企业在全面了解、分析竞争者在目标市场上的位置后，确定自己的产品如何接近客户的营销活动。市场定位的 CAP 模型通过三维要素描述企业的市场定位，具体包括客户（Client）、竞争地（Area）和产品（Product）。一个 CAP 组合就是企业的一个定位单元，表示企业在既定经济环境中的一个具有自身特点的市场定位。

商业银行的市场定位战略根据银行总体竞争思路与其他银行之间的关系可

以划分为跟随型市场定位战略和求异型市场定位战略两种。跟随型市场战略意味着银行机构的竞争思路是采取与竞争对手类似或相同的竞争框架体系，跟随竞争对手的业务模式选择。基于 CAP 模型，市场跟随战略则意味着在目标客户选择、竞争区域确定、金融产品和服务提供上，银行都会和竞争对手表现出近似甚至相同的状况。求异型市场定位策略的竞争思路则是银行机构追求与其竞争对手存在差异的竞争框架，遵循差异化竞争的原则。从 CAP 模型具体来看，银行在目标客户选择、竞争区域确定、金融产品和服务提供上与竞争银行存在明显的差异。

6.1.2　中小银行业务经营模式的选择定位

银行机构选择哪种发展模式，都必须通过市场分析，认清自己在竞争中的地位，充分发挥自己的比较特色，才能在竞争中处于优势，获得可持续发展。根据市场定位的 CAP 模型，我们可以从客户对象、覆盖地域和产品类型三个维度，构建银行经营模式发展的动态选择模型（见图 6－1）。通过三个维度上的不同搭配选择，不同银行可以选择不同的发展模式。比如，A 银行在客户对象维度上选择针对企业客户以批发式业务为主，在覆盖地域维度上选择广泛的地域范围内，在产品或业务类型维度上选择提供多样化的金融产品和服务。选择这种发展模式的银行可以说以"大而全"为目标，向全国性甚至全球性的综合型大银行发展。而 B 银行可能选择在较小的地区范围内针对特定客户群体发展零售银行业务，着重发展某些极具特色的专业化服务作为自己的竞争优势。那么这种类型的银行则以"小而专"为特点，以专业化为方向，着重做专业精品。

准确的市场定位对中小银行来说至关重要，可持续的发展应该是在明确自身市场定位的前提下，选择实现定位目标的经营模式。虽然不同银行在发展过程中的模式选择各有不同，但对于中国大部分中小银行而言，不论是从社会经济发展需要，还是从自身比较优势发挥的角度来看，都应该专注于当地客户和特色业务，坚持"小而专"的定位，例如美国社区银行。而追求规模扩张，通过扩大经营地域和业务类型，向"大而全"的全能银行型发展的模式，现阶段对中国中小银行来说是不合时宜的，也是应该极力避免的。

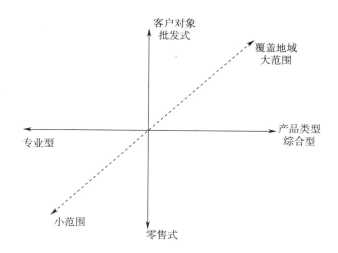

图 6 - 1　银行经营模式的三维度选择模型

6.2　美国中小银行的经营模式分析

6.2.1　美国中小银行的市场定位战略与发展模式选择

　　准确的市场定位对于中小银行来说至关重要，在市场定位的过程中，通过市场分析，认清自己在竞争中的地位，有利于其充分发挥自己的比较特色，在竞争中处于优势。美国中小银行的市场定位战略在不同时期、不同环境下也随之发展转变，在受到严格监管和市场竞争度不高的形势下，往往采取的是跟随型市场战略；而随着金融管制的放松，银行业竞争格局的严峻，中小银行面对规模、技术、人才等方面实力明显占优的大银行的竞争，如果采取跟随型市场战略，显然只能愈发凸显自己的劣势，而如果采取求异型的市场定位战略，则更能够扬长避短，发挥自身的优势。正是美国中小银行采取的求异型市场战略，才使得其在客户对象、服务区域、产品服务方面与大银行形成互补，有效地突出了自身的特色，充分发挥了比较优势。

　　根据三维度的业务发展模式选择模型，在不同的维度上通过选择不同的发展方向，中小银行可以选择不同的市场定位和经营策略来实现企业价值。下面通过典型案例来分析银行业务发展模式在三个维度上的选择。

　　保富银行是有名的专注于在较小的地域范围内针对特定客户群发展零售银

行业务、突出专业化服务特色的社区银行。保富银行成立于 1991 年，是美国南加利福尼亚州的州立社区银行，资产规模 10 亿美元左右。该银行的市场定位于特定区域和特定市场，充分利用当地的中小企业客户关系发展关系型贷款业务，并提供个性化产品和服务。在近年间随着南加州的中国和其他东亚地区移民增多，其重点关注对象就设定为中国移民市场和南加州小企业市场，是南加州地区最大的专注于中国移民市场的商业银行。这种定位于特定区域、特定客户、特定业务的经营战略，有效地突出了保富银行的自身优势，为保富银行创造了各项财务指标的平稳增长，业绩领先于同业机构。

在服务区域的发展方向上，美国银行业的地域管制经历了从严格限制到逐步放开的过程，也出现了不少银行试图扩大覆盖地域，发展成为区域性，乃至全国性银行的现象。这种发展模式的典型代表之一是美国银行，但由于过度盲目扩张而严重影响了经营绩效。1998 年美国银行不得不调整了其追求区域扩张的发展模式，设定了新的战略定位：成为加利福尼亚州服务最好的银行。在这一目标下，银行以州内及州边地区为对象，专注于发展个人零售业务和中小企业批发业务，基本不涉及大企业金融、投资银行业务和国际金融业务；在关闭 130 家海外分支机构的同时，适当收购邻近州的机构，在与从事个人业务和中小企业金融业务的国民银行合并之后，美国银行成为加州地区个人及中小企业金融业务的主要提供商，其最大盈利也来自于个人及中小企业金融业务。[135]

在产品类型的选择上，由于受到金融业混业经营与分业经营制度的制约，美国银行业提供的产品服务很大程度上也在不同时期、不同制度下表现出不同特征。20 世纪 90 年代后，在产品类型方面，大型银行通常选择的是提供多样化的综合金融产品服务。如果中小银行采取跟随型市场战略，同样往综合业务类型发展，在大银行面前不仅不能突出优势，反而容易自曝其短；但如果中小银行选择专业化方向发展，则可以向打造专业精品模式努力。在以美隆银行的专业化发展模式为例，1999 年到 2001 年期间，美隆银行先后出售了零售、租赁、商业信用卡、抵押贷款、商业借贷与中型市场借贷业务，专心发展财富管理业务。为了强化其专业优势，还特别收购了同类型的资产管理机构，使自己在财富管理领域更具竞争力。在这种专业化发展模式下，美隆银行的财务管理收费收入占总收入的比重从 1995 年的 52% 上升到 2000 年的 70%，带来了极高的收益，使美隆银行的股权回报率从 1995 年的 18% 提高到 2000 年的 25%。

6.2.2　美国中小银行的服务对象分析

美国中小银行在服务对象上与大型银行的选择定位有所区别。中小银行的服务对象以特定社区内的居民、中小企业、小型农场为主，这些客户通常在经济体系中属于相对的弱势群体，是典型的小客户或低端客户。对大型商业银行而言，主攻的服务对象往往是大客户或高端客户，业务拓展准则典型地受到20%的优质客户带来80%利润的"二八定律"影响，容易忽视或冷落小客户或低端客户。因此，从数据统计来看，美国中小银行的小企业贷款、农场贷款占该类银行全部贷款的比重明显地高于大银行，这充分显示出了其服务对象与大银行相区别的特点。

根据美国联邦储备体系2003年的小企业融资调查，商业银行是小企业主要的金融服务提供者，86.5%的调查对象从商业银行获得了至少一种金融服务。在商业银行提供的贷款与融资租赁、流动资产账户、财务管理服务这三大类金融服务中，包括支票账户、信用和抵押贷款、设备租赁、信用卡、现金管理服务、经纪服务、信托和年金服务等共多项具体服务内容。但在三大类的银行服务中，小企业获得融资性服务（包括各种贷款、融资性租赁等）的比例是最低的，只有40.1%的小企业从银行获得了融资支持。小企业融资困境本是一个世界性的难题，美国中小银行在为中小企业提供融资支持方面发挥着积极的作用。美国通常将工商业贷款单笔100万美元以下的划分为小企业贷款。从表6-1统计的小企业贷款市场份额来看，1996年至2007年期间，中小银行在小企业贷款的市场份额虽然从近50%的水平有所下降，但2007年仍然占据了三分之一以上的份额。考虑到银行业整体规模的扩张，大型银行不断迅速增大的市场力量，中小银行在2007年时仅占银行业总资产份额的10%多，但却拥有小企业贷款市场份额的35.58%，中小银行提供的小企业贷款占比远高于其在银行业中的资产占比，其对小企业贷款的支持程度由此可见一斑。与此相对的是，资产规模100亿美元以上的超大银行占据了银行总资产的近80%，但却只提供了44.26%的小企业贷款，差距明显。

表6-1　　　　美国不同规模银行在小企业贷款市场的份额变化　　　单位：%

银行分类 年份	中小银行	大型银行	超大银行
1996	49.14	25.92	24.95
1997	48.08	21.88	30.04
1998	46.95	21.69	31.26

银行分类 ＼ 年份	中小银行	大型银行	超大银行
1999	44.62	20.12	35.20
2000	44.17	19.27	36.56
2001	42.41	18.92	38.67
2002	41.95	18.71	39.34
2003	41.89	19.64	38.47
2004	40.68	19.80	39.52
2005	40.13	20.69	39.17
2006	38.98	22.80	38.22
2007	35.58	20.16	44.26

资料来源：www.sba.gov。

通过统计小企业贷款占银行自身全部企业贷款的比重（见表6－2），数据同样显示出了中小银行对小企业客户的专注。不难发现，资产规模越小的银行，其小企业贷款占全部企业贷款的比重越大，越专注于小企业贷款市场。从1996年至2007年，虽然中小银行（资产规模10亿美元以下）的小企业贷款占全部企业贷款的比重有所下降，但降幅并不大，始终在50％以上比重，尤其是资产1亿美元以下的小银行，其小企业贷款占比高达90％左右。[136]

表6－2　　　美国不同规模银行的小企业贷款占全部企业贷款的比重　　　单位：%

规模 ＼ 年份	资产<1亿美元		资产1亿—5亿美元		资产5亿—10亿美元		资产10亿—100亿美元		资产>100亿美元	
	<10万美元贷款	<100万美元贷款	<10万美元贷款	<100万美元贷款	<10万美元贷款	<100万美元贷款	<10万美元贷款	<100万美元贷款	<10万美元贷款	<100万美元贷款
1996	54.1	94.9	27.6	78.4	16.8	61.8	9.0	33.6	4.4	19.9
1997	53.8	94.4	26.8	78.0	16.6	61.8	8.5	37.4	5.1	21.4
1998	52.4	93.9	26.4	78.3	15.1	60.1	9.1	39.2	4.5	19.7
1999	48.5	92.8	24.5	76.9	13.4	59.0	8.4	39.6	4.8	19.9
2000	46.1	92.9	22.4	75.8	12.5	56.3	8.6	39.6	4.2	19.0
2001	43.2	92.4	21.3	74.0	13.4	57.6	8.5	33.6	5.5	21.4
2002	39.3	91.0	18.9	71.6	11.8	56.2	9.5	40.4	6.2	23.9
2003	37.3	90.4	17.0	70.7	10.5	53.1	9.5	40.8	6.3	24.7
2004	33.7	88.2	15.3	67.8	9.6	51.2	7.9	39.6	6.6	26.3
2005	37.0	90.2	16.6	70.8	10.4	53.4	8.5	40.0	6.5	25.1
2006	33.2	87.9	15.0	68.0	9.1	51.6	7.5	39.1	6.7	26.4
2007	32.0	86.9	13.9	67.1	8.8	51.9	7.4	38.1	6.1	23.9

资料来源：www.sba.gov/advocacy。

农业产值虽然在美国整体经济中只占很小比例，但是美国许多地区仍是高度依赖于农业。根据美国农业部的界定，美国平均每 4 个县中即有 1 个县属农业依赖型，当地 20% 以上的就业及收入来自于农业。从经营方式上看，家庭农场一直是美国农业经营中最主要的经营形式。[137] 在获取外部资金支持上，与小企业贷款情形类似，中小银行也是农场贷款的重要提供者。农场贷款和小企业贷款一样通常是数额小、期限短的贷款，农场主和小企业主都较为缺乏抵押物，财务信息相对不透明。中小银行同样利用其在搜集、处理软信息方面的比较优势，提供关系型贷款服务，与这些大银行往往忽视的客户建立并保持稳定的银企关系。根据表 6-3 不同规模银行在农业贷款市场份额的统计，中小银行是服务农业的绝对主力。从农业不动产贷款和租赁的市场份额来看，中小银行在 2000 年至 2010 年间，平均市场份额占到了 66.12%，是超大银行市场份额的三倍。在农业经营贷款方面，中小银行同样提供了平均 59.66% 的份额，占据显著的主导地位。特别是在小于或等于 10 万美元的小额农业贷款中，中小银行发放的贷款超过 80%。相比于中小银行在银行业的资产市场份额，如此高的份额足以证明中小银行在农业服务领域发挥了关键的作用。

表 6-3 美国不同规模银行在农业贷款市场的份额变化 单位：%

年份	农业不动产贷款和租赁			农业经营贷款		
	中小银行	大型银行	超大银行	中小银行	大型银行	超大银行
2000	69.80	12.50	17.70	61.53	12.57	25.90
2001	68.94	11.51	19.55	62.10	11.75	26.15
2002	70.04	10.96	19.00	63.51	12.69	23.80
2003	70.00	12.87	17.13	62.24	11.83	25.93
2004	68.78	13.90	17.32	61.29	11.55	27.15
2005	66.47	16.78	16.75	58.90	12.93	28.17
2006	64.29	18.19	17.52	57.78	14.06	28.16
2007	62.92	19.65	17.42	57.52	15.41	27.07
2008	61.89	18.89	19.22	56.93	15.41	27.81
2009	62.45	19.04	18.51	57.64	15.51	26.85
2010	61.75	17.82	20.43	56.86	14.31	28.83

资料来源：根据 FDIC 贷款与租赁表格数据计算得出。

中小银行选择专注于发展特定客户，是基于求异型市场定位战略，在客户选择上与大型银行形成差异，尽可能利用自己的比较优势发展关系型贷款业务。但随着大型银行的综合化和全能化，大型银行也开始与中小银行抢夺客户形成竞争。在中小银行以软信息优势针对特定客户发展关系型贷款业务的同时，大型银行同样也越来越关注中小企业市场。Kolari（2003）证明了美国小企业贷款市场是充满竞争性的，因为小企业贷款的盈利性，所以包括大银行和其他的金融机构都在逐利作用下与中小银行一起参与竞争。[138] 虽然大银行在对中小企业关系型贷款方面具有相对劣势，但大银行通过不断开发新技术和统计模型以低成本地利用定量数据和财务记录等硬信息，例如小企业信用评分技术（Small Business Credit Scoring，SBCS）等，在此基础上大银行主要发展以硬信息为基础，标准统一、风险更可测的信用卡、网络银行等交易型贷款业务，同时发展更多高附加值的多样化服务，近年来也开始活跃在小企业贷款市场。从表 6-1 可知，大银行的小企业贷款占全部企业贷款比重没有下降趋势，资产规模 100 亿美元以上的超大银行更是表现出波动上升趋势，尤其对 10 万美元以下微小贷款的投入明显上升。有数据表明，大部分 10 万美元以下的小企业贷款的增长来自于大银行信用卡的推广，以 2000—2001 年微小贷款的增长为例，其贷款余额增长 4.4%，贷款笔数增长 10.1%，而其中非信用卡贷款余额只增长了 2.3%，贷款笔数仅有不到 1% 的增长。

因此，尽管小企业贷款是中小银行的核心业务，也是其发挥关系型贷款优势的阵地所在，但从现实和市场数据来看，大银行也越来越关注中小企业贷款，对中小银行的竞争威胁始终存在。从美国小企业贷款市场的市场份额分布来看，资产规模 10 亿至 100 亿美元之间的大银行，其在 100 万美元以下贷款市场的份额大致在 20% 左右波动，占 10 万美元以下贷款的市场份额也始终保持在 14% 以上。超大银行所占市场份额明显上升，其 100 万美元以下贷款的市场份额从 1996 年的 24.95% 增长到 2008 年的 47.97%，10 万美元以下贷款的市场份额更是从 17.57% 大幅增长到 60.9%。当然，随着大型并购浪潮造成的银行业集中趋势，这些大银行的市场份额自然不断增加，2008 年资产规模 100 亿美元以上的超大银行共 100 家，其占全部企业贷款市场的份额达到了 66%，总资产规模的占比达到了 76.5%。相比于大银行的整体市场份额，其在小企业市场的占比还是相对较低的，不过以上数据足以体现，大银行并没有因为其没有关系型贷款优势而退出小企业贷款市场，整体而言，其在小企业贷款市场的所占份额占据半壁江山且逐步上升。农业贷款的发展情况与之类似，从农业贷款的市场份额变化来看，中小银行的市场份额也有所下降，超大银行的市场份额逐步上升。

6.2.3　美国中小银行的服务区域分析

与大型银行相比，中小银行的资产规模通常较小，经营范围也较为狭窄，更适合采用集中竞争区域定位策略，将有限的资源集中于特定的目标市场，立足于当地社区。美国的中小银行大部分在为较为有限的地理区域内的企业和存款人服务，资产负债业务主要发生在社区内，其吸收的资金来源于当地，资金运用也集中在本地市场，投入在当地的发展和建设中。大型银行分支机构更多，经营地域更广阔，业务辐射半径更大，可以将分布在各地的网点所吸纳的资金，通过资金营运中心集中后根据效率原则实施全国甚至世界范围优化配置，与中小银行形成鲜明的反差。

美国中小银行社区性的市场定位与早期美国的单一银行制和银行地域管制有很大关系。在美国的单一银行制下，早期银行机构没有分支机构，大部分银行又都是基于相对宽松标准成立的州立银行，自然形成了当地小规模经营的运作特点。即便是没有分支机构限制的加利福尼亚州，1999 年时也有 34% 的银行是资产规模在 1 亿美元以下的小银行，如此小的规模下，就算有分支机构，数量也少且基本集中在附近社区。但是随着银行业地域管制的逐步放松，银行业规模扩张和跨区域发展现象也越来越多。如果说在地域严格管制的情况下，中小银行针对社区的市场定位是不得已而为之的话，那么地域管制放松后，社区性市场定位的经营模式才是中小银行自主性的选择。

地域管制放松后，美国银行业跨州分支机构明显增加。1994 年全美只有分布于少数州的 62 家银行有跨州分支机构，而到了 2002 年 6 月，有 327 家商业银行拥有跨州分支机构，其跨州分支机构数量达到了 21 415 个。2005 年跨州的分支机构数量增长到了 24 728 家，占国内分支机构数量的 37.28%。这其中，新设的分支机构数量也增长很快，从 1994 年到 2005 年间有约 6 000 家全新设立的分支机构，占分支机构增加数量中的约 30%（Johnson & Rice，2008）[139]。由于银行普遍通过并购外地银行机构进入当地市场的途径实现跨区域经营，因此伴随着逐步放开地域管制的过程催生了大规模的银行并购浪潮。而这些并购中只有少数是发生在资产超过 10 亿美元以上的两个银行之间的大并购，绝大多数是两个小型银行之间的并购。在 2000 年至 2006 年发生的 1 215 起并购中，有 1 102 起的收购方是资产小于 10 亿美元的中小银行，占到并购总数的 90.70%。

银行兼并浪潮中，银行根据其对经营区域的选择收购其他银行的分支机构或出售已有的分支。例如，1996 年得克萨斯州科帕斯克里斯蒂的一家小型银行西南太平洋银行（Pacific Southwest Bank of Corpus Christi）购买了美国银行的 14 个农村网点。美国银行出售的这 14 个农村网点是其计划出售的 68 个得克萨斯州农村网点中的一部分，出售所得将作为银行在其主要市场开设新网点的投资来源。由此可见，大银行偏好的主要市场在于城市地区，通常将总部或区域中心设置在大都市，从而更接近大企业等主要客户。大都市的人口众多，金融需求者遍布都市各处，对大银行营业网点的需求从便利的角度来看也要求覆盖范围更广，中小银行在大都市则相对处于劣势，因此处于大都市的中小银行通常针对大银行有所忽视的地段及客户对象提供服务。更多中小银行的服务区域定位主要集中于小城市、郊区和农村地区，这些小地方的人口较少，金融服务需求相对集中，不需要分散的银行网点，中小银行网点地理上集中的特点不会成为与大银行相比的劣势。更重要的是，小城市和农村地区的大企业稀少，中小企业和农户小额贷款需求相对更多，更利于中小银行发挥关系型贷款优势。

以对美国得克萨斯州的银行的统计研究为例，得克萨斯州是美国人口和面积第二大的州，所辖的郡县数量最多，商业银行机构的数量全美第一，州内既有三个排名美国十大城市之列的大都市，又有最多数量的农场和农村地区。对得克萨斯州的银行情况的调查基本可以代表美国的整体情况。得克萨斯州的大银行的营业网点中位于大都市统计区的比例高达 92.5%，位于一个主要城市的比例为 43.7%，而中小银行的这两个比例分别只有 59.6% 和 11.9%，明显低于大银行。中小银行的分支机构集中在本地，银行总部与分支机构的平均距离 40.7 英里，中位数仅为 20.5 英里。相比之下，大型银行总部与分支机构的平均距离为 181.5 英里（中位数为 180.6 英里），远远超过中小银行的分布范围。同时，中小银行的距总部 25 英里以内的分支机构占比平均约 60%，80%的网点位于总部 50 英里的范围之内，超过三分之二中小银行的绝大部分分支机构都在一个县内的，在一个县内的分支机构占比平均约 71%；而大银行只有 30% 多的分支在 50 英里以内，分支机构最多的县内的网点占比也不到 50%（见表 6 - 4）。这些数据充分说明了中小银行网点和服务的集中性。

表 6 - 4   美国得克萨斯州的银行分支机构地理分布   单位：英里，%

	中小银行		大型银行	
	平均数	中位数	平均数	中位数
分支机构与银行总部的距离	40.7	20.5	181.5	180.6
最远的分支机构与银行总部的距离	63.2	35.2	433.8	336.0
25 英里以内的分支机构的占比	59.9	66.7	31.8	33.5
50 英里以内的分支机构的占比	80.0	100.0	38.5	40.4
分支机构最多的县内的分支机构占比	70.6	66.7	47.1	50.0

资料来源：Brickley, J. A., Linck, J. S., Smith, C. W. Boundaries of the Firm: Evidence from the Banking Industry. *Journal of Financial Economics*, 2003, 70: 351 - 383。

放松地域管制后银行规模和地域的扩张对银行业务经营、收益和风险等都产生了一定影响。根据关系型贷款的特点，当银行跨州并购行为发生或者增设了新的异地分支机构之后，跨州的分支机构与总部之间的地理距离拉大，提高了银行组织内部的信息沟通难度，增加了软信息传递成本。同时，银行跨区域的扩张使银行层级关系更复杂，更大更复杂可能却带来了更低效，由于代理链条长，解决代理问题的成本更高。这些都可能给中小银行的小企业关系型贷款业务带来影响。通过对小企业的问卷调查，Scott 等（2003）发现，在小企业的合作银行经历了并购后，小企业普遍反映对新银行服务和额外费用的不满。由此可见，放松地域管制导致大规模银行业并购对中小企业贷款确实产生了一些不利影响。以 1994 年的美国银行业放松地域管制的州际银行法案通过为起始时点，考察自 1994 年以来美国中小企业贷款情况。根据美国小企业管理局（US Small Business Administration，SBA）1994 年到 2008 年间的小企业贷款数据（见表 6－5），从 1994 年至 2008 年，微小贷款（10 万美元以下）余额共增长了 75%，年平均增长率为 4.09%，小额贷款（100 万美元以下）余额增长了 142%，年平均增长率为 13.78%。从贷款笔数看更都有 4 倍多的增长。可见，小企业贷款的贷款余额与贷款笔数均呈持续上升的趋势。从 SBA 统计的小企业贷款占比数据来看，小企业贷款占企业贷款的比重从 1995 年 39.2%到 2007 年的 31.3%，虽然比重下降，但降幅很小，在 2001 年至 2004 年间还呈上升趋势；小企业贷款占银行资产的比重，1995 年至 2002 年间仅略有减少，维持在 8.2%至 8.9%之间，2003 年开始降至 6.8%，但至 2007 年依然保持在 6.3%的相当水平。虽然银行小企业贷款的比重略有下降，但考虑到银行贷款总额与资产的大幅增长，且小额贷款的划分标准始终是固定的名义金额 100 万美元，比重的小幅下降并不意味着小企业贷款市场的萎缩，这一点从小企业贷款绝对数额的大幅增长变化也可以看得出来。因此，美国小企业贷款市场并未像人们担忧的那样受到银行业放松地域管制的冲击，其中一个关键原因在于美国银行业始终存在大量的坚持本地经营的中小银行，大部分银行即使是在跨州经营管制放松后也依然选择集中当地发展，从而使其能够利用关系型贷款优势发展中小企业贷款。美国中小银行的这一区域定位自主性选择从美国银行市场结构的情况也可以得到体现，如本书第 5 章所讨论过的，美国农村地区的银行集中度相对较高，零售业务的市场集中度高于批发业务，这些现象正是美国中小银行区域选择的证明。

表 6-5　　　　　　　　　美国小企业贷款历年统计数据 单位：十亿美元，笔，%

年份	小于 10 万美元贷款			小于 100 万美元贷款		
	贷款余额	贷款笔数	贷款余额增长比例	贷款余额	贷款笔数	贷款余额增长比例
1994	97.68	4 496 327	—	294.42	5 410 032	—
1995	100.37	4 885 066	2.75	315.91	5 900 371	8.65
1996	105.19	5 313 182	4.8	333.04	6 396 477	8.76
1997	108.21	6 725 646	2.87	348.71	7 901 185	26.58
1998	111.11	7 018 226	2.68	370.46	8 212 466	4.35
1999	113.85	7 726 928	2.47	398.45	8 997 645	10.1
2000	121.44	9 802 330	6.67	436.98	11 169 911	26.86
2001	126.78	10 794 555	4.4	460.42	12 250 124	10.12
2002	128.89	15 651 289	1.66	483.99	17 241 556	44.99
2003	136.57	17 137 715	5.96	548.09	18 908 327	9.5
2004	135.88	15 242 063	-0.51	577.15	17 130 251	-11.06
2005	138.44	19 019 222	1.88	600.77	21 001 994	24.78
2006	146.03	19 020 849	5.48	633.97	21 257 144	0.01
2007	159.71	21 604 027	9.37	683.6	24 488 826	13.58
2008	170.5	25 000 000	6.76	711.3	27 300 000	15.72

资料来源：www.sba.gov/advocacy。

美国中小银行作为当地土生土长的银行，与当地居民建立良好的关系是中小银行发展的重要保证。美国社区银行经常与当地的商会合作，支持当地学校的发展，在发生灾害时协助当地救灾工作，拉近银行与客户间的距离。除此之外，社区银行还经常在所处的社区开展与居民互动的各种活动，如 2011 年 4 月，在美国独立银行社区组织的"社区银行月"期间，近 5 000 家社区银行为了感谢民众对社区银行的支持，在其所在的社区开展了各种各样的活动，不仅宣传了银行自身，也提高了居民的理财意识。这些活动拉近了居民与银行的距离，增进了双方的了解。

6.2.4　美国中小银行的服务产品分析

美国中小银行主要提供相对传统和有限的产品类型，大型银行在美国银行管制逐渐放松的过程中越来越多地从以借贷活动为核心的业务单一化向多样化转变，在提供传统的银行服务同时，发展了众多的收费性及产生非利息收入的中间业务。在美国《金融服务现代化法案》正式解除分业经营限制后，大型银行的业务复杂程度随着金融创新更为突出。与之相比，中小银行则一般坚持提供较为有限的传统产品种类，主要为小企业、家庭农场主等小型客户服务，为其提供存款、贷款、支付、结算及其他金融服务，通常以小额业务为主。

一般情况下，中小银行的贷款和投资证券占总资产的比例相对于大型银行更高。从表6-6各类银行2010年的资产负债表情况来看，中型银行的贷款占资产的比例最高，小型银行的贷款占比虽然低于大型银行，但明显高于超大银行。小型银行的投资证券占资产的比例最高，超大型银行最低。大型银行的交易账户资产明显高于中小银行，特别是超大银行的资产中交易账户更多，表明超大银行倾向于利用价格变化投资于证券，获取短期利润①。在负债方面，中小银行对存款的依赖性更强，存款占负债的比例明显高于大型银行，而且基本全部是由国内网点的存款组成；而大型银行的存款占比相对要低，其中还有部分来自于国外分支机构，特别是超大型银行国内网点的存款占比更低。中小银行以付息存款等核心存款为主，而大型银行的货币市场借款等批发性资金来源相对要高。由于核心存款一般受到美国联邦存款保险公司承保，中小银行的保险存款占总存款的比例明显高于大型银行，资金的安全又进一步提高了中小银行资金来源的稳定性，有利于中小银行流动性水平的维持和建立与存款客户之间稳定的业务关系。在与存款相关的业务中，中小银行还能尽量开发相关服务，开拓业务收入。[140]如表6-7所示，中小银行的净息差水平普遍高于大型银行，这与中小银行的贷款业务以针对中小企业的关系型贷款业务为主、利率水平较高有关。

表6-6　　　　　　美国不同规模银行资产负债的构成（2010年）　　　　单位：%

	小型银行	中型银行	大型银行	超大银行
总资产				
现金及存放其他银行的存款	10.04	7.51	8.07	7.59
生息资产	6.48	5.53	6.61	6.12
投资证券	22.71	20.2	20.53	19.25
已售联邦基金和逆回购协议	3.33	1.52	0.67	4.36
净贷款	58.5	64.26	62.36	50.49

———————————

①　交易账户是指为从短期价格变动中获得短期利润收益而持有的有价证券和其他资产，不包括在投资证券项目下。投资证券是指可销售证券和持有到期型证券，前者是除现金之外应付流动性需求的短期政府债券和商业票据；后者是为了获得预期收益率而持有的证券，包括美国联邦机构发行的政府债券、公司债券和市政债券等。

	小型银行	中型银行	大型银行	超大银行
贷款损失准备	1.07	1.35	1.59	1.89
交易账户资产	0.01	0.01	0.18	7.34
银行设施和固定资产	1.75	1.91	1.46	0.74
其他房地产	0.8	1.14	0.85	0.25
商誉和其他无形资产	0.32	0.5	1.68	3.57
所有其他资产	2.54	2.94	4.2	6.42
总负债				
总存款	95.86	92.83	87.09	77.04
付息存款	79.56	78.77	72.99	60.52
国内分支的存款占总存款	95.86	92.72	86.27	59.27
购买的联邦基金和回购协议	0.61	1.87	5.15	5.31
交易负债	0	0	0.03	3.31
其他借入资金	2.85	4.48	6.15	9.4
次级债务	0.01	0.04	0.17	1.65
其他负债	0.67	0.78	1.41	3.28
被保险存款占比	90.67	85.59	75.89	54.91

注：小型银行是指资产规模 1 亿美元以下的银行，中型银行是指资产规模 1 亿—10 亿美元的银行。下同。

资料来源：根据 FDIC 数据整理。

表 6 - 7   美国不同规模银行的净息差比较   单位：%

年份	小型银行	中型银行	大型银行	超大银行
2000	4.54	4.52	4.27	3.73
2001	4.23	4.36	4.31	3.72
2002	4.31	4.41	4.25	3.98
2003	4.16	4.19	4.02	3.72
2004	4.18	4.22	3.99	3.41
2005	4.24	4.28	3.86	3.37
2006	4.23	4.24	3.89	3.18
2007	4.15	4.05	3.90	3.17
2008	3.95	3.83	3.63	3.07
2009	3.91	3.73	3.53	3.49
2010	3.94	3.87	3.78	3.80

资料来源：根据 FDIC 数据整理。

　　由于中小银行主要从贷款和投资中获取利息收入，因此相对于大型银行，非利息收入在美国中小银行收入中只占较低的比重。表6-8统计了美国各类银行2000年至2010年的收入构成情况，中小银行收入中的利息收入占比平均达到了82.6%，明显高于大规模银行，而中小银行非利息收入的占比平均只有17.4%，大约只有超大银行的一半。可以很明显看出，银行规模越大，则非利息收入的比重越大。

表6-8　　　　　　　美国各类银行的收入分布（2000—2010年）　　　　　单位：%

年份	利息收入占比			非利息收入占比		
	中小银行	大型银行	超大银行	中小银行	大型银行	超大银行
2000	83.94	76.89	70.58	16.06	23.11	29.42
2001	83.34	74.85	68.5	16.66	25.15	31.5
2002	80.5	69.73	64.35	19.5	30.27	35.65
2003	77.62	67.95	60.99	22.38	32.05	39.01
2004	79.72	68.88	61.96	20.28	31.12	38.04
2005	81.96	74.19	64.95	18.04	25.81	35.05
2006	83.99	79.33	68.71	16.01	20.67	31.29
2007	85.51	80.32	71.94	14.49	19.68	28.06
2008	84.68	80.85	70.52	15.32	19.15	29.48
2009	83.83	75.62	63.23	16.17	24.38	36.77
2010	83.61	77.45	66.19	16.39	22.55	33.81

资料来源：根据FDIC数据整理。

　　从非利息收入的内部构成来看，中小银行更多地依赖传统的存款账户收费等项目作为非利息收入的主要来源，如表6-9所示，美国中型银行的存款账户收费在其非利息收入中的占比达31.82%，小型银行的该比例更高达40.23%，远远高于大型银行的15.67%。这充分表明中小银行在非利息收入来源的中间业务方面也以传统的存款为基础。中小银行资产证券化收入、交易账户收益、投行、咨询、经纪、承销收费及佣金等项目在总非利息收入中所占的比重明显地低于大型银行。这同样反映出社区银行所开展的服务种类的相对传统性和有限性。美国独立社区协会2009年第一季度的报告中总结，美国社区银行总体坚持传统、保守与谨慎的经营原则，这种看似"无奈"的选择其实是与社区银行规模小和抗风险能力有限的特点相适应的，而且正是这种适宜的选择使社区银行在次贷危机中较少受到冲击，社区银行金融危机时期的总体表现优于大银行。[141]

表 6 - 9　　　美国中小银行与大型银行非利息收入构成比较（2010 年）　　　单位：%

	小型银行	中型银行	大型银行
信托业务	14.81	15.50	11.62
存款账户收费	40.23	31.82	15.67
交易账户所得及酬金	0	0.09	7.68
投行、咨询、经纪、承销收费及佣金	0.90	1.96	5.13
风险资本收入	0	0	0.39
房地产按揭、信用卡等服务收费	5.94	4.38	7.79
资产证券化收入	0	3.91	11.26
保险代理手续费和收入	4.72	2.44	2.18
贷款销售净收益	3.57	6.43	2.99
其他资产销售净收益	1.14	0.71	0.96
其他非利息收入	28.69	32.76	34.33

注：其他非利息收入包括 ATM 使用费、房地产的租金及其他收入、数据处理服务收入、旅行支票出售收费等。

资料来源：根据 FDIC 数据整理。

在服务收费方面，美国的中小银行对中间业务收取的手续费与大型银行对相同或相似的业务所收取的费用相比通常要低。据美国公共利益研究组织（Public Interest Research Group，PIRG）2001 年所作的调查统计，美国的中小银行在支票账户、其他储蓄性服务等业务的收费方面，平均比大型跨州的银行机构要低 15% 左右。[142]美国独立社区银行协会 2003 年的收费调查发现（见表6 - 10），资产规模 1 亿美元以下的小型银行在支票、转账支付命令和存款账户等项目上的收费相比大型银行可以节约 18%—42%，中型银行相比大型银行也可以节省 1%—20% 的收费；其他如透支、ATM 等收费项目上，中小银行的收费都普遍低于大型银行。同时，跨州经营的银行收费也比州内经营的银行更高。PIRG2012 年的调查同样显示，大型银行的收费更高，中小银行的免费项目更多，设定的减免手续费的最低账户余额更低，如表 6 - 11 所示。中小银行的收费普遍较为低廉，一方面是利用其人缘地缘优势尽可能节约成本，另一方面是通过低手续费策略吸引客户，有助于提高自身的行业竞争力。例如中小银行对 ATM 跨行收费较低，2012 年 PIRG 的调查更发现 25% 的中小银行对 ATM 跨行交易免费，这可以使中小银行面对大型银行遍布范围广泛的 ATM 不再处于劣势，有利于中小银行的客户开拓。

表 6 – 10　　　　　　　　　美国各类银行收费比较（2003 年）　　　　　　单位：美元

	大型银行	中型银行	小型银行	多州经营的银行	州内经营的银行
支票账户					
月收费（年化）	117.00	93.24	81.36	100.56	88.32
免费的最低余额要求	890.43	582.00	566.28	560.59	627.26
转账支付命令账户					
月收费（年化）	120.60	109.56	99.12	116.76	107.54
免费的最低余额要求	1 755.94	1 084.41	1 049.79	1 274.91	1 117.76
储蓄账户					
月收费（年化）	36.96	30.84	21.48	32.28	24.60
免费的最低余额要求	289.85	178.03	120.96	210.59	138.92
停止支付	23.54	21.06	17.00	22.30	18.78
资金不足账户	26.19	23.14	20.14	24.69	21.55
透支	26.84	23.69	20.00	25.34	21.47
ATM 他行取款收费	1.31	1.21	1.04	1.32	1.11
ATM 收费	1.42	1.38	1.33	1.43	1.37

资料来源：ICBA 2003 Federal Reserve Fee Study Report，www.icba.gov。

表 6 – 11　　　　　　美国大型银行与中小银行收费比较（2012 年）　　　　单位：美元

		支票账户月收费	账户免费的最低余额	使用他行ATM 收费	首次透支收费	每日透支收费
大型银行	平均数	9.58	1 590.00	2.02	33.22	10.40
	中位数	10	1 500	2	35	10
中小银行	平均数	7.88	796.88	1.03	31.61	7.36
	中位数	8	600	1	32	7

资料来源：PIRG，Big Banks Bigger Fees 2012，A National Survey of Fees and Disclosure Compliance，http：//www.uspirg.org/。

　　在激烈的竞争中，美国中小银行还提供有针对性的金融服务。社区银行在开展业务时，并非仅仅提供千篇一律的服务，也并非在社区里设立一个 ATM 那样简单。社区银行通过对不同的客户进行分析，为不同年龄段、不同金融要求的客户提供不同的服务，比如针对儿童设立的存钱罐理财业务以及针对老人设立的养老基金业务等，它们不仅不提供无需求的金融服务，同时还对客户提供免费的咨询，而且由于社区银行的规模较小又服务于地方，因此社区银行的员工通常会和客户进行"一对一"的探讨，为客户量身定做适合其自身的产品。同时，社区银行也比较注重业务的创新，除了基本的存贷款业务外，还开展了信托、保险、咨询等业务，满足了不同客户的需求。社区银行依靠自身贴近百姓、亲情服务、灵活的经营理念赢得了社区内民众的支持。

6.3   中国中小银行的经营状况分析

6.3.1   中国中小银行的市场定位与发展模式选择

在中国中小银行设立之初，政府对其的定位是明确的，要与国有大型银行形成差异，但是现实之中的中小银行对其自身的市场定位并不明晰，业务发展与大型银行存在明显的同质性。就中国银行业整体发展来看，一定程度上表现出过于追求规模数量扩张，忽视质量和效率。股份制商业银行近年来的快速发展基本采取跟随型战略，很大程度上是跟随国有大型商业银行的模式来的，国有大型商业银行有什么，股份制银行也要做什么，因此本书将其与国有大型银行同归为大型银行之列。而中小银行中的城市商业银行，也在现实中表现出一定的跟随型战略行为，有的中小银行一味追求业务和机构的快速规模化、经营区域的扩展化和服务范围的综合化。由于业务模式相对趋同，规模竞争始终在银行业竞争中占据重要地位。在服务对象上，中国银行业机构都倾向于垒大户；中小银行经营区域虽然受限于银行监管政策，但当地域管制放松时不少城市商业银行表现出蠢蠢欲动的跨区域规模扩张冲动；由于中国实行分业经营金融制度，银行机构的产品类型和服务方式相对单一，中小银行的业务结构与大银行基本趋同，大概有80%的利润来自利差，利润高增长也主要源于利息收入，银行间的经营同质化竞争问题严重。对农村中小银行机构而言，在经营定位上虽与大型银行存在差异，但主要是政策导向的作用，并不是其自主的定位选择。

近年来中国对中小银行的发展问题逐渐重视，理论界和实务界越来越多地提出：中小银行应采取求异型发展战略，突出特色。虽然从发展本身的要求来看，数量的增加意味着成长和发展，但是更应该注意的是发展的质量、经营的稳健和未来的持续，更应该强调的是素质、质量、能力和实力的成长，特别是随着银行市场竞争的加剧，规模和速度的发展更要注重风险，发展的重点在质而不在量。中小银行应该从自身实际出发，做到在战略上敢于有所为有所不为，在细分市场上树立自身的经营特点，真正走出差异化经营之路。

由于中国中小银行的个体差异性极大，在具体发展模式的选择上有所不同是情理当中。对农村中小金融机构，特别是农村信用社而言，其近期的发展重点还在于制度改革，理顺机制。农村信用社目前都专注在服务当地县域，这既是基于自身实力的选择，也符合中小银行的功能定位和县域经济发展的需要。农信社的发展定位与国家加强农村金融服务的导向和农村中小金融机构发展政策是紧密相关的。但对于城市商业银行而言，各银行发展模式的选择差异性则相对明显。绝大部分的城商行依然选择服务当地、服务中小企业、服务市民的经营模式。不少城商行为了突出与大型银行的区别和强调自身的特色，在银行发展战略规划中明确市场定位，在业务发展中注重培养自己的特色客户群。但是，在监管政策放松了跨区域发展的阶段，有的城商行表现出来的规模和地域扩张的动机和势头明显，试图模仿全国性股份制商业银行在全国各地开设分支机构的扩张路径发展，扩张速度逐步加快。这种超常发展模式也引起了金融监管部门的重视，适时调整了政策，予以控制。

在超常扩张的城市商业银行中，广东南粤银行可作为典型案例。该银行前身为湛江市商业银行，成立于 1998 年，由 6 家城市信用社组建而成。组建时，该行资产规模 17.41 亿元，不良资产 10 亿元，不良贷款率达 84.7%，累计亏损 0.56 亿元；2004 年底，该行资本充足率为 –17%，不良贷款率 23.79%，每股净资产 –8.9 元，是银监会重点监控的十家风险银行之一，面临退市警示。2005 年，由湛江市政府牵头，通过国家开发银行 8 亿元贷款置换不良资产完成重组。2009 年，南粤银行开始出售 48% 的国有股权，加上增资扩股，引入了国企、民企股东。2012 年 3 月更名。该行的扩张速度非常迅猛。从 2006 年刚完成重组时总资产的 81.31 亿元，到 3 年后 2009 年总资产的 272.41 亿元，再到 2011 年的 832.41 亿元，总资产在五年时间里增长到过去的 10 倍多。2011 年，南粤银行的存款总额从 406 亿元增长至 520 亿元，增长率为 28.08%，贷款总额从 187.68 亿元增长至 247.55 亿元，增长率为 31.9%。

跨区经营，同样也是南粤银行的扩张方式。2009 年 5 月，南粤银行广州分行率先开业；2010 年，深圳分行、重庆分行、长沙分行相继成立；2011 年 1 月，佛山分行成立，3 月东莞分行获批筹建。2011 年国家对城商行跨区发展的政策变动，才让该行跨区经营的扩张暂时止步，但该行进一步加快了同城支行的布点建设，宣称正规划 14 个支行网点，并且通过加快筹备开设村镇银行，希望间接实现跨区发展目标。根据该行制定的五年发展规划，力争在 2015 年末资产规模达到 3 000 亿元以上，资产收益率超过 15%，并希望根据合适时机和监管政策，力争 5 年后上市。

南粤银行这种只追求速度的扩张，却忽略精细化经营的发展方式，质量并不见得有保障。2011 年底该行的存款中以短期和活期存款为主，长期存款占比仅为 4.77%。贷款中，长期贷款占比也只有 23.95%。资产中短期投资全是一年内的同业债券投资，同业资产大幅增加，年增长率超过 200%，其中存放同业款项年增长率达到 218.12%。2011 年年报显示，南粤银行单一最大客户贷款集中度为 10.1%，已经超过 10% 的监管标准，2009 年该指标甚至高达 21.70%；2011 年，该行最大十家客户贷款集中度为 60.2%，2009 年高达 132.47%，超过 100% 的监管标准。贷款过于集中，关联贷款严重，7 家关联贷款客户，贷款总额达 10.71 亿元，而这 7 家股东的出资总额也仅 10.34 亿元，相当于用贷款做股本。其中包括湛江市赤坎区财政局、湛江市霞山区财政局等国有股东。

6.3.2   中国中小银行的服务对象分析

中小银行在优质客户的开发和选择上相比大银行更加被动。从自身资金规模和风险承受能力来看，中小银行无法与大型银行抢夺大客户、大项目这种服务对象，银行在监管方面也受到贷款集中度和单一客户贷款比例等指标的约束。在中国基础设施等政府主导的大项目上，中小银行很难与大银行抗衡，大银行的客户资源丰富，信贷选择余地更大，中小银行则由于选择面窄，经济形势严峻时要开发新的客户难度更大；比如受规模、资本金以及监管部门单一客户和集团客户授信比例等方面的限制，中小银行缺乏综合优势，绝大多数市场份额被大型银行占据。大型银行除可以与政府签订大型融资协议外，还可以与大型企业总部签订战略性合作的一揽子授信协议，规模优势非常明显。中小银行面对与大银行抢大客户处于劣势的局面，却仍不愿意面对"面广、额小、期短"的中小企业和零散客户融资需求，因为通常费时费力，而且信息不对称下风险较大。在客户对象选择上，长期以来中国中小银行与大型银行一样倾向于垒大户。以中国人民银行沈阳分行的一项对城商行的调查为例，调查中城商行异地分支机构普遍存在"贷大、贷集中"现象。2010 年某样本银行的异地分支机构 78.03% 的新增贷款投向大型企业，另一样本银行的异地分支机构 100% 的新增贷款投向大型企业。从行业集中度看，调查中 9 家城商行异地分支机构的 2010 年新增贷款前三位行业投向合计占当年新增贷款的 58.21%，高出 41.93% 的区域平均值 16.28 个百分点。[143]

在服务中小企业方面，国家在近几年不断加强对小企业信贷支持的政策力度，适当放宽对小企业不良贷款比率的容忍度，逐步实施差异化监管政策，从而鼓励银行机构加强对中小企业的金融服务。在政策的引导下，中国银行业对中小企业的信贷支持力度都有所加强，特别是中小银行机构发挥了重要作用，这对于摆脱信贷资源高度集中于大客户的传统经营模式是非常有利的。在监管逐渐加强资本约束的重要性的背景下，中小银行加大对小微企业的服务对降低其资本消耗也有积极意义。《商业银行资本管理办法》规定，中小企业贷款在权重法下适用75%的优惠风险权重，在内部评级法下比照零售贷款适用优惠的资本监管要求。中小银行在资本约束下需要改变过去过度消耗资本的、重量不重质的外延扩张模式，多开拓资本节约的多元化业务模式。服务小微企业是银行机构降低资本消耗的理想现实选择，因此目前大型银行也纷纷加大了对中小企业的服务力度，很多国有银行和股份制银行成立了中小企业部。截至2010年12月末，中国银行业金融机构小企业贷款余额7.27万亿元，占全部企业贷款余额的24.01%；全年小企业贷款新增1.84万亿元，增速高于各项贷款平均增速10.37%。中小企业本就是以城商行为代表的中小银行服务对象的重点，在大型银行也开始日益重视中小企业金融服务市场的同时，更需要加大力度，站稳市场。截至2011年底，城市商业银行小企业贷款余额1.55万亿元，占其企业贷款的比重达47.8%。

与美国的中小银行更多地自主选择发展农业贷款不同，中国的农村金融发展是近年来全国重点推动的工作，涉农贷款的发展往往有一定的政治任务。截至2010年末，中国涉农贷款余额达11.77万亿元，占各项贷款余额的23.1%，比2007年末增长92.4%。其中农村贷款余额98 017.4亿元，占金融机构全部涉农贷款余额的83.3%；农村贷款中农户贷款余额26 043.3亿元，比2007年末增加12 644.8亿元，占全部涉农贷款余额的22.13%。作为中国农村地区机构网点分布最广、支农服务功能发挥最为充分的银行业金融机构，农村中小金融机构发挥了重要作用。截至2011年底，拥有从业人员76万人、机构网点7.7万个的农村信用社提供了全国77.4%的农户贷款，还承担了金融机构空白乡镇覆盖任务和种粮直补、农资综合补贴等面向广大农户的国家政策补助资金发放工作。2010年末金融机构涉农贷款不良率为4.09%，同比下降1.85%，农村信用社涉农贷款不良率11.53%，农村商业银行涉农贷款不良率2.47%，农村合作银行2.72%。而大型商业银行的涉农贷款不良率最低1.73%。农村信用社的涉农贷款不良率明显高于其他机构，如此高的不良率既损害农村信用社的自身利益，也不利于涉农贷款的可持续发展，需要更加强化涉农贷款风险管理。

6.3.3　中国中小银行的经营区域分析

为当地提供金融服务是中国中小银行设立的明确目标，一直以来中小银行为所在区域也确实发挥了重要的金融支持作用。但是中小银行近年来跨区域扩张的势头明显增强。2009 年 4 月银监会发布《关于中小商业银行分支机构市场准入政策的调整意见（试行）》，放宽了中小银行跨区域设立分支机构的有关限制，并调整了城市商业银行省内设立异地分支机构的审批流程。对于原来限制跨区域发展的城市商业银行而言，随着城市商业银行跨区域经营限制的逐步放开，截至 2010 年 12 月底，共有 78 家城市商业银行实现了跨区域发展，共设立异地分支机构 286 家。特别是在 2010 年，当年共有 65 家城市商业银行跨区域设立分支机构 103 家。据统计，这 78 家城商行异地分支机构通常设立在中国经济发达地区，在珠江三角洲、长江三角洲、环渤海经济区三大经济圈的占比超过 60%。虽然新进的分支机构在当地市场引入了新的竞争，有利于银行机构提高竞争意识和服务质量，改善管理。但是不少中小银行在跨区域发展进入新的市场后，由于需要大量当地从业人员，通常用高薪从当地已有的商业银行争取人才，增加了人力成本和盈利压力。为了快速创造收益，实现盈利，压力之下通常也不惜成本从其他银行挖资源，抢夺当地优质客户和好项目。如果只是低层次的价格竞争，为了大客户、优质客户大肆竞争，中小企业等依然没有受到重视，反而容易形成恶性循环，不利于区域金融和经济的发展。

根据中国人民银行沈阳分行课题组对部分城商行跨区域经营的调查，截至 2010 年末，调查中的 9 家城商行共设立支行以上异地分支机构 77 家，其中 31 家为省内的异地分支机构，省外分支机构共 46 家，占异地分支机构总数的 59.74%。在这些城商行跨区直接设立的异地分支机构中，有 81% 的机构设在经济发展快、金融密集度高的中心城市，还有少数城商行将经济发展潜力大、金融服务需求强烈的中小城市列为未来跨区域经营规划区域。调查发现，一些城商行在实现跨区域经营后，调配总部地区资金投放到异地分支机构所在的经济发达地区，以获得更高利润，特别是在这些城商行跨区域经营初期表现得更为明显。在 2006 年至 2010 年期间，9 家城商行的年均贷款增速达 22.84%，其中异地分支机构的贷款增速达到 185.12%。[143] 从无到有，在小基数上的增长速度自然会更大，但是连续几年的快速增长也表明了这些城商行对经济发达地区的信贷资金投放速度远远超过其他地区，进一步拉大了经济发达地区与欠发达地区发展差距，与城市商业银行服务当地经济的初衷和中国目前对中小银行发挥改变二元经济现象作用的需求有所违背。

本书之前对中国中小银行的发展方向已经进行了分析，从经济金融的发展需要和中小银行自身特点来看，都需要中小银行集中在当地经营。当然，对于少数发展较快、具备一定实力的中型银行，通过跨区域经营扩大发展是情理之中的，但是不能过于急功近利地"跑马圈地"式扩张，如果缺乏清晰的扩张发展战略，还停留在传统以规模取胜的思想中，这样的发展模式是难以在激烈的金融竞争中取胜的。而对于大部分的中小银行而言，经营区域的定位应该明确集中在当地，特别是农村中小银行机构。随着 2011 年初开始银监会关于城商行跨区经营政策的变化，至今省外跨区虽然没有明文叫停，但这类申请交上去基本不会有回音，省内跨区则相对宽松。这导致了多家城商行 2011 年以来，均提出了"向下运动"策略，即在不能走出省的情况下，多在省内深耕，开设同城支行，或者县域支行，或者通过以村镇银行网点代替省外异地分行网点的方式实现跨区域发展。但是村镇银行的政策是"东部一家，西部一家"，即在东部开设了一家村镇银行后，第二家需要到西部开设，这对城商行的管理半径提出了较大挑战。另外，村镇银行的审批权限从各地银监局上收银监会后，批量控股模式也在探索，给那些想以村镇银行网点代替省外异地分行网点的城商行增加了难题。根据本书之前的讨论，这种跨省发展的模式是不利于中小银行发挥自身的比较优势的。

6.3.4 中国中小银行的服务类型分析

在服务类型上，中国中小银行与大银行基本趋同。在传统业务上，不少中小银行过分强调"存款立行"。虽然对商业银行而言，"存款立行"几乎是一条铁律，特别是由于银行业的扩张和竞争的加强，对处于相对劣势的中小银行来说，扩大存款规模更成了头等大事。各银行每年都分级下达当年存款任务指标，而且存款任务的完成情况与员工工资、奖金福利、评优晋升挂钩。存款是商业银行主要的资金来源，近年来随着金融市场的发展，理财产品的推广扩展了商业银行的资金来源渠道，但是对于中小银行来说，存款依然是绝对的立行之本。中国传统文化重储蓄，储蓄率居世界之首，50% 以上的储蓄率对于中小银行争取存款是有利的。但是银行不能过于盲目拉存，只重视存款数量不重视质量，也给自身发展带来一系列不良后果。2012 年 6 月 7 日，中国人民银行宣布降息的同时扩大商业银行自主确定存贷款利率的浮动空间，将存款利率的浮动区间上限调整为基准利率的 1.1 倍，将贷款利率浮动区间的下限调整为基准利率的 0.8 倍。银行获得了相对有限的利率定价权后，大部分的地方性中小银行机构为了争夺存款，纷纷将存款利率一浮到顶。虽然通过提高利率可以吸引更多存款，但成本的提高也对利润存在一定影响，需要中小银行机构更注重风险管理和利润管理。

随着中国经济转型的推进，以拉动投资为特征的传统信贷增长模式将会改变，信贷增速或将放缓。同时，虽然中国利率市场化的进程仍未完全到位，但利率市场化是大趋势，利率将越来越成为银行业竞争的重要工具，继续推进利率市场化将对中国银行业的发展产生巨大影响，商业银行依靠"存贷差"维系的盈利模式将受到冲击，特别是中小银行将受到更大冲击，这将导致中国银行业出现真正的分化。总体而言，利率市场化改革后，中小银行可以根据自己的风险识别和管理水平，制定不同的利率，利用差异化的利率结构，抢夺客户和市场份额，增加竞争，对于中国银行业的分化和中小银行差异化的形成是有利的。

近年来中国银行业一直在借鉴国际银行业拓展银行业务，降低对传统业务的依赖程度的发展经验。中国银行机构开始大力拓展中间业务，使得中间业务实现了较快增长，整体而言，银行非利息业务收入占总收入的比重从2003年的10%左右翻番上升到2010年的20%多。其中，银行手续费和佣金净收入增长迅速，2010年比2003年增长了10倍，是银行净利润增长的重要贡献力量。这一方面是来自于银行卡业务的快速发展。目前中国银行卡支付的消费交易额在剔除了批发性大宗交易和房地产交易后，占全国社会零售品消费总额的比重超过30%，已经达到了发达国家平均水平的30%—50%。另一方面，随着近年来居民收入水平的提高和投资理财意识的增强，银行个人理财业务获得了快速增长。银行加大了理财产品的发行力度，同时加大对咨询顾问类服务的投入，这些业务的拓展都促进了银行中间业务收入的提高。当然，利息收入仍然是商业银行收入结构中的绝对主导。

表6-12是中国上市银行非利息净收入及其占比情况，由于传统的清算、结算和银行卡业务的手续费收入仍然是中国银行业中间业务收入的重要来源，而国有大型银行依赖网点和客户资源优势在银行卡和结算等业务上更占优，所以很明显，大型银行的非利息收入占比大于中小银行的非利息收入占比。虽然表中的三家城市商业银行的非利息净收入增速很快，但是毕竟这三家城商行都是上市的跨区域经营的中小银行，大部分中小银行是达不到这种发展速度的。目前中小银行由于网点方面的限制，很多业务难以开展，因此中小银行在中间业务的发展上与大型银行的发展思路应该表现出差异。有条件的中小银行，如北京银行等可以开拓私人银行等领域，在咨询项目、理财产品等方面寻求发

展。[144]而对于农村中小银行机构，在当地金融基础设施逐步完善的基础上，可以利用在农村地区的网点优势，以存贷款传统业务为依托，往银行卡、结算等基础类中间业务方面发展，在农村地区依然有很大的发展空间。这种差异化的发展策略才是有利于发挥自身比较优势、扬长避短的合理选择。

表 6 - 12　　　　　　中国上市银行的非利息净收入及占比情况　　　单位：亿元，%

银行名称	2011 年			2010 年		
	数额	增速	占比	数额	增速	占比
工商银行	1 124.50	45.90	23.70	770.72	21.12	20.24
农业银行	705.32	46.13	18.67	482.66	18.78	16.62
中国银行	1 001.02	20.82	30.50	828.55	13.01	29.93
建设银行	925.18	28.52	23.30	719.89	30.18	22.25
交通银行	195.49	35.02	15.40	192.39	33.86	18.46
招商银行	198.50	38.80	20.64	143.01	29.05	20.04
中信银行	118.42	55.20	15.39	76.30	58.40	13.68
光大银行	73.14	43.19	15.88	51.08	9.68	14.38
民生银行	175.47	97.27	21.30	88.95	- 9.42	16.24
浦发银行	67.16	65.88	9.54	46.52	41.57	9.33
兴业银行	91.36	80.11	15.26	54.24	21.15	12.48
华夏银行	33.94	89.45	10.12	17.19	30.03	7.02
深圳发展银行	43.53	98.50	14.68	21.93	2.96	12.17
北京银行	21.26	83.91	5.33	11.56	22.98	7.39
南京银行	10.37	51.61	13.89	6.84	48.37	12.89
宁波银行	11.33	42.11	14.22	7.97	28.14	13.48

资料来源：各银行年报。

6.4　中美中小银行经营模式的对比分析

6.4.1　中美中小银行服务对象的比较

美国中小银行的服务对象以特定社区内的中小企业、小型农场、居民等为主。美国中小银行专注于特定客户对象的选择，是以其自身的软信息优势为基础发展的大量的关系型业务。中小企业和农户由于其自身的弱质性，存在缺乏足够的担保抵押品、信息难以甄别和获取、经营不稳定和风险较大等特点，因而往往难以通过直接融资渠道进行融资，更多依靠银行信贷方式。而作为媒介的银行可以选择最有利于发挥其自身比较优势的客户对象，在经营中往往将中小企业与大企业区别对待，对农业和工商业有不同态度。美国中小银行的现实表现让大量实证研究从中总结了美国的小银行优势论，证明中小银行在处理难以证实、表达和传递的"软信息"方面存在比较优势，通过与客户之间保持长期、密切的关系接触，以软信息为基础进行关系型贷款决策；而大型银行则更倾向于使用容易获取、量化和传递的"硬信息"，向具备这些信息的大企业等客户发展交易型贷款。除了这种信息成本优势外，中小银行简单的组织结构、较少的管理层次和下放给信贷人员的权力等公司治理方面优势也有利于软信息使用和关系型贷款业务发展；而大型银行由于规模大、分支众多、组织关系复杂，为了保持组织中的层级控制和尽量避免委托—代理问题，使用标准量化、依照易传递的硬信息的交易型贷款方式是更适合的选择。总之，中小银行和大型银行面对不同信息，在不同贷款方式上具备各自的比较优势，美国中小银行是基于其在软信息和关系型业务方面的优势，从而选择特定客户对象。中小银行自身也属于中小企业范畴，可以设身处地从中小企业主和农场主的困境和需求出发，更好地满足其资金和其他金融服务需求，发挥经济发展助推器的作用。但是，在美国中小银行选择中小企业和农户作为特定服务对象，坚持利用其关系型贷款的优势发展小额贷款业务的同时，大银行也在通过开发技术手段发展其他贷款方式，利用其交易型贷款优势，抢夺中小银行的客户资源，特别是在小企业贷款市场上表现日渐活跃。可以说，中小银行如果不集中优势挖掘自己的特色，面对大银行的竞争只能越来越被动。

中国中小银行和大型银行在优质客户的开发和争夺上同样存在差异。中国大型银行与美国大型银行相同，更重视对规模实力较强的大型客户的服务。中小银行在客户资源上相比大银行选择面窄，争夺大客户的难度更大，但长期以来中国中小银行与大型银行一样倾向于垒大户。除了受过去经济体制的影响，习惯于大型国有企业有政府隐性担保，风险较小，因而银行机构都追逐于为大型国有企业服务之外，其中的原因还包括信用环境和法律环境不佳的影响。面对中小企业现实存在的经营不稳定、缺乏有效担保、违约风险较大的局面，中国中小银行与中小企业之间要建立长期、稳定的信任基础，需要在法制框架下通过稳固的信誉机制来维护银企关系，才能为关系型贷款业务奠定更好的基础。除了环境影响之外，从中小银行自身的角度来看，关键的原因则在于中小银行没有真正形成要与大型银行分层竞争，以求异型定位来谋发展的意识。过去中国银行机构没有真正实现市场化的自主经营，城市商业银行虽然早被政府和监管部门定位于为当地的中小企业和居民服务的社区银行，农村中小金融机构则明确是为农村、农业和农户服务，但过去都没有真正成为这些银行机构自己的选择，为特定客户服务更多是受制于政策的安排。中国中小银行只有在市场化的前提下，充分认识到与大银行相比自身的劣势和优势所在，充分发挥自身的比较优势去开发自己的特定客户群，才能真正奠定关系型贷款业务发展的基础。

6.4.2　中美中小银行的服务区域比较

美国中小银行的市场定位在以社区的中小企业、小型农场和居民为主要特定客户的基础上。其在选择服务区域上也同时围绕在其经营所在的社区和附近区域，主要考虑满足当地的需求。中小银行在中小企业贷款和农场贷款中采取的关系型贷款技术通常会涉及大量软信息的使用，之所以能够开展关系型信贷业务，这与其自身特有的人缘地缘优势有着不可分割的关系。由于中小银行往往局限在一定的地域内开展业务，银行员工通常是本地人，与客户的日常交往比较多，他们对当地的中小企业和贷款人有十分详细的了解，同时通过长期的合作关系积累客户的各种软信息，也比较容易掌握企业和贷款人信息的变化，能够获得一些企业不愿意提供给银行的信息，比如财务状况恶化的消息等。这样不仅提高了贷款资金的安全性，同时也大大地减少了信息搜集和贷后监督的时间和精力，节约了交易成本。也正是由于中小银行拥有人缘地缘优势，能够通过各种渠道获得较为真实的客户信息，减少信息不对称，因此往往对一些担保条件可以适当地放宽，使当地的贷款人更加容易获得贷款。与之相对的是，大银行的业务半径大，非本地性特征更明显，人员变动也更频繁，对当地客户的信息掌握相对不足，而且由于组织结构等公司治理方面的特征，更倾向于能发挥其在硬信息方面优势的交易型贷款方式，所以往往也不需要过于强调地方联系和本土优势。

美国独特的分层银行体系使中小银行能够在市场上获得生存和发展的空间。这种服务区域的选择与美国银行市场那些同时存在跨国银行、全国性银行等大型银行形成了典型区别，在分层的市场上共同发展，保证了中小银行在自己的领域能够获得市场空间。如果说在单一银行制和银行地域管制下，美国中小银行社区性的市场定位是不得已的选择，那么随着银行业地域管制的逐步放松，银行业规模扩张和跨区域发展现象也越来越多，仍然坚持社区性市场定位的经营模式才是中小银行自主性的选择。地域管制放松后，跨州分支机构明显增加，银行业规模扩张趋势明显，但大部分中小银行仍然坚持集中当地社区的区域定位，从而使其能够利用其关系型贷款比较优势发展小企业贷款，通过当地网点的便利发展零售业务。因此，从跨州经营的管制放松之后的变化来看，美国小企业贷款市场未受到明显冲击，农村和零售业务的市场集中度相对较高，都证明了中小银行在区域上的选择。相对而言，大银行更能够从地域管制放松过程中获得规模经济和范围经济，而规模和地域的扩张反而不利于中小银行发挥软信息和关系型贷款优势。营业网点相对集中能够使中小银行业务决策链条短、信息传递快，在关系型贷款处理、审批等管理方面加快速度，提高银行的经营效率。这种地方性也有利于银行董事会和高级管理人员对于银行日常经营活动的监督管理，对于防范和控制中小银行的关系型贷款极易产生的基层信贷人员道德风险等问题有帮助。正是中小银行这种扎根地方、服务地方市场的基本特点，对于美国特定社区的经济发展与进步起到了积极的作用。

中国中小银行的服务区域与大型银行同样存在典型区别，且同样源自于金融监管政策和制度约束。过去中小银行的经营区域被制度严格限制，但近些年来对于中小银行跨区域发展的政策逐渐松动，例如 2004 年银监会颁布《城市商业银行监管与发展纲要》，提倡城商行在市场化和自愿原则下开展资本、资产的重组和机构联合，在做强做大的基础上实现区域性经营。2006 年银监会颁布《城市商业银行异地分支机构管理办法》提出了跨区域设立分支机构的具体要求。同年 4 月，上海银行宁波分行的成立标志着城商行区域性经营取得突破性进展。2009 年银监会进一步放宽了设立异地分支机构的市场准入条件，颁布《关于中小商业银行分支机构市场准入政策的调整意见（试行）》中指出，符合条件的中小商业银行在相关地域范围，下设分支机构不再受数量指标控制。虽然在制度调整的过程中，大部分中小银行依然是坚持当地经营，但还是有部分城市商业银行盲目追求跨区域经营，往经济发达地区集中。2011 年银监会关于城商行跨区经营政策有所转变，跨区域经营的势头才有所减弱。

6.4.3　中美中小银行的服务产品比较

美国中小银行长期坚持相对传统和有限的服务类型，与其在服务对象和区域上的选择一样，都是根据自身特点作出的自主选择。尽管从 1933 年美国实行分业经营开始，直到近 70 年后的 1999 年《金融服务现代化法案》才再次正式开始混业经营模式，但这中间的过程阶段，美国商业银行的传统业务早已受到了金融市场发展和其他金融机构竞争的冲击。由于传统业务受到侵蚀，为了提高市场的竞争性，美国的商业银行，特别是大型银行纷纷调整业务模式，大力发展中间业务，积极创新金融产品。整体而言，美国商业银行的经营范围和金融产品的种类比较多，中间业务包括信托业务、共同基金业务、代理、担保、金融租赁、结算、金融衍生产品交易、投资咨询服务等多种金融服务，其盈利来源呈现多样化特点。但美国整个银行业的非利息收入占总收入的比重从世界范围内看还是比较低的，例如英国、日本和澳大利亚等国的银行非利息收入占总收入比重超过 40%，德国、新加坡、印度等国也都超过 30%，而美国银行业非利息收入占比不到 30%。[145] 这与美国中小银行的相对传统和有限服务类型是密切相关的，大量中小银行的非利息收入占比要远远小于大型银行，在非利息收入来源中也主要以传统的存款业务收费为主。不过中小银行的业务虽然传统，却注重服务质量和针对性，利用与社区的紧密联系加强与当地客户的互动，努力开发个性化的贴心服务，利用优质低廉的服务赢得客户。

由于客观上中国大型国有商业银行长期占据着中国银行业的主导地位，因而国有商业银行的市场占有率一直处于市场前列，股份制银行经过快速发展，也进入大型银行之列。这些大型银行在资金规模、网点范围的市场优势下，更容易获得政府重点投资项目等大资金需求业务，在零售业务方面也能利用其网点多、范围广的优势。中小银行在这种情况下，更应该发展灵活、个性化的服务，这才能使其在市场中获得竞争优势。在中国金融分业经营的制度下，中国银行业整体的服务产品类型相比美国银行业要有限得多。中国银行业的中间业务收入占比不高，以汇兑、代收代付和银行卡收费为主。总体来看，中小银行与大型银行的服务类型基本同质。与美国大型银行积极开发新的产品、拓宽资金渠道相类似，中国大型银行在产品创新和服务开拓方面要比中小银行力度大得多。在制度的约束和中小银行目前的技术条件、资金实力有限的现实下，中国中小银行也不具备太多的开拓产品类型的可能性。但这并不意味着中小银行在服务产品的定位战略方面，不能采取求异型的经营模式。中小银行应该根据自己的禀赋优势和风险承受能力，找到自己最擅长的业务领域和细分市场，定位好适合自身的经营战略和经营格局，在细分市场上树立自身的经营特点。基于目前现实，中小银行的求异型产品定位应该从自身实际出发，把注意力真正地转到客户和市场上，做好自己的存贷款传统业务，按照客户需求在服务质量、贴心度和便利性上多花心思，同样是在走差异化经营之路。

6.5　本章小结

中小银行的经营模式选择应根据自身拥有的资源和优势确认明确的市场定位，在具体目标客户选择、竞争区域确定、金融产品和服务提供上，与竞争对手存在明显的差异。

美国中小银行通常采取求异型市场战略，在客户对象、服务区域、产品服务方面与大银行形成互补，有效地突出了自身的特色，充分发挥比较优势。美国中小银行的小企业贷款、农场贷款占该类银行全部贷款的比重明显地高于大银行，这种特定客户对象的选择正是基于其在软信息和关系型业务方面的优势。在区域选择上，美国的中小银行基本专注于有限的地理区域内，主要服务于当地社区。即便是美国银行业跨区域经营的管制放松后，大部分中小银行依然坚持当地化发展策略，小企业贷款等业务未受到明显冲击。在服务产品方面，中小银行所开展的服务种类相对传统和有限，但通过相对低廉的手续费和个性化、针对性的服务策略，赢得了客户的支持。

中国中小银行的出现是政策制度安排的结果，政府为其制定的市场定位是与大型银行差异化分层经营，但中小银行过去没有真正实现自主化的市场运作，自身的发展模式并不明晰，业务发展与大型银行存在一定的同质性。当前，中国中小银行在客户对象选择上逐步明确了与大型银行区别化的服务对象定位，越来越重视对当地居民、中小企业、农村的金融服务。在经营区域方面，绝大部分中小银行是典型的地方性银行机构，但有的城市商业银行近年来跨区域扩张的势头明显增强，盲目的扩张并不符合差异化、特色化和精细化的发展要求。毕竟与大型银行相比，中小银行更适合采用集中性竞争区域定位策略，将有限的资源集中于特定的目标市场。在服务类型上，中国中小银行与大型银行的同质性比较明显，同样需要根据自身的特点与大银行形成区别，以贴近民众和灵活的经营理念加强与客户的联系，更有利于发挥其在关系型贷款领域的比较优势。

总之，美国中小银行的发展经验表明，中小银行面对大银行的竞争，如果采取跟随型市场战略，只会自曝其短，但在求异型的市场定位下，走差异化、特色化和精细化的发展道路，则能更好地发挥自身的优势，获得可持续发展。

7

中美中小银行的公司治理比较

公司治理是指协调企业与利益相关者关系的一系列制度安排，既包括一定公司治理架构下促进不同利益主体之间相互制衡而形成的内部治理，又包括可以对企业内部经济主体产生激励约束作用的外部治理。一个有效的公司治理是由公司的内部治理和外部治理共同实现的。本书对中美中小银行公司治理的比较分析是以公司内部治理为主，是对银行与所有者之间的关系、银行内部权力制衡和义务配置的制度等的讨论。由于外部治理涉及银行制度和银行市场及其要素市场的竞争机制，在前文制度、市场结构等外部因素的部分有所涉及，因此本章对银行外部治理的分析比较简略。通过对中美中小银行公司治理异同的比较，总结能够适应中小银行形成和发挥比较优势的公司治理模式。

7.1 商业银行公司治理的目标与内容

公司治理是现代企业中重要的制度架构。近年银行业公司治理已日益成为关系到全球经济金融稳定与发展的核心要素，更是广受关注。包括巴塞尔银行监管委员会、国际货币基金组织、世界银行在内的国际组织都对银行业的公司治理极为重视。1999 年，巴塞尔银行监管委员会为了推动银行业机构稳健公司治理的实践，出台了《加强银行公司治理》这一指导性文件。2006 年，在经合组织 2004 年的《公司治理原则》的基础上对原指引做了修订后再行发布，旨在指导各国监管机构推动所辖银行业机构的稳健公司治理实践，以及为银行自身改进公司治理提供参考。2008 年由美国次贷危机演变的全球性金融危机又暴露出了某些西方大型金融机构在公司治理方面的严重缺陷，进一步使人们认识到公司治理对银行长期可持续发展的重要性。改善商业银行的公司治理、加强风险管理和战略决策、提高商业银行科学决策和履职能力已成为国际社会对金融机构改革的重点和重要课题。在此背景下，巴塞尔委员会对 2006 年公司治理指引重新审订，并于 2010 年 10 月颁布了关于商业银行公司治理新的规则。

7.1.1 商业银行公司治理目标的特殊性

公司治理的目标是什么？公司治理的设计应该为谁的利益服务？公司治理理论中有股东价值最大化论、投资者利益保护论和利益相关者保护论等不同的观点。从法律上讲，股东是公司的所有者，公司控制权自然属于股东所有，因此股东价值最大化观点认为公司治理的目标应设定为保护股东的利益，围绕由所有权和控制权带来的委托—代理问题，追求股东利益的最大化。投资者利益保护论则基于融资和管理的分离，在股东与经理人的委托—代理问题之外，提出了公司还存在着中小股东和债权人的利益被控股股东侵占的问题，因此公司治理的目标应是对包括股东和债权人在内的所有投资者的利益的保护，通过相应的公司治理安排来确保外部投资者利益不被经理人和控股股东等内部人侵占。利益相关者保护论是相对新兴的观点，认为公司"所有权"是更宽泛的概念，企业的利益相关者除了股东、债权人和管理者之外，还包括雇员、供应商、客户、社区以及政府等，这些利益相关者都受企业经营活动的影响，也相应地会影响到企业目标的实现，公司治理应顾及利益相关者的共同利益。利益相关者概念突出了企业的社会责任，强调企业在追求自身经济利益的同时，应该承担广泛的社会责任。这种观点得到了越来越多的认可，中国《上市公司治理准则》中也明确，尊重利益相关者的合法权益，共同推动公司发展。经合组织《公司治理原则（2004）》将公司治理定义为"公司管理层、董事会、股东及其他利益相关者之间的各种关系"，明确公司治理框架应当承认利益相关者的权利，鼓励公司与利益相关者之间积极合作。

因此，公司治理关系包括股东大会、董事会、监事会与经营者之间的委托—代理关系，以及如何兼顾利益相关者的利益。由于银行风险经营的特殊性和在金融体系中的重要作用，银行的公司治理影响到金融体系的安全和宏观经济的稳定，所以相对于一般公司，银行的其他利益相关者显得更加重要。存款人对于银行比债权人对于一般公司涉及面更广，银行监管部门对银行公司治理的重视和监管比一般企业的行业主管部门要更加严格，政府对银行的关注程度和参与程度也更高。商业银行的公司治理在一般的公司治理关系基础上，更强调政府、银行监管部门、存款客户等债权人等相关利益者，有其特殊性。

7.1.2 商业银行公司治理的内容

一个有效的银行公司治理是由银行的内部治理和外部治理共同构成的。银行内部公司治理是公司治理的基础和核心，涉及银行具体内部运作，主要通过股东大会、董事会、监事会等治理结构和相应的制度安排，消除或减轻委托—代理问题及其产生的代理成本，维护银行股东利益，保证对公司利益相关者提供真实、及时、准确的信息。银行外部治理的主要途径与一般公司外部治理类似，但又更严格，由政府和金融监管部门制定的一系列制度规定、资本市场上的控制权竞争、产品和经理人市场竞争、债权人的监督等构成。银行外部治理主要通过政府金融监管及市场优胜劣汰竞争机制来作用于银行内部运作，激励和约束银行机构，降低银行运行中的风险。

公司治理目标的实现有赖于公司治理结构的完善和公司治理机制作用的充分发挥。其中，治理结构界定的是企业与所有者之间的关系，是主要针对包括公司所有者、董事会和高级经理人员在内的公司内部参与者之间的权力制衡和义务配置的一整套制度。而公司治理机制包括决策、激励和监督机制等，是公司治理的具体实现形式。公司治理结构强调静态的治理结构设置，而公司治理机制则是以特定的公司治理结构为基础的动态作用机理，是发挥作用的过程。

7.2 美国中小银行的公司治理分析

引发美国次贷危机的原因中除了如金融创新过度、杠杆比率过高、金融监管缺位、低利率政策以及房地产价格的大幅回落等直接的原因之外，金融机构的公司治理机制存在严重缺陷也是本轮金融危机的重要原因之一。很多金融机构在公司治理上暴露出问题，股权结构不合理，约束激励机制不合理，往往存在严重的内部人控制问题，从而造成风险管理的漏洞，银行冒进式创新追逐短期利益，风险通过杠杆不断放大和蔓延，最终爆发了危机。在危机中，美国中小银行虽然也有不少问题机构倒闭清算，但整体表现还是比较稳健的。这一定程度上也表明了中小银行公司治理的相对有效，从中小银行公司治理的具体细节来看，与大银行相比有其显著不同的特点。

7.2.1 美国中小银行的股权结构分析

从股权结构上看，美国中小银行的股权结构集中度较高，股东人数相对较少，一般主要由当地的投资者和该银行的管理人员所拥有，还有很多家族型的小银行。而大型商业银行中不少是上市公司，股权结构相对分散，股东人数众多。股权的分散化、股东的多元化乃至全球化已成为美国大型银行的一个重要特征。

对美国芝加哥联邦储备银行所辖美联储第七区的 115 家社区银行的调查显示，这些社区银行平均资产规模 2.5 亿美元，大部分是家庭所有，所有者自主经营。表 7-1 是这些银行股权构成的平均数据。从股权持有者的结构来看，社区银行的经营管理人员股权比例较高。日常管理官①（Daily Managing Officer，DMO）平均持有银行 10.7% 的股份，占其个人财富的 39.6%，而如果再加上日常管理官的直系亲属所持的 13.9% 股份，其家庭总持股比例达到了 24.6%。董事会成员（包括日常管理官和其亲属）持有的股权平均达到了 40.4%。另外，14.8% 的银行有执行员工持股计划。[146] 对堪萨斯联邦储备银行所辖的美联储第十区的社区银行调查显示，社区银行首席执行官所持股份平均达 25% 左右，特别是在家族社区银行中持股比例更高，而即便是非家族银行，首席执行官所持的银行股份也在 10% 以上。[147]

表 7-1　　　美国芝加哥联邦储备银行所辖社区银行的股权结构　　　单位：%

持股人	持股比例
日常管理官	10.7
日常管理官亲属	13.9
日常管理官家庭合计	24.6
董事会成员	40.4
其他持股大于 5% 的大股东	14

资料来源：DeYoung, R., P. Driscoll and A. Fried. Corporate Governance at Community Banks: A Seventh District Analysis, Federal Reserve Bank of Chicago, in Chicago Fed Letter, 2005。

这种集中的股权结构特征在对美国得克萨斯州的银行调查统计中也清晰可见。这些中小银行的股东中，持股 5% 以上的大股东所占股份比例的平均数及中位数分别高达 69.2% 和 76.5%，而大型银行的大股东占股比例的平均数和中位数则分别仅为 28.2% 和 8.5%；这些持股 5% 以上的大股东大多是银行的高层管理人员和董事会成员，高层管理人员和董事持有的股权比例在中小银行的平均数与中位数分别达到 62.4% 和 67.9%，而在大型银行中这一比例的平均数与中位数则分别仅为 25.8% 和 9.7%（见表 7-2）。从以上统计可以明显看出，美国的中小银行呈现典型的集中所有的股权结构，主要由所有者自己经营。

---

①　日常管理官，在调查中被定义为负责银行日常经营管理决策者，通常为首席执行官。

表 7 - 2	得克萨斯州不同规模银行的股权结构			单位：%
	持股5%以上大股东的持股比例		高级职员和董事的持股比例	
	中小银行	大型银行	中小银行	大型银行
平均数	69.2	28.2	62.4	25.8
中位数	76.5	8.5	67.9	9.7

资料来源：Brickley，J. A.，Linck，J. S.，Smith. C. W.. Boundaries of the Firm：Evidence from the Banking Industry. *Journal of Financial Economics*，2003，70（3）：351 - 383。

　　从中小银行所有者居住的地理位置来看，中小银行的所有者在地理上相对集中。经营者和所有者基本上居住在同一社区或周边。中小银行的外部股东住宅与银行总部的地理距离通常不太远，主要居住在银行附近或同一社区（见表 7 - 3）。

表 7 - 3　　得克萨斯州中小银行外部股东的住宅与银行总部的地理距离

单位：英里

	平均值	中位数
外部股东董事	22.9	8.7
非管理层、非董事的持股5%以上的股东	160.9	34.9
所有外部股东	86.3	18.4

注：外部所有者是指非雇员（包括前雇员）及其家属的股权所有者。

资料来源：Brickley，J. A.，Linck，J. S.，Smith. C. W.. Boundaries of the Firm：Evidence from the Banking Industry. *Journal of Financial Economics*，2003，70（3）：351 - 383。

7.2.2　美国中小银行的组织结构分析

　　组织结构是指企业在其经营目标下不同人力资源的分工、分组和协调安排，它规定了人力资源的责、权、利，是组织有效运行、功能正常发挥的保证。商业银行的组织结构是关于商业银行组织层次划分与结构安排、各层级之间和部门之间的权利责任配置，内部信息传导等的一系列安排。银行的组织结构应该与其资产规模、业务种类、提供服务的地理范围等相匹配。

　　美国银行业历史上长期实行单一银行制，对银行分支机构设置严格管制。随着美国银行管制的放松，分支行制已越来越成为商业银行组织体制的主流。分支行制本质上是一种典型的科层结构，由若干层次结构互相关联而成为一个整体。虽然美国银行业已经普遍实行分支行制度，但是与大型银行具有复杂的层级结构相比较，中小银行在机构设置上相对简单，层级和分支机构数较少。2003 年的统计数据表明，美国中小银行平均每家银行仅有营业网点（含总行及分支行等）4.06 个，不及前 25 大银行的 0.4%（见表 7—4）。

表 7—4　　　　美国社区银行与前 25 大银行营业网点数对比

年份	社区银行		最大的 25 家银行	
	营业网点总数	各银行平均网点数	营业网点总数	各银行平均网点数
1994	31 767	3.31	19 280	771.20
1995	31 129	3.40	19 381	775.24
1996	31 311	3.57	22 027	881.08
1997	30 858	3.65	23 085	923.40
1998	30 074	3.72	25 843	1 033.72
1999	30 220	3.82	26 551	1062.04
2000	30 246	3.89	26 306	1052.24
2001	30 317	3.97	28 272	1 130.88
2002	30 213	4.03	28 441	1 137.64
2003	29 769	4.06	28 966	1 158.64

资料来源：Critchfield, T., Davis, T., Davison, L. Community Banks: Their Recent Past, Current Performance, and Future Prospects, *FDIC Banking Review*, 2004, (6): 1—18。

　　以美国得克萨斯州为例，州内的 703 家银行机构中 94% 的银行只有不到 10 家分支机构。截至 2006 年 6 月，美国中小银行平均每家银行的员工数仅为 52.62 人，其中资产在 1 亿美元以下的社区银行的平均员工数仅为 19.05 人，而同期美国全部商业银行的平均员工数则达 255.72 人[①]。

　　图 7—1 是一家位于美国中西部小城市的社区银行的组织结构图[②]。该银行资产规模约 3 亿美元，是一家典型的业务经营以当地社区的存款以及对消费者及小企业贷款为主的中小银行。由于规模小，业务相对简单，该社区银行的组织结构和层级设置相对简单，每一个部门均由公司的高级管理层直接管理，中间没有过多的中层管理人员，大大缩短了管理的链条，对于提升其市场反应速度、便利信息在组织内部的传导与沟通、发挥特定的竞争优势、实现相关的功能与作用等有着重要的意义。

　　而图 7—2 则是来自美国东部一家资产超过 200 亿美元的大型银行组的织结构图[③]。该大型银行的组织结构设置在职能的基础上由筹资及资金管理部、

[①]　资料来源：FDIC Statistics on Deposit of Institution。

[②]　资料来源：Peter S. Rose, Sylvia C. Hudgins：《商业银行管理》，第 8 版，北京，机械工业出版社，2011。

[③]　资料来源：Peter S. Rose, Sylvia C. Hudgins：《商业银行管理》，第 8 版，北京，机械工业出版社，2011。

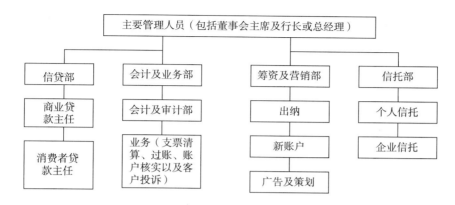

图 7 - 1 小型社区或零售银行的组织结构图

资产划拨部、个人财务服务部、国际银行部及业务部组成，每个部又按照业务类型和职能的不同划分为不同的部门和小组。由于大型银行规模大，业务丰富，组织结构和管理层级难免更加复杂。近几十年来，为了锁定委托—代理链条，有效避免由于组织结构复杂所导致的信息不对称和效率低下等问题，大型银行对自身组织结构进行了改革和再设计，事业部制成为大多数西方大型商业银行普遍采用的组织机构模式。事业部模式下，银行按照业务或产品单元设立部门独立核算，集约经营，由各部门负责各项业务或产品的全部经营管理活动和盈利状况，内部是高度集权，在总行层面却是分权模式，充分体现经营管理的专业化和责权利结合程度，有利于提高经营决策效率和市场反应速度①。

从表 7 - 5 所示的美国银行机构成本收入比指标来看，中小银行的成本收入比相对较高，表明中小银行的业务管理费用相对较高，成本控制效率不如大型银行，某种程度上也说明了中小银行组织结构的简单并不必然意味着高效率，大型银行可以利用规模经济性，享有降低平均成本的好处。尽管如此，中小银行的组织结构特点仍然有其特有的好处，因为中小银行与大型银行的组织结构差异与两者的经营模式定位紧密相关。一般而言，大型银行的组织结构适应于交易型贷款，更多依据的是财务指标等"硬信息"进行贷款决策，满足条件的潜在贷款者一般是大型企业或信息透明的中小企业，工作量较少，交易费用较低。而中小银行组织结构的层级少和简单化，代理链条短，便于"软信息"的收集和传递，解决代理问题的成本相对较低，更适合于其关系型贷款为主的定位。

---

① 中国建设银行研究部专题组：《中国商业银行发展报告（2011）》，33 - 38 页，北京，中国金融出版社，2011。

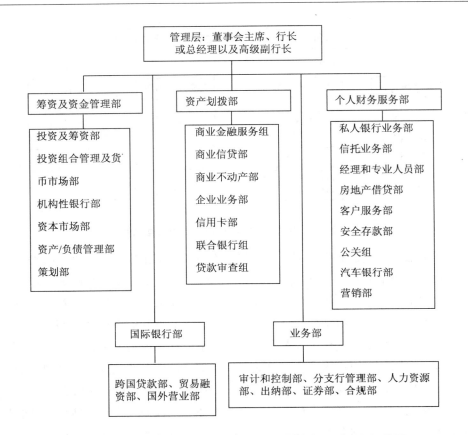

图 7-2 服务国际商业市场的货币中心或批发银行的组织机构图

表 7-5   美国不同规模银行的成本收入比指标   单位：%

年份	小型银行	中型银行	大型银行	超大银行
2001	69.66	63.05	55.94	56.89
2002	68.23	61.89	54.74	54.83
2003	70.38	63.66	55.51	55.12
2004	69.60	62.34	55.58	57.40
2005	70.15	61.62	56.82	56.34
2006	71.60	62.46	55.93	55.26
2007	74.16	64.66	56.06	58.69
2008	78.76	69.32	60.71	56.49
2009	80.77	72.70	62.37	52.64
2010	79.91	71.13	61.73	55.01
2011	78.11	70.12	61.85	60.09

资料来源：FDIC。

在组织形式上，美国的银行可分为独立银行（Independent Bank，股份未被控股公司所控制的银行）和银行控股公司的成员银行。与大型银行相比较，有较大比例的中小银行以独立银行的形式存在。如表7-6所示，资产规模低于1亿美元的美国小银行中33.25%的银行采取了独立银行的形式，1亿—5亿美元资产规模的银行中则有17.41%是独立银行，5亿—10亿美元资产规模的银行中则只有9.72%的独立银行。规模越大，独立银行的比例越小，该比例在资产规模超过100亿美元的大型银行中仅为1.39%。在银行控股公司越来越多之后，独立银行的数量确实在减少。同时，在银行控股公司成员银行中，大部分中小银行是仅控股一家银行的银行控股公司（One Bank Holding Companies，OBHC）的成员银行，大型银行则更多地以控股多家银行的银行控股公司（Multibank Holding Companies，MBHC）的成员银行的形式出现。此外，近些年来，有相当数量的美国中小银行转变成S公司（Subchapters Corporation）①。从1997年S公司创立以来的两三年时间里，就有大约1 500家社区银行采用了S公司形式。[56]根据对美联储第七区所辖的社区银行的调查，有31.3%的社区银行为S公司，12.8%的社区银行是MBHC的成员银行。[146]

表7-6　　　　　　　美国不同规模银行的组织形式分布结构　　　　　　单位：%

组织形式	银行分类	资产大于100亿美元的银行	资产10亿—100亿美元的银行	资产5亿—10亿美元的银行	资产1亿—5亿美元的银行	资产小于1亿美元的银行
2001年	MBHC的成员银行	65.28	49.21	17.36	10.19	9.13
	OBHC的成员银行	33.33	46.85	72.92	72.40	57.63
	独立银行	1.39	3.94	9.72	17.41	33.25
1995年	MBHC的成员银行	85.33	73.51	30.23	12.34	9.43
	OBHC的成员银行	14.67	23.51	55.81	63.50	52.84
	独立银行	0	2.98	13.95	24.17	37.73

资料来源：根据 DeYoung, R., P. Driscoll and A. Fried. Corporate Governance at Community Banks: A Seventh District Analysis – Federal Reserve Bank of Chicago, in Chicago Fed Letter, 2005 整理。

① S公司是根据联邦所得税法S章（Subchapters）的规定选择成立的公司，主要目的是为了避免双重征税。S公司实际上不是一种独立的公司形式，仅是税法意义上的一种公司。这种公司形式限制股东的最高人数为75人。因为这种公司形式只缴纳一次税，即经营负责人的个人所得税，可免于缴纳企业层次上的所得税，所以许多规模较小的企业都采取这种公司形式，从而避免了双重征税的问题。

7.2.3   美国中小银行的治理机制分析

遵从公司治理理论的有效治理原则,下面从决策机制、激励机制和监督机制三个方面具体讨论美国中小银行的治理机制。

1. 美国中小银行的决策机制

股东大会是银行的最高权力机构,拥有对银行重大决策和重大人事任免权力。股东权力主要通过在股东大会的投票权实施,股东也可以通过出售股票放弃对公司的所有权。股东大会决定银行的重要投资和融资政策,因此拥有对银行的资本结构以及对外投资的决定权。董事会是公司常设的最高决策机构,由股东选举产生,并被授予了日常决策权力。董事会的主要职责包括制定银行战略、经营目标以及年度预算;任命、监督和调整银行高层管理人员;制定银行重要的经营决策;设计管理者薪酬方案,实施有效的管理者激励约束;实施风险管理和内部控制等。

美国银行机构的董事会通常设立不同的专业委员会,在银行内部形成权力的合理配置,以更好地进行专业化决策。这些委员会包括执行委员会、提名委员会、薪酬委员会、审计委员会以及风险管理委员会。专业委员会一般由董事长直接领导,为董事会决策提供建议甚至实际上行使了董事会的部分决策职能。执行委员会是董事会的常设机构,提名委员会负责高级管理者的提名工作,薪酬委员会负责银行高级管理者薪酬方案的设计与决策工作,审计委员会实施对银行的内部审计职能,风险管理委员会负责制定银行的风险管理战略,监督和控制银行风险的整体状况。

表7-7总结了美国堪萨斯联储银行所辖美联储第十区的社区银行董事会情况,由此可以总结出美国中小银行董事会的主要特征。美国的国民银行或州立银行法都对银行的董事会人数进行了规定,银行可以根据规定和实际情况在规定范围内确定适合的董事会规模。按照美国联邦法律规定,凡属联邦储备系统成员的国民银行和州银行,其董事会要有2/3的成员在该银行所在的州定居一年以上,并且在其任内必须连续居住或者居住在银行主要办公地点100公里以内。董事由股东每年选举一次,每个董事要求至少拥有该银行1 000美元以上的股票。

调查显示,美联储第十区的银行董事会人数最少的是3人,最多的是25人。通常,决定董事会规模的重要因素取决于银行的规模和运营的复杂程度。银行规模越大,业务经营越复杂,董事会的工作量越大,为了有效运作而需要的董事会成员往往也越多。另外,规模越大和越复杂也越要求董事会成员构成的多元化,从而可以更好地利用多方面的技术、知识和经验。但是,越大的董事会往往也意味着越容易产生分歧，不利于形成有效的决策。调查中社区银行由于规模较小，其运营相对简单，从董事会的规模来看，董事会成员平均为7—11 人，董事会规模适中且比较稳定。较小的董事会规模既符合社区银行的实际，也能够有效避免由于董事会规模较大而意见难以达成一致。而董事会的稳定则有利于银行战略和决策的连续性。如表 7 - 7 所示，绝大多数的社区银行董事会规模在过去五年内不变，即便是对于董事会规模变化的银行来说，规模缩小的银行比规模扩大的银行也要更多。这一规模缩减的趋势，只有对资产规模大于 1.5 亿美元的非家族社区银行除外，这类社区银行中董事会规模增加和减少的银行数量相当，但都比规模不变的银行要少。

董事通常由内部董事和外部董事组成。内部董事一般在银行中担任重要管理职务，是银行经营管理的核心成员。外部董事是非本公司员工或权益方的董事会成员，一般是不在银行担任管理职位的股东、外部专家以及其他与银行拥有密切关系的人。

从堪萨斯联储银行所辖的第十区社区银行调查统计来看，社区银行董事会构成以外部董事为主的银行占比达 42.24%。主要是家族银行的董事会中的外部董事较少，尤其是小的家族银行；而对于非家族银行而言，大部分银行的董事会以外部董事为主，特别是相对大规模的非家族社区银行，有 85.71% 的这类银行董事会成员以外部董事居多。而另一项对芝加哥联储银行所辖的第七区社区银行的调查显示，社区银行的外部董事占比达到了 63%。总体而言，外部董事在美国中小银行董事会占据了主导地位。

表 7 - 7   美国堪萨斯联邦储备银行所辖社区银行的董事会情况 单位：人，%

	所有社区银行	资产小于 1.5 亿美元		资产大于 1.5 亿美元	
		家族银行	非家族银行	家族银行	非家族银行
董事会平均人数	7	7	7	9	11
五年内董事会规模不变银行占比	61.37	65.53	57.89	54.76	37.5
五年内董事会规模增加银行占比	16.2	15.53	14.03	16.67	31.25
五年内董事会规模缩小银行占比	22.43	18.93	28.07	28.57	31.25
平均外部董事人数	3	2	4	4	7
董事会里外部董事居多的银行占比	42.24	30.76	67.24	47.22	85.71
五年内外部董事人数不变银行占比	65.92	71.78	60.71	57.50	31.25
五年内外部董事人数增加银行占比	13.69	12.87	12.50	10.0	37.5
五年内外部董事人数减少银行占比	20.38	15.34	26.79	32.50	31.25

资料来源：美国堪萨斯联储 2004 年对美联储第十区的社区银行的问卷调查结果。

　　银行高层管理者负责执行董事会的决策以及银行的日常经营管理工作。管理者受聘于董事会，在董事会授权范围内拥有对银行事务的管理权和代理权。在美国，通常大型银行的董事会赋予管理层更多的权力管理银行日常业务。而小银行的公司董事会更多介入具体银行业务。银行董事会通常将部分经营管理权力转交给首席执行官（CEO）代为执行，首席执行官的权力由董事会决定，主要负责执行董事会决策以及银行日常运营的管理。首席执行官可以由董事长兼任或者单独任命。多数情况下，美国中小银行的首席执行官由董事长兼任，即使不是由董事长兼任，担任此职的人通常也是银行的执行董事。首席执行官通常被认为是管理层和董事会之间的桥梁，有利于确保管理层和董事会目标的一致性。

　　2. 美国中小银行的激励机制

　　在公司治理中，报酬激励是最主要的管理者激励方式。报酬包括给予管理者的工资、股票、股票期权等激励方式。其中，股票可以使管理者获得一定的公司所有权，提高管理者与投资者利益的一致性；股票期权将管理者的努力程度与其远期收益相联系，从而减弱了管理者的短期行为。

　　在激励机制方面，美国银行业整体给高层经理人员的报酬都较高。有的高层经理报酬的增长与银行业绩相关性较弱，即使银行绩效极差，经理们的报酬也照样增加。这意味着经理报酬并未受到银行经营状况的约束。美国银行业高级经理人员报酬过高的问题，也越来越引起了美国各界的高度关注和强烈批评。1999 年美国大型银行收入最高的总裁平均年收入达到 1 887.2 万美元，小银行（区域性银行）总裁平均收入也达到 327.2 万美元（见表 7－8 和表 7－9）。这样的收入比普通员工高出上百倍甚至几百倍。

表 7－8　　　美国地区性小银行的高层领导平均收入水平及构成　单位：万美元

	基本工资	年度奖金	长期激励收入	合计
总裁	72.3	60.6	194.3	327.2
第二最高收入者	48.8	33	113.3	195.0
第三最高收入者	37.4	35.6	73.2	146.2
第四最高收入者	29.8	23.1	48.4	101.3
第五最高收入者	25.5	16.2	38.1	79.8

　　资料来源：郑先炳：《西方商业银行最新发展趋势》，247 页，北京，中国金融出版社，2001。

表 7 – 9 　　　　　　　美国大型银行的高层领导平均收入水平及构成

单位：万美元，%

	基本工资		年度奖金		长期激激励收入		合计	
	总额	比例	总额	比例	总额	比例	总额	比例
总裁	100	5.30	752	39.85	1 035.2	54.85	1 887.1	100
第二最高收入者	60	3.58	760.7	45.38	855.7	51.04	1 676.4	100
第三最高收入者	60	5.20	546.7	47.41	546.4	47.38	1 153.1	100
第四最高收入者	67.5	7.12	230.8	24.34	650.0	68.54	948.3	100
第五最高收入者	80.0	8.69	150.0	16.29	690.9	75.02	920.9	100

资料来源：郑先炳：《西方商业银行最新发展趋势》，247 页，北京，中国金融出版社，2001。

　　根据对美联储第十区所辖社区银行的调查，大约 16% 的社区银行对董事发放额外津贴，家族银行相对于非家族银行来说发放额外津贴的比例要小。而在额外津贴的发放形式中，现金占比最大，特别是相对于资产小于 1.5 亿美元的小银行而言，小的家族银行现金奖励的比例达到了 86.84%（见表 7 – 10）。而只有对于相对大一点的家族社区银行而言，才有股票奖励。以现金而不是股票作为额外报酬的方式，似乎不符合将董事的长期利益同公司的长期利益连接的原则。但事实上，美国社区银行的大部分董事拥有的银行股权价值占其个人资产的 25% 以上，除了调查中的少数稍大规模的非家族银行外，社区银行平均有 10% 左右的外部董事拥有的银行股权价值也占其个人财富的 25% 以上。因此，这些社区银行的董事同时作为银行的股东，本身有所有权激励，会更加注重银行价值的长期增长而不是短期利益。

表 7 – 10 　　　美国堪萨斯联储所辖社区银行的董事薪酬情况 　单位：美元，%

董事年薪	所有社区银行	资产小于 1.5 亿美元		资产大于 1.5 亿美元	
		家族银行	非家族银行	家族银行	非家族银行
最小值	0	0	0	2 400	1 200
中间值	3 600	3 000	4 025	6 000	4 800
平均值	4 362	3 617	4 763	6 859	5 988
最大值	22 000	22 000	14 400	14 000	12 000
发放额外津贴的银行占比	16.10	14.01	22.41	14.29	25.00
额外津贴的发放形式					
普通股占比	1.52	0	0	12.50	0
现金占比	81.82	86.84	85.71	62.50	66.67
其他占比	16.67	13.16	14.29	25.00	33.33

资料来源：美国堪萨斯联储 2004 年对美联储第十四区的社区银行的问卷调查结果。

根据对美联储第七区所辖社区银行的调查，董事平均有每年 2 727 美元的固定报酬，平均每次出席会议有 418 美元报酬。日常管理官通常任职已在 11 年以上，工资报酬 14.6 万美元的基础上还有近 4 万美元的现金津贴。大约 43％的日常管理官的工作合同中将其收入与银行绩效相联，11％左右有股票报酬，22％左右获得了股票期权。

根据调查统计，54％的社区银行有正式的接班人计划（Succession Plan），而实证检验发现有接班人计划的社区银行的资产收益率和股权收益率也较高。[146] 企业接班人计划，又称管理继承人计划，是指公司确定和持续追踪关键岗位的具有胜任高层管理位置潜力的人才，并对这些人才进行开发的过程。企业接班人计划就是通过内部提升管理人才的方式来系统有效地开发人力资源，在公司治理中也被视为是有效的公司治理激励机制，对公司的持续发展有至关重要的意义。

3. 美国中小银行的监督机制

如果说激励机制是在事前保证公司良好治理的机制的话，那么监督机制就是在事中和事后对经营者的约束。监督机制主要是银行的利益相关者对管理者的经营绩效、努力程度和决策能力的客观、实时的考核和控制行为。

股东的监督通过股东在股东大会行使投票权来实现。股东通过行使选举权、对重大决策的投票权、对董事和管理者失职的起诉权和对公司经营的知情权对公司的经营施加监督。由于美国中小银行的股权结构比较集中、相对封闭，甚至还有很多家族式的社区银行，出于对自身权益的关注和保护，中小银行股东的监督更加严格。而且由于中小银行的股东在地域上也相对接近，对主要集中于当地经营的中小银行的经营状况也更容易监督。而对股权比较分散的大银行来说，单个股东的权力对于企业的影响往往微不足道，小股东对公司实施监督和影响的成本通常远高于由此而导致的收益，但股东可以在无法达到自身目的的时候"用脚投票"。资本市场发展过程中越来越多机构投资者的出现，增加了股东表达意愿和实行监督的可能性。但是根据规定，机构投资者在每个特定公司投资的比例一般不超过该公司股票总额的 5％。整体而言，银行股东中机构投资者还是比较分散。而且，机构投资者只是机构性的代理人而并不是资金的所有者，尽管机构的持股总量很大，关心银行的盈利情况，但一般不直接参与银行的经营管理活动。机构投资者如果想介入银行的管理活动，往往会遇到法律上的限制。因此，相对而言，美国中小银行的股东监督比大型银行的股东监督更为有效。

美国货币监督署（OCC）的一项研究报告显示，银行董事会的不称职往往是银行出问题甚至最终倒闭的重要原因，这类银行的董事会往往不能很好履行监督和控制的职能，健康的银行往往不存在这种董事会不称职的现象。另外，根据美国 GAO 组织 1994 年的一项调查结果，1990—1991 年，美国 286 家倒闭银行中有 90% 是由于董事会的消极治理或玩忽职守所导致，而这些银行的主要问题又集中在银行内部人控制和贷款欺诈方面。

董事会的监督机制主要是通过任命和解雇经理人员，行使对重大问题的决策权来对经理行为进行约束。由于董事本身是股东的代理人，在股东的委托下对代理人——经理进行监督，在此过程中存在双重委托—代理问题。在美国中小银行中，董事和股东的身份往往重叠，所以不存在双重委托—代理问题。针对内部人控制问题，外部董事的独立性作用则很明显。大部分中小银行的董事会中也设立了一定比例的外部董事，突出了外部董事的监督作用。

美国的银行不设监事会，对银行的监督职责通常由董事会下设的审计委员会实施，并且银行还会聘请外部审计机构负责定期审计工作。审计委员会也必须保持一定的独立性，全部由独立董事组成。为了保证审计质量，审计委员会成员中至少有一人应是金融专家。审计委员会有直接任免、监督审计员，确定审计员薪酬的权力。在不允许管理层参与的情况下，审计委员会定期与外部审计公司进行业务交流。

7.2.4 美国中小银行的外部公司治理分析

一般公司的外部治理包括少数股东、潜在股东等通过资本市场等的治理作用，经理市场和产品市场的竞争，国家法律法规的监管等外部力量对企业管理行为的监督。外部治理是内部治理的补充，其作用在于使公司经营行为受到外部评价，迫使经营者自律和自我控制。国家法律、法规及监管是银行公司外部治理的重要内容。市场经济条件下，政府通常不直接参与银行经济活动，而是通过制定法律、法规及必要的监管措施进行调节和管理，进而影响公司治理。竞争性市场也是公司治理的有效手段，有利于提高经理的努力水平。市场竞争反映了市场对银行产品的需求以及对服务质量的评价，直接决定了银行业绩。通过银行的市场竞争力可以间接体现公司治理的水平和效果。本书在之前已就制度和市场竞争对中小银行的影响进行过分析，本章不再作过多讨论。

公司少数股东、潜在股东、债权人的治理作用主要通过资本市场得以实现。由于"搭便车"问题的存在，少数股东缺乏通过股东大会实施治理的动机和能力，在股票市场上"用脚投票"是其主要的治理手段。公司接管市场是潜在股东发挥治理作用的主要载体，当公司的经营绩效没有实现其本应达到的目标时，潜在股东利用敏锐的市场洞察力发现投资机会，获得对目标企业的控制权。公司接管是以外部治理为主的美国上市银行公司治理的主要手段。债权人通常具有明显的风险规避倾向，债权人根据债权合同通常享有固定的债权收益，银行管理层投资于预期收益更高的风险资产并不能给债权人带来额外收益，但是增加了其收益的不确定性。因此，债权人将对风险更高的公司要求更高的风险溢价，从而间接发挥了治理作用。相对而言，美国中小银行因为是非上市公司，受资本市场外部治理影响相对较少。但中小银行受到的并购威胁比大型银行更多，潜在股东的并购接管对银行公司治理的影响更为明显。

经理人市场的治理作用主要体现在职业经理人在经理人市场的声誉资本对其职业生涯的影响。经理人的管理能力以及道德状况能够通过经理人市场有效传达，从而形成了对经理人行为的事前约束。竞争性的经理市场能够体现经理的真实价值，有能力和道德水准高的经理能够获得更高的收入水平。经理的能力和道德水准主要通过其过去的经营业绩和道德评价来体现，经理现在的经营管理能力和体现的道德水准将会影响其未来的收入，因此高效率的经理市场将对经理的行为起到有效的约束。竞争对经理人的影响也与资本市场密切联系。资本市场对经理人的激励约束一方面体现在由于公司股票的表现与企业的经营效果相关，因而能反映经理的努力程度和管理能力，能促进经理竞争，激励经理更加努力工作。另一方面，资本市场的竞争也会表现为对企业控制权的争夺，当企业受到敌意收购的威胁时，经理也会面临失去职位的威胁，由此产生的压力有利于加强对经理的约束。研究发现，美国的经理人市场和董事市场是具有长期记忆能力的，即高素质经理人和董事的杰出表现会为他们带来新的职位，而表现不佳者离职后则不会被其他企业聘用。中小银行因为整合、并购更多，经理层替换相对更容易，管理层面临的替换压力对公司治理也形成了有效的刺激作用。

7.3 中国中小银行的公司治理

7.3.1 中国中小银行的产权结构分析

实现有效公司治理的一个必要前提就是产权的明晰，产权所有者及其代表身份的明确界定。中国中小银行的产权制度和股权结构表现出一定的特殊性。以城市商业银行为例，过去城市商业银行产权结构中"一股独大"现象比较明显。中国城市商业银行组建时法规就明确规定采取股份有限公司的产权制度安排,如根据《中华人民共和国中国人民银行法》和《中华人民共和国商业银行法》制定的《城市合作银行管理规定》第二十三条,城市合作银行股本由当地企业、个体工商户、城市居民和地方财政入股资金构成,其中,地方财政为最大股东(也即地方政府),其入股比例不得超过城市合作银行股本总额的 30% 。企业入股应符合中国人民银行有关向金融机构投资入股的规定(单个法人股东的持股比例不得超过 10% ,单个自然人持股比例不能超过 2%)。2004 年国务院发展研究中心金融研究所《我国城市商业银行研究》课题组对东、中、西部地区三个有代表性省份的 20 个城市商业银行的调查结果表明,三大区域地方政府对城市商业银行的平均持股比例相差并不是很大,东、中、西部地区分别为 22.3% 、28.9% 、21.9% [①]。其他出资人除城市信用合作社原有的个体工商户、城市居民(两者加起来占股本的比例都很小)外,其余股东基本上都是当地国有企业。地方国有企业一定程度受地方政府的影响,两者所占的城市商业银行的股份比重较大(国研中心课题组的调查结果显示,地方政府和当地国有企业的持股比例加总达 76.3% 左右),造成了城市商业银行产权结构中地方政府事实上处于"一股独大"的控股地位。

这种股权结构在城市商业银行组建之初对化解地方金融风险、维护地方金融稳定起到了积极的作用。城市商业银行获得了地方政府在政策上的倾斜和扶持,在经营活动中得到了更多工作支持,例如有的地方政府通过行政影响,要求有关单位将资金存放在城市商业银行,或指定其为代理收费机构等。然而,在这种"一股独大"的股权结构下,银行在经营管理过程中一定程度可能受到政府的行政干预。地方政府以推动地方经济发展为出发点,可能对商业银行市场化经营行为存在不利影响。近些年来中国的地方政府融资平台的银行贷款增长迅速,贷款质量和偿债风险方面暴露出的问题与地方政府的行政干预也有一定联系。同时,国有产权缺乏一个人格化的产权主体,社会公众股东的股权相对分散,没有明确大股东的身份,这种产权结构容易导致"所有者缺位"的结果,形成内部人控制的治理局面。

近些年来城市商业银行按照监管部门的相关指引,通过引入战略投资者等方式开始了产权多元化改革。1998 年,上海银行引进国际金融公司作为战略投资者,占 5% 股权。随后,南京商业银行、西安商业银行先后引入了境外战略投资者,到 2009 年底时,有 16 家城市商业银行引入了境外战略投资者。引

[①] 资料来源:国务院发展研究中心课题组:《城市商业银行抽样调查的一些重要结论》,载《金融时报》,2005 - 08 - 02。

进战略投资者，对城市商业银行优化产权结构，完善公司治理，引进先进管理理念和技术起到了一定的作用。

农村中小银行业机构也在加快推进股权改造和经营机制转换。2010 年，银监会发布了《中国银监会关于加快推进农村金融合作金融机构股权改造的指导意见》，总体目标是优化股权结构，规范股权管理，用五年左右时间将农村合作金融机构总体改造为产权关系明晰、股权结构合理、公司治理完善的股份制金融企业。今后将不再组建农村合作银行，符合农村商业银行准入条件的农村信用联社和农村合作银行，直接改制为农村商业银行；暂不符合条件的，将资格股转换为投资股，改制组建股份制农村信用社。对农村合作金融机构的股份制改造，将极大地推动其公司治理的完善。

在中小银行股权结构优化过程中，引入民间资本是一种有效的途径。2012 年 5 月银监会发布《中国银监会关于鼓励和引导民间资本进入银行业的实施意见》明确鼓励民间资本进入银行业的政策导向，中国银监会主席尚福林在 2012 年陆家嘴金融论坛明确表示"支持民间资本与其他资本按同等条件进入银行业，促进银行资本来源及股权结构多元化"。监管层政策的导向也已经非常明朗。

目前中国中小银行在引进民间资本方面已经开始积极运作。民间资本主要以参与发起设立、增资扩股等方式入股银行业，已成为银行业股本的重要组成部分，特别是在中小银行股本中占据较为重要的份额。以部分中小银行 2011 年的年报中披露的股权分布情况为例，大连银行、重庆银行、成都银行民资持股比例均超过了 30%。其中，大连银行股权结构中，国家资本占比 1.43%，法人资本 89.17%，其中国有法人资本 24.55%，民间资本的占比较高，达到了 60% 左右；重庆银行财政股占比 0.15%，法人股 97.04%，除去其中国有及国有控股 53.88%，民资控股占 40% 左右；成都银行 2011 年股权结构变化较大，国有股由 2010 年的 5.51% 减持为 0，国有法人股由 44.13% 减持为 40.07%，集体股由 1.79% 减持为 0，外资股持股比例不变为 19.99%，除此之外，其他法人股占比增加为 37.46%，这其中不少是民营企业。江阴农村商业银行和吴江农村商业银行的社会自然人股东占比分别为 34.92% 和 26.47%。上海银行的个人持股比例也比较大，占 21.64%，国有股占 54.20%，其他法人股 13.16%，外资股 11.00%。江苏银行 2011 年年报披露，股东中法人股占比 95.19%，个人股占比 4.81%，前十大股东占据股本总数的 43.51%，其中，有四个是民营资本，分列第六位、第七位、第九位和第十位，占比总和为 9.33%。徽商银行 2011 年报告期内，国有股股本减少 8 亿股，法人股增多 7.6

亿股，个人股略有减少，持股超过 5% 的五个大股东占比超过 39.54%，其中民营企业最大占比 5.44%①。

根据银监会 2011 年年报数据，截至 2011 年底，在城市商业银行总股本中，民间资本（含境内法人股、自然人股和其他社会公众股）占比为 54%，高于股份制银行的 42%。民间资本分别占农村合作金融机构和已批准组建的 726 家村镇银行总股本的 92% 和 74%。特别是中国东部江苏、浙江等经济较为发达的区域，民间资本进入银行业情况相对更为明显。据不完全统计，截至 2011 年底，江苏 4 家城市商业银行和 104 家农村中小银行业机构民间资本分别占总股本的 54% 和 96%；浙江（不含宁波）10 家城市商业银行和 112 家农村中小银行业机构的民间资本分别占总股本的 76% 和 97%。截至 2012 年 6 月，浙江省 156 家地方法人银行业金融机构，民资持股占比已达 74.08%，其中 40 家地方法人银行业机构均为 100% 民资持股。2012 年 6 月，温州民企新明集团通过公开挂牌转让，获得了中国华融资产管理公司持有的 1.07 亿股温州银行股份，从而成为温州银行并列第一大股东②。民间资本入股银行业金融机构符合银行业改革发展方向，在完善中小银行公司治理、促进业务转型等方面发挥重要作用。

7.3.2　中国中小银行的组织结构分析

由于中小银行与大型银行的规模差异，中小银行的机构设置和层级划分相对简单。相对简单的组织结构有利于中小银行的关系型贷款业务模式和减少管理成本。表 7 - 11 是中国银行业机构的法人机构数和从业人员数。从中不难发现，大型银行的机构庞大，人员众多，而中小银行人员相对精简。从表 7 - 12 的中国上市银行人均净利润和机构平均净利润来看，中小银行的人均净利润和机构平均净利润明显高于大银行，这也从一个侧面说明了中小银行精简的人员和组织结构是可以创造高的运营效率的。不过这里统计的是上市的三家城市商业银行，在中小银行中属于资产质量和管理能力方面相对较好的代表。由于产权不明晰、管理不到位等各方面原因，中国部分中小银行的管理效率并不高。特别是农村信用社长期以来暴露的问题更加明显，不少农村信用社并未发挥精简的组织结构优势，在管理效率方面亟须加强。

---

① 资料来源：曹蓓：《地方银行民资股东排名　寻找"第二个民生"》，载《证券日报》，2012 - 07 - 10。

② 资料来源：宗禾：《浙江 156 家银行民资持股超 7 成　城镇农村双轨并行》，载《温州日报》，2012 - 07 - 12。

表7-11　　　　中国银行业法人机构和从业人员统计表（2010年）

机构	从业人员数	法人机构数	平均从业人员数
大型商业银行	1 545 050	5	309 010
政策性银行及国家开发银行	59 503	3	19 834
股份制商业银行	237 158	12	19 763
城市商业银行	206 604	147	1 405
农村信用社	550 859	2 646	208
农村商业银行	96 721	85	1 138
农村合作银行	81 076	223	364
外资金融机构	36 017	40	900

资料来源：中国金融年鉴。

表7-12　　　　中国上市银行人均净利润和机构平均净利润情况　　　单位：万元

单位	人均净利润		机构平均净利润	
	2009 年	2010 年	2009 年	2010 年
中国工商银行	33. 18	41. 78	796. 88	1 010. 50
中国农业银行	14. 73	21. 35	275. 07	403. 96
中国银行	41. 67	50. 27	854. 52	991. 96
中国建设银行	35. 43	43. 02	798. 24	1 005. 82
交通银行	38. 18	45. 93	1 086. 34	1 418. 25
上市国有大型银行	29. 42	37. 34	631. 28	811. 13
招商银行	45. 20	59. 80	2 447. 65	3 104. 70
中信银行	60. 22	89. 87	2 367. 43	3 111. 29
中国光大银行	34. 33	57. 46	1 261. 26	2 111. 17
中国民生银行	46. 50	56. 23	2 796. 30	3 475. 05
上海浦东发展银行	60. 41	68. 30	2 338. 96	2 928. 03
兴业银行	60. 36	63. 40	2 640. 54	3 209. 81
华夏银行	30. 57	41. 87	1 077. 43	1 520. 20
深圳发展银行	44. 49	50. 13	1 665. 80	2 067. 05
上市全国性股份制银行	48. 71	62. 39	2 132. 94	2 797. 86
北京银行	99. 15	105. 43	3 352. 86	3 581. 88
南京银行	61. 27	79. 23	2 451. 71	2 897. 89
宁波银行	42. 72	57. 23	1 656. 19	2 211. 42
上市城市商业银行	74. 35	85. 18	2 706. 84	3 052. 23

资料来源：各银行年报。

　　中小银行的规模小，组织结构和管理层级相对简单，软信息在基层人员与贷款决策层之间的传递速度更快，信息在银行内部的传递过程中不容易失真。

因此，中小银行具有的简单内部组织结构和较少的管理层次决定了软信息传递和使用的较高效率，有利于加快贷款处理速度，降低关系型贷款的交易成本。中小银行组织结构设置如果与业务经营模式相配合，能使其更好地发挥出自身比较优势。大型银行面临着由于规模增大导致管理组织协调难度和成本加大的问题。中国国有大银行的组织结构安排中，横向按业务种类设立职能部门，纵向按行政区划设立分支机构。在总分行制下，权力的集中与下放有时难以把握，因为分支机构为了保证效率需要一定的经营权力，但如果经营权力下放过大，又不利于总行对业务的集中统一管理和规划。同时，由于按行政区划设置分支机构，又容易导致分支机构的业务发展受到当地政府的行政干预，不利于银行自主经营决策。全国性的股份制商业银行由于其经营覆盖全国，往往也采用这种传统的"金字塔式"组织机构模式，管理层级多，委托—代理链条长，不利于银行经营管理战略意图和具体措施有效传导到基层，同样面临信息不对称问题和由此产生的内部人控制问题。大银行一般具有标准的信贷政策和贷款流程，贷款需要经过必要的内部审批程序，手续复杂烦琐，很可能在贷款批下来的时候，企业已经错过了盈利的最好时机。近年来中国大型银行也在不断深化组织机构改革，按照扁平化、垂直化方向调整组织结构，力图通过精简系统层次，实现组织系统集约化。这意味着大型银行组织结构安排也在根据自身发展需要，随着银行规模、区域的扩大和产品的丰富，作出科学的调整。

随着中国股份制改造和公司治理改革的推进，中国中小银行的组织结构在不断优化，管理效率也在逐步改善。近些年来规模发展相对较快、分支行和网点逐渐增加的部分城市商业银行，为了弥补其组织结构相对增大和复杂对关系型贷款所带来的不利影响，也开始借鉴国外银行"事业部"制度，推行事业部模式改革，加强了对业务的集中、对口和统一管理，提高管理和工作效率。农村信用社也在逐步理顺机制，精简人员，提高组织效率。优良的组织架构有助于降低银行运营成本，提高效率和业绩。中小银行应充分认识到组织结构关乎权责的分配、信息的传导、效率的高低。中小银行在组织结构方面无须模仿国际大型金融机构或中国大型银行的模式，因为没有绝对的最优组织结构模板，而只有灵活的、适应银行外部环境和市场竞争格局，配合银行经营模式需要的组织结构安排，才是适合中小银行发挥比较优势的组织结构。

7.3.3　中国中小银行的公司治理机制分析

目前中国中小银行基本都根据 1993 年和 2005 年的《中华人民共和国公司法》，建立了包括股东大会、董事会、监事会和高级管理层的"三会一层"现代公司治理结构。大部分中小银行的董事会切实发挥了银行公司治理的核心作用，按照监管部门提出的董事会建立专业委员会的规定，董事会下设了战略委员会、审计委员会、人事薪酬委员会、风险管理委员会等多个部门，并引入了独立董事制度，独立董事在董事会中占一定的比例。据统计，至 2008 年，中国已有 100 多家中小银行引进了 200 多名独立董事。不同国家的公司法对监事会的设置要求不同，在美、英等国家，公司不单独设立监事会，强化外部董事和外部治理的监督；而类似日本等以内部治理为主的国家，公司设立监事会；中国银行机构的监事会是由股东大会选举产生的专门负责监督的机构。监事会是独立的专职监督机构，对股东大会负责。为保证董事会充分行使其职责，监事会要实施对董事会和经理的监督。大部分中小银行设立了专职监事长，引进了外部监事。总体来看，中国中小银行的公司治理机构设置逐步健全，治理机制日益规范。

在"三会一层"的银行公司治理结构健全的基础上，近些年来中小银行进一步明确了决策和监督约束机制。大多数中小银行在法律法规和监管框架内，逐渐完善了股东大会、董事会和监事会的议事程序和表决规则。董事会运作机制逐步理顺，比如通过制定《董事会议事规则》、《董事履职尽责自律条例》、《独立董事工作制度》等，董事会运作已具备明晰的制度规范。目前中小商业银行董事会的议事内容基本涵盖了战略发展规划、资本补充、公司治理、风险管理、内部控制、财务审计、激励约束、重大投资、项目合作、呆账核销和基本制度建设等重大事项，改变了以往"提而不议、议而不决、决而不行、行而无果"等现象。董事会议事和决策过程中，不同意见开始出现，决策的民主性和科学性明显提高，控股股东操纵和内部人控制等问题都有所缓解。按照《公司法》，监事会具有与董事会平等的地位，同时对董事会实施监督。中小银行监事会的监督作用有所增强，通过建立监事会议事规则、外部监事履职管理办法等相关制度，监事会运作日益规范。一些中小银行建立了监事会定期巡视制度，使监事会能够到现场了解分支机构的运行情况，增强监督的有效性。相比于城市商业银行，农村中小银行业机构的公司治理机制还不完善，外部董事和外部监事较少或没有配备，董事会和监事会在发挥决策和监督机制时的独立性还有待加强。

在激励机制方面，中小银行的激励考核制度近些年明显改进。银行高级管理人员的报酬与其业绩开始挂钩，还有些银行实行了高管和员工的股权激励制度。另外，在考核制度方面，一些中小银行也开始逐步运用经济资本管理、平衡计分卡等考核技术与方法，并且强化了持续考核，对存贷款等规模指标的考核大多已由时点数考核转变为日均数考核，适度降低了短期行为对银行的负面影响。不过，目前中国对高级管理层的长期激励机制建设尚处于起步尝试阶段，大部分中小银行尚未有员工持股计划或期权激励，高管人员的薪酬与其任期内的银行经营业绩关联，长期激励的动力效应还不明显。过去，中国中小银行的行长（农村信用社为主任）或董事长（农村信用社为理事长）有地方政府任命或行政提名现象。这种行政的不当干预也不利于将银行高管职业发展与银行长期发展利益结合起来，对银行高管层形成有效的长期激励，在一定程度上对中小银行健全公司治理机制、实现市场化和商业性运作存在负面影响。不过，随着中国银行监管、法律制度等宏观环境的优化，政府行政干预也在逐步减少，中小银行"三会一层"公司治理结构的日益健全都在促使银行公司治理机制的逐渐完善。

银行是高负债的风险经营企业，其特殊性使得银行的内控制度和风险管理具有更大的重要性。内部控制是商业银行为实现经营目标，通过制定和实施一系列制度、程序和方法，对风险进行事前防范、事中控制、事后监督和纠正的动态过程和机制。近年来，中国银行内部控制和风险管理工作不断加强，已经初步确立了价值意识、资本约束意识、风险管理意识和品牌意识；形成了银行发展建立在资本与风险相匹配基础上的理念，经济资本（EC）、经济增加值（EVA）和经济风险调整后的资本回报（RAROC）等在很多银行机构得到重视和应用，在资本配置、风险覆盖和激励考核等方面都发挥了日益重要的作用。[148] 应该肯定的是，大部分中小银行逐步树立了"内控优先、制度先行"的理念，内控规章制度的制定逐步完善，内控管理状况已纳入考核评估体系，无章可依、有章不循的问题得到较大改观。大多中小银行，特别是城市商业银行的信用风险、市场风险的识别和管理能力逐步提高，同时风险定价技术与能力也在提升。此外，大部分中小银行均强化了风险问责制度，一定意义上，对加强风险管理起到促进作用。银行的经营理念和经营方式也有了重大变化，发展目标开始从片面的追求数量调整到数量与质量并重、质量为先的原则上来。目前来看，农村信用社和村镇银行由于其基础相对薄弱，其内部控制和风险管理水平差距较大，还需狠下工夫。

7.3.4 中国中小银行的外部公司治理分析

从银行外部治理来看，相对成熟的资本市场是有效外部公司治理的基本条件之一。中国证券市场发展历程较短，监管制度尚需完善，上市公司的法人治理结构和机制并不健全，证券市场投资者的投资行为还不规范。因此，股市价格变化并不能很好地体现上市公司的经营和管理状况等信息，资本市场外在力量对商业银行公司治理的约束作用相对薄弱，通过股市这种外部治理机制对企业经理层进行监督、评价、激励并不成熟。

中国目前上市银行 16 家，其中只有 3 家城市商业银行，其余 13 家全是大型银行。2007 年南京银行、宁波银行、北京银行分别在上海交易所和深圳交易所上市，标志着城商行正式开启了上市之路。2010 年，农村商业银行开始上市尝试，重庆农村商业银行在港交所上市。据证监会公告，截至 2012 年 7 月有盛京银行、大连银行、江苏银行、锦州银行、徽商银行、上海银行、贵阳银行、成都银行、杭州银行、重庆银行、东莞银行、张家港农村商业银行、常熟农村商业银行、吴江农村商业银行、江阴农村商业银行共 15 家商业银行已正式提交 IPO 申请，有的处于初审中，有的在落实反馈意见阶段。由于《公司法》规定，设立股份有限公司，应当有二人以上二百人以下为发起人，而很多农村商业银行和合作银行由于历史原因使得股东总数严重超标。当年北京银行、南京银行、宁波银行上市的时候，证监会都进行了放宽处理。根据部分农商行 2011 年年报，江阴农村商业银行的股东总数为 1 480 户，常熟农村商业银行 3 115 户、吴江农村商业银行 1 668 户。这也是这些农商行上市的巨大障碍之一。2013 年 1 月 1 日正式实施的《非上市公司监督管理办法》则标志着股东人数超过 200 人的股份公司可以正式向证监会报备成为公众公司，摆脱灰色地带，同时如果有需要，可以申请在"新三板"挂牌。

未来几年，中国会有更多的资产规模大、盈利能力强、资产质量好的城市商业银行和农村商业银行积极谋求在资本市场公开发行上市。但中小银行的上市银行比例在今后也不可能很高，通过资本市场的外部治理机制对中小银行的公司治理充分形成有效激励和约束是不可能实现的。

从现阶段来看，中国中小银行的经理人市场还不健全，还未能形成有效的声誉资本等激励。在外部治理机制还不完善，基础条件还不具备的情况下，中小银行的公司治理更关键的还是在内部治理上下工夫。

7.4　中美中小银行公司治理的对比分析

7.4.1　中美中小银行股权构成与组织结构比较

中美中小银行股权结构的一个共同点在于股权结构集中度较高，不同点则

表现在大股东的成分不同。如前文表 7 - 2 的数据显示，美国中小银行大股东
持股比例的平均数和中位数为 69.2% 和 76.5%，其中高层管理者和董事的持
股比例平均数和中位数分别为 62.4% 和 67.9%，也就是说美国中小银行的大
股东主要是银行高层管理者和董事。对中国城市商业银行 2004 年的抽样调查
表明，地方政府和当地国有企业的持股之和占据了 76.3%，中国中小银行的
大股东一般是地方财政和地方国有企业。

　　美国中小银行经营者和所有者重合的这一特征，使其较少面临所有者和经
营者分离而产生的委托—代理问题，减少了利益冲突，也有助于社区银行发挥
关系型贷款的优势。一方面中小银行的经营者由于持有较大的股权从而拥有较
强的所有权激励，会更有动力去生产与关系型贷款有关的软信息并积极有效率
地使用，达到与股东的利益一致，大大降低了由于贷款决策权下放所产生的代
理成本。另一方面，中小银行股权结构和地理上的集中有助于银行的股东在日
常生活中有效监督经营者对银行的经营行为和管理效率。中国中小银行的股权
结构中，地方政府作为大股东具有双重效应。一方面，·这种股权结构为中小银
行形成了保护和提供了支持，包括提升银行信誉、扩大资金来源、提高资本充
足率、减轻历史包袱，化解地方金融风险等，中小银行在发展过程中可以因政
府的庇护而享受到某种"超国民待遇"。另一方面，这也会带来不同程度的行
政干预问题。地方政府如果以股东和地方经济金融宏观管理者双重角色介入中
小银行业务发展、高管人员的推荐、选拔、考核等过程，会使中小银行公司治
理运作机制更为复杂。

　　美国众多的社区银行在股权高度集中的结构下，反而更有利于发挥其契合
经营模式的公司治理优势，有效地减少关系型贷款的委托—代理问题。产权清
晰和股权结构优化才是公司治理的关键。近些年来中国中小银行引进战略投资
者和民间资本、寻求上市机会等举措都是在进行银行股权结构多元化的改革。
总体而言，中国中小银行的股权结构中民间资本的占比明显提高，股权结构更
加分散，有利于在银行公司治理中形成权力制衡，解决国有产权"所有者缺
位"问题，减少银行内部人控制现象。

　　在组织结构方面，中美中小银行由于资产规模小、提供的业务种类较少，
服务的地理范围集中在当地和周边社区，其组织结构的特点与大型银行存在显
著不同。由于大银行的业务类型相对更多，组织机构设置和业务线远比中小银
行复杂。随着银行规模的扩大，银行的层级结构就会增加，组织层级的复杂和
较长的管理链条，都不利于软信息的传导和使用。因此，大型银行的组织结构
特点使其在进行关系型信贷时所付出的成本大于中小银行，更倾向于使用硬信

息发展交易型贷款。而中小银行的组织结构与其经营模式相适应，简单的组织结构和较少的管理层次使其传递软信息速度快并且不容易失真，能有效地降低关系型贷款的交易成本。利用这种组织结构优势，中小银行能更快捷地向那些难以提供硬信息的中小企业发放关系型贷款，在解决中小企业贷款难问题的同时，也为自身的可持续发展创造条件。

7.4.2　中美中小银行的治理机制比较

中美中小银行都按照国家的有关法律建立了比较完善的"三会一层"治理结构。美国中小银行经过多年的发展和演变，"三会一层"的治理结构分工明确，各司其职，分别运作，相互制衡，有利于银行按照市场化的模式进行运作。如董事会成员由股东大会选举产生，董事会规模适中且比较稳定，有利于提高决策效率和保持银行战略的稳定性。外部董事为主的制度保证了决策和监督的独立性，有利于避免董事成员与经理人员的身份重叠和角色冲突，避免内部人控制，保证董事会独立于管理层进行公司决策和价值判断，更好地对经营者进行监督，降低委托—代理风险，维护股东和公司利益。相比较而言，中国中小银行"三会一层"的治理结构形成时间相对较短，部分中小银行虽然公司结构安排清晰明确，但有时存在"形似"，而非"神似"，治理机制并没有完全发挥真正的效能与作用。

美国中小银行的股权结构比较集中，股东与银行的发展息息相关，在参与股东大会决策时积极性较高，面临的委托—代理问题较小或更容易解决，决策的效率相对较高。中国中小银行股东中，地方政府和国有企业占比较大，影响力更强。以个体工商户、城市居民为代表的中小股东，由于股份少、信息不对称以及专业知识的缺乏使其对银行决策的影响甚微。

随着银行公司治理对长期激励的重视，中美中小银行的激励机制都越来越多将经理层报酬与银行绩效相关联。美国中小银行高层管理人员报酬通常包括基本工资、奖金和股票期权三部分，其中奖金和股票期权占大部分，20 世纪90 年代以后股票期权收入占总收入的比重越来越高，并有继续增加的趋势。这种激励机制有利于发挥管理层积极性，促进银行绩效提高。中国中小银行的激励机制中同样也加大了奖金和长期激励的比重。特别是长期激励形式，可以把银行经营者的长期利益同银行的长期利益连接在一起，今后中国中小银行应该更多地将长期激励作为稳定公司高层管理者和激励其努力工作的一种手段。

从委托—代理关系的角度看，董事会和经理都是代理人。公司治理就是要解决这种委托—代理关系存在的逆向选择和道德风险的问题。董事会相对于股东，银行管理者相对于股东和董事，都具有重要的控制权，也更拥有关于银行经营状况的信息优势。如何通过科学的激励约束机制来促进董事和高层管理者的工作，避免其自身利益与银行利益矛盾造成的逆向选择和道德风险问题是银行治理的重要内容。对于大银行而言，由于股权高度分散，实际上企业控制在经理手中，股东"搭便车"问题的存在使得一般投资者缺乏动机和能力管理企业，委托—代理问题更多地依靠资本市场、外部竞争等外部治理机制。而对于中小银行而言，其股权结构的特殊性使得其面临的委托—代理问题相对较小或更容易解决。

美国公司制度下只设董事会而不设监事会，所以美国中小银行以外部董事和董事会下设的审计委员会强化对决策者（执行董事和经营层）的监督。外部董事制度本是源于英美等国家实行的单一董事会制度，即由公司外部人员担任公司董事，一般英美国家的公司董事会中外部董事占据主导地位。外部董事作为内部董事及经理人的制衡者，其独立性有利于对经营者的监督，可以帮助避免董事会成员与经理人员的身份重叠和角色冲突，避免内部人控制，保证董事会独立于管理层进行公司决策和价值判断，更好地维护股东和公司利益，降低委托—代理风险。中国的独立董事和监事会是同设的，二者的职能存在一定的重叠和冲突，容易造成两者都"搭便车"而导致均不作为的问题。2001年，中国证监会发布了《关于在上市公司建立独立董事制度的指导意见》，规定"上市公司董事会成员中应当至少包括三分之一独立董事"，这一比例仅仅为美国规定的一半。2005年中国银监会发布了《股份制商业银行董事会尽职指引（试行）》，规定"注册资本在10亿元人民币以上的商业银行，独立董事的人数不得少于3人"，这一规定尽管在数量上保证了独立董事的独立性，但是在结构上却无法保证。部分中国中小银行的独立董事在董事会中的占比较低，对董事会的决策无法形成有效制约，不利于独立董事的职能作用发挥。现实中，有的中小银行的大股东和控制人提名独立董事的人选，这样造成的直接后果是独立董事受制于大股东和实际控制人，影响其独立性。

一个有效的监督体系是以独立性为前提的，缺乏独立性的监督使得其效力大打折扣。中国中小银行的监督机制中应特别注意独立性问题，包括董事会和管理层、控股股东之间的独立性问题，监事会和董事会、管理层之间的独立性问题，独立董事和外部监事的独立性问题，各专门委员会特别是审计委员会和关联交易委员会的独立性问题。由于独立董事和外部监事在公司治理中除了起着关键性的平衡和监督作用外，还能够使董事会和监事会在专业技术、管理经验等方面更多元化，专业的独立董事和外部监事有利于提高银行科学决策和银行绩效，所以中国中小银行今后应更注重引入专业性强的独立董事和外部监事，提高其在董事会和监事会中的占比非常关键。

7.4.3　中美中小银行的外部公司治理比较

对于中美中小银行而言，资本市场的外部治理作用均不如对大型银行明显。因为大型银行的上市比例更高，而中小银行绝大部分是非上市公司。外部竞争的治理机制对美国中小银行的作用比对大银行更明显。大银行从地区竞争的角度，可以在更大区域范围内调整战略布局，在不同区域有所选择，在产品竞争方面经营产品种类较多，可以综合利用产品组合，以规避单一产品的竞争压力；而中小银行集中当地经营，在有限区域内竞争更集中，产品和服务类型相对有限，竞争压力更大。另外，从并购市场的角度来看，大银行受并购的压力相对较小，而中小银行往往容易成为被并购对象，相互间的整合也更多，所以管理经营不善、绩效差的中小银行更容易受并购的威胁，中小银行经理层的替换相对更容易，管理层面临的替换压力更大。

中美中小银行的外部公司治理差异主要表现在经理人市场。经理人市场的激励机制非常重要，因为经理人的管理能力以及道德状况能够通过经理人市场有效传达，从而形成了对经理人行为的激励和约束。经营业绩良好的管理者能够在经理人市场上获得更高的声誉，并因此有利于管理者获得更好的职位和更高的收入。反之如果管理者业绩低下或者被投资者解雇，则显然不利于其再获得更好的机会，甚至失业。经理人市场的激励机制将管理者的努力水平与其职业发展相联系，是一种有效加强管理者与投资人利益一致性的外部治理机制。

美国职业经理人市场相对成熟，相比较而言，中国经理人市场还不健全，还未能形成有效的声誉资本等激励。

7.5　本章小结

本章对中美中小银行的公司治理进行了对比分析。中小银行与大银行之间的公司治理存在明显差异，但两者之间并没有绝对的好坏或优劣。例如，分散的股权结构是大型银行，特别是上市银行的典型特征。根据一般的公司治理理论，分散的股权结构有利于权力制衡，而美国的社区银行在股权高度集中模式下，同样取得了良好的发展，这主要得益于其股权结构对关系型贷款业务能形成有效的激励和监督。关系型贷款需要对基层经理下放一定的权力，如果管理和监督不力，则存在较大的委托—代理风险。从组织结构来看，中小银行组织结构简单和管理层级少，有利于软信息的传导和使用，能降低银行的委托—代理成本，便于中小银行关系型贷款的开展。对大型银行而言，其组织结构相对复杂和管理层级多，如果对基层下放权力过大，极易形成内部人控制问题，因此更适合利用硬信息发展交易型贷款业务。公司治理结构与治理机制共同决定了公司治理效率的高低，只注重治理结构就容易流于形式。真正有效的银行公司治理必须形成有效的决策、激励和监督机制。美国中小银行的外部公司治理机制对提高银行公司治理水平也起到了积极作用，中国中小银行的外部公司治理机制还不完善，更关键的还是要发挥内部公司治理的作用。

对中小银行而言，最优的公司治理模式不是绝对或唯一的，或者说并没有最优的公司治理模式，而只有适合的，与银行经营模式、所处宏观环境和市场结构相适应的公司治理模式。良好的中小银行公司治理应该能够适应银行自身的经营模式定位，提高组织机构的灵活性和效率，有效地降低中小银行关系型贷款成本，消除信息不对称和减轻委托—代理问题，从而提升银行经营业绩。

8

中美中小银行经营绩效的影响因素研究

经营绩效是指厂商在外部宏观环境、特定产品市场结构下采取的行为策略所产生的最终结果。中小银行的可持续发展是建立在稳定、良好的经营绩效表现基础上的。本书已通过理论分析和中美两国中小银行的现实比较总结了影响中小银行比较优势的关键因素。这些因素对绩效的影响显著性如何，需要进一步的验证。本章将在前文分析和比较的基础上，通过实证研究检验这些影响因素的显著性。

8.1 中美中小银行经营绩效的度量

8.1.1 中美中小银行绩效度量方法和指标体系

对银行绩效的测度方法，主要有生产函数法和指标法两大类。生产函数法又分为参数和非参数两种方法。参数法需要在明确函数具体形式下，通过样本银行估算效率前沿函数的参数，各个参数的设定难免存在一定模型误差，从而影响评价结果；非参数法虽然不需要规定函数的具体形式和对参数进行估算，但是样本投入产出变量的选择对结果有极大的影响，不同的选择下会导致评价结果各异。总体而言，生产函数法对数据和计算要求较高，经济含义相对复杂。而指标法利用一系列反映银行经营各个方面的综合指标来评价银行绩效，优点在于指标含义明确，易于理解，评价相对操作简便，测度成本低。基于数据可得性和可操作性的考虑，本章将采用指标法对中美中小银行的绩效进行评价。

由于银行经营绩效应该充分体现银行对其经营目标的实现，而商业银行如同一般工商企业一样，最终目标是企业价值的最大化，从时间价值角度来看，即是企业未来现金流量（预期利润收入）的现值之和。[149]这一目标如公式8.1所示：

$$企业价值 = \frac{\pi_1}{1+i} + \frac{\pi_2}{(1+i)^2} + \cdots + \frac{\pi_n}{(1+i)^n}$$

$$= \sum_{t=1}^{n} \frac{\pi_t}{(1+i)^t} \tag{8.1}$$

式中：π_t 为商业银行在第 t 年的利润；i 为合适的折现率。

而如果假设企业的预期未来利润在当前利润的基础上有固定的增长比例 g，则式（8.1）可以转化为公式（8.2）所示：

$$企业价值 = \frac{\pi_1}{1+i} + \frac{\pi_1(1+g)}{(1+i)^2} + \cdots + \frac{\pi_1(1+g)^{t-1}}{(1+i)^n}$$

$$= \frac{\pi_1}{i-g} \tag{8.2}$$

式中：g 为银行未来利润的增长率。

从经营绩效反映企业价值最大化的角度来看，价值最大化取决于三方面因素：一是企业的利润，即盈利性，盈利能力越强，企业利润越多，价值越大；二是折现率，与企业安全性相关，因为安全性越高，经营风险越小，资本成本（折现率）越小，企业价值就越大；三是利润增长率，即成长性，成长能力越好，利润增长越多，企业价值越大。三方面综合考虑既可以使企业注重收益的时间性，坚持长期行为，避免短视行为伤害长期利益，同时强调成长能力和增长性，又可以使企业考虑到经营的安全性，在风险与回报之间进行权衡。

因此，本章对银行绩效的度量以价值最大化目标为基础，根据企业价值的计算公式，选择反映银行盈利性、安全性、成长性三个方面的相关指标进行评价。在借鉴国内外相关研究的基础上，根据数据的可得性，本章最终选取了资产收益率、股权收益率等 9 项指标，采用了因子分析法构建绩效度量模型，综合衡量中小银行的经营绩效（见表 8 - 1）。

表 8 - 1　　　　　　　　中小银行经营绩效度量指标体系

总目标	一级指标	二级指标	指标性质
经营绩效评价体系	盈利性 A1	资产收益率 B1	正向指标
		股权收益率 B2	正向指标
		成本收入比 B3	逆向指标
	安全性 A2	资本充足率 B4	正向指标
		贷款拨备覆盖率 B5	正向指标
		不良贷款率 B6	逆向指标
	成长性 A3	总资产增长率 B7	正向指标
		贷款增长率 B8	正向指标
		存款增长率 B9	正向指标

8.1.2　美国中小银行的绩效度量

由于美国中小银行数量众多，对每一家银行的绩效进行逐一度量不仅耗时费力，也没有太多现实价值。本书关注的是对中小银行绩效整体情况的把握和一般规律的总结。根据美国联邦金融机构检查委员会（Federal Financial Institution Examinations Council，FFIEC）的统一银行业绩报告（Uniform Bank Performance Reprot，UBPR）中的分类，基于资产规模大小、营业网点数量和是否在大都市统计区等标准对美国中小银行机构进行了 13 个类别的划分。银行的具体分类情况如表 8 - 2 所示。

表 8 - 2　　　　　　　　　　　美国中小银行的样本分类

银行分类	银行特点
1	代表资产规模 3 亿—10 亿美元的商业银行
2	代表资产规模 1 亿—3 亿美元，大于等于 3 个全功能网点，在大都市统计区的商业银行
3	代表资产规模 1 亿—3 亿美元，大于等于 3 个全功能网点，不在大都市统计区的商业银行
4	代表资产规模 1 亿—3 亿美元，小于 3 个全功能网点，在大都市统计区的商业银行
5	代表资产规模 1 亿—3 亿美元，小于等于 3 个全功能网点，不在大都市统计区的商业银行
6	代表资产规模 5 000 万至 1 亿美元，大于等于 3 个全功能网点，在大都市统计区的商业银行
7	代表资产规模 5 000 万至 1 亿美元，大于等于 3 个全功能网点，不在大都市统计区的商业银行
8	代表资产规模 5 000 万至 1 亿美元，小于 3 个全功能网点，在大都市统计区的商业银行
9	代表资产规模 5 000 万至 1 亿美元，小于 3 个全功能网点，不在大都市统计区的商业银行
10	代表资产规模小于 5 000 万美元，2 个以上全功能网点，在大都市统计区的商业银行
11	代表资产规模小于 5 000 万美元，2 个以上全功能网点，不在大都市统计区的商业银行
12	代表资产规模小于 5 000 万美元，1 个全功能网点，在大都市统计区的商业银行
13	代表资产规模小于 5 000 万美元，1 个全功能网点，不在大都市统计区的商业银行

本章收集了从 2002 年至 2011 年的美国各类中小银行的平均数据，基于平均水平分析不同银行在样本期间的绩效表现，根据表 8 - 1 的评价指标运用因子分析进行了度量。

通过巴特利特球体检验和 KMO 检验值判断，数据适合采用因子分析。通过因子分析的结果，从表 8 - 3 可以看出主成分因子 1 的特征值为 5.158，它解释了美国中小银行经营绩效的 57.316%；主成分因子 2 的特征值为 2.342，它解释了银行经营绩效的 26.018%。前 2 个公共因子对样本方差的累计贡献率达到83.334%，即这2个公共因子可以反映原指标83.334%的信息量，故提取这2个因子就能对样本银行的经营绩效作出较好的解释。

表8-3　　　　　美国中小银行相关系数矩阵的特征值及方差贡献率　　　单位：%

因子	初始特征值			提取因子的方差贡献			旋转因子的方差贡献		
	特征值	贡献率	累积贡献率	特征值	贡献率	累积贡献率	特征值	贡献率	累积贡献率
1	6.139	68.216	68.216	6.139	68.216	68.216	5.158	57.316	57.316
2	1.361	15.118	83.334	1.361	15.118	83.334	2.342	26.018	83.334
3	0.813	9.034	92.368	—	—	—	—	—	—
4	0.307	3.412	95.780	—	—	—	—	—	—
5	0.170	1.893	97.673	—	—	—	—	—	—
6	0.140	1.554	99.228	—	—	—	—	—	—
7	0.051	0.563	99.791	—	—	—	—	—	—
8	0.015	0.172	99.963	—	—	—	—	—	—
9	0.003	0.037	100.000	—	—	—	—	—	—

从表8-4因子载荷矩阵可以看出，主成分因子1在资产收益率、股权收益率、成本收入比、不良贷款率、资本充足率、贷款增长率、存款增长率7个变量上有较大的载荷。主成分因子2在拨备覆盖率、总资产增长率上有较大载荷。

表8-4　　　　　　　美国中小银行的旋转后因子载荷矩阵

指 标	因子1	因子2
资产收益率 B1	0.951	0.053
股权收益率 B2	0.928	0.212
成本收入比 B3	0.771	0.214
拨备覆盖率 B4	0.097	-0.884
不良贷款率 B5	0.906	0.144
资本充足率 B6	0.894	0.272
总资产增长率 B7	0.488	0.761
贷款增长率 B8	0.674	0.612
存款增长率 B9	0.690	0.647

表8-5给出了美国中小银行因子得分系数矩阵。运用SPSS19.0的因子得分功能分别对各银行在主要因子上进行评分，公因子表示为9个绩效指标的线

性组合方程为

$$A_{im} = \sum B_n \times C_m \qquad (8.3)$$

式中：A_{im} 代表 i 银行的第 m 个公因子；B_n 表示第 n 个绩效指标；C_m 表示表 8 - 5 中各指标的因子得分系数。

表 8 - 5　　　　　　　　美国中小银行的因子得分系数矩阵

指标	因子 1	因子 2
资产收益率 B1	0.254	- 0.187
股权收益率 B2	0.211	- 0.084
成本收入比 B3	0.167	- 0.046
拨备覆盖率 B4	0.231	- 0.568
不良贷款率 B5	0.221	- 0.121
资本充足率 B6	0.188	- 0.038
总资产增长率 B7	- 0.039	0.357
贷款增长率 B8	0.048	0.222
存款增长率 B9	0.044	0.240

然后根据各因子的方差贡献率与累计的方差贡献率之比对得分进行加权汇总，得各银行的总因子得分。Y_i 为第 i 个银行的总得分，则有

$$Y_i = (A_i 1 \times 57.316\% + A_i 2 \times 26.018\%) \div 83.334\% \qquad (8.4)$$

根据此公式可以计算出美国中小银行从 2002 年到 2011 年的经营绩效综合得分，如表 8 - 6 所示。

表 8 - 6　　　　　　　　美国中小银行的经营绩效因子得分

年份 \ 银行	2002	2003	2004	2005	2006	2007	2008	2009	2010	2011
1	1.2051	1.0602	1.4433	1.6242	1.2961	0.5105	- 0.2614	- 1.0356	- 0.9291	- 0.5754
2	1.0756	0.9625	1.1673	1.1674	0.8555	0.1639	- 0.6581	- 1.2330	- 1.3496	- 1.0463
3	0.5871	0.4480	0.6767	0.7237	0.6511	0.3479	0.0008	- C.4399	- 0.4341	- 0.3431
4	1.5078	1.4224	1.6114	1.6371	1.1000	0.3229	- 0.5569	- 1.5516	- 1.4824	- 0.8611
5	0.6819	0.5887	0.8514	0.9493	0.8726	0.6115	0.2404	- C.2093	- 0.0908	0.0681
6	0.6083	0.3723	0.2928	0.4179	0.2716	-0.1208	- 0.6865	- 1.0925	- 1.2457	- 1.2636
7	0.3031	0.2241	0.3945	0.3602	0.3021	0.1379	- 0.2490	- 0.5098	- 0.5349	- 0.5358
8	1.1008	0.7095	0.7792	0.7318	0.4543	-0.1126	- 0.8204	- 1.1678	- 1.3802	- 1.0923
9	0.4145	0.3120	0.4837	0.4941	0.4674	0.2933	0.0135	- 0.3650	- 0.3622	- 0.2049

续表

年份 银行	2002	2003	2004	2005	2006	2007	2008	2009	2010	2011
10	0.2601	− 0.2196	− 0.0893	− 0.1897	− 0.2260	− 0.4757	− 1.0574	− 1.2781	− 1.1869	− 0.9981
11	0.0415	− 0.1021	0.1167	0.0653	0.0066	0.0438	− 0.4590	− 0.7433	− 0.8101	− 0.5129
12	0.0227	− 0.2507	− 0.1114	0.0265	0.0660	− 0.1804	− 0.5470	− 1.0600	− 1.1755	− 1.0400
13	0.0046	− 0.0426	0.0738	0.0984	0.0821	− 0.0026	− 0.2830	− 0.5507	− 0.4900	− 0.3957

8.1.3　中国中小银行的绩效度量

中国中小银行近些年发展较快，各项指标都有不错的表现。在缺乏完善的中小银行业数据库的条件下，本书根据数据可得性并考虑方法的合理性选取了部分中小银行作为中国中小银行的样本进行研究。将样本分为城市商业银行和农村中小银行业机构两类。在绩效度量过程中，城市商业银行代表中国的城市中小银行，农村中小银行业机构代表中国的农村中小银行。根据样本计算期限的基本要求和数据的可得性，城市中小银行样本选择了全国各地的13家城市商业银行。农村中小银行业机构样本则选取湖南省的111家农村信用联社、农村合作银行、农村商业银行和村镇银行。考虑到湖南省是中国的农业大省，经济发展水平处于中等水平，湖南省的这111家农村中小银行业机构基本能够反映中国农村中小银行的整体状况，将其作为中国农村中小银行研究的样本是合理的。需要补充说明的是，农村信用社作为农村银行业机构，其经营范围和经营模式与农村商业银行等农村中小银行相差无几，可视为农村中小银行。为了便于表述和开展中美中小银行经营绩效影响因素的比较研究，下面将中国城市商业银行的研究样本简称为中国城市中小银行，将中国农村中小银行的研究样本——湖南省111家农村中小银行业机构简称为中国农村中小银行。

在收集这13家城市中小银行2005年到2011年数据的基础上，采用表8 − 1所示的绩效评价指标，运用因子分析法对城市中小银行的绩效表现进行了度量。

13家城市中小银行的样本数据的巴特利特球体检验和KMO检验表明，因子分析方法可以适用。主成分分析结果如表8 − 7所示，前4个公共因子对样本方差的累计解释率达到78.521%，可对样本银行的经营绩效作出很好的解释。

表 8 - 7　　　中国城市中小银行样本相关系数矩阵的特征值及方差贡献率　　单位:%

因子	初始特征值			提取因子的方差贡献			旋转因子的方差贡献		
	特征值	贡献率	累计贡献率	特征值	贡献率	累计贡献率	特征值	贡献率	累计贡献率
1	2.799	31.099	31.099	2.799	31.099	31.099	2.263	25.147	25.147
2	1.871	20.784	51.883	1.871	20.784	51.883	1.983	22.029	47.176
3	1.240	13.773	65.656	1.240	13.773	65.656	1.500	16.669	63.844
4	1.158	12.865	78.521	1.158	12.865	78.521	1.321	14.677	78.521
5	0.700	7.779	86.300	—	—	—	—	—	—
6	0.463	5.148	91.449	—	—	—	—	—	—
7	0.319	3.545	94.994	—	—	—	—	—	—
8	0.280	3.114	98.108	—	—	—	—	—	—
9	0.170	1.892	100.000	—	—	—	—	—	—

　　因子载荷矩阵如表 8 - 8 所示,主成分因子 1 在总资产增长率、存款增长率、贷款增长率上有较大的载荷,能够反映中国城市中小银行的发展潜力。主成分因子 2 在贷款拨备覆盖率、不良贷款率上有较大的载荷,能够反映中国城市中小银行的风险控制能力。主成分因子 3 在资产收益率、股权收益率上有较大载荷,能够反映中国城市中小银行的收益能力。主成分因子 4 在成本收入比和资本充足率上有较大载荷,能够反映中国城市中小银行的管理效率和抗风险能力。

表 8 - 8　　　　　　中国城市中小银行样本的旋转后的因子载荷矩阵

指标	因子 1	因子 2	因子 3	因子 4
资产收益率 B1	0.103	0.413	0.708	0.254
股权收益率 B2	0.027	0.054	0.938	- 0.064
成本收入比 B3	- 0.055	- 0.209	0.173	0.834
拨备覆盖率 B4	0.012	0.862	0.106	0.118
不良贷款率 B5	0.177	0.900	0.212	- 0.122
资本充足率 B6	0.070	0.421	- 0.127	0.724
总资产增长率 B7	0.825	0.077	0.062	- 0.040
贷款增长率 B8	0.848	0.165	- 0.050	0.024
存款增长率 B9	0.901	- 0.039	0.104	0.022

　　根据表 8 - 9 的因子得分系数矩阵,运用 SPSS19.0 的因子得分功能分别对

各银行在 4 个主要因子上进行了评分。

表 8 - 9　　　　中国城市中小银行样本经营绩效的因子得分系数矩阵

指标	因子 1	因子 2	因子 3	因子 4
资产收益率 B1	- 0.013	0.082	0.432	0.127
股权收益率 B2	- 0.028	- 0.138	0.689	- 0.107
成本收入比 B3	- 0.002	- 0.211	0.122	0.653
贷款拨备覆盖率 B4	- 0.075	0.471	- 0.086	0.021
不良贷款率 B5	- 0.009	0.477	- 0.007	- 0.172
资本充足率 B6	0.009	0.207	- 0.216	0.539
总资产增长率 B7	0.372	- 0.038	0.003	- 0.029
贷款增长率 B8	0.379	0.027	- 0.101	0.021
存款增长率 B9	0.416	- 0.124	0.049	0.027

然后根据各因子的方差贡献率与累计的方差贡献率之比对 4 个因子得分进行加权汇总，有

$$Y_i = (A_i1 \times 25.147\% + A_i2 \times 22.029\% + A_i3 \times$$
$$16.699\% + A_i4 \times 14.677) \div 78.521\% \qquad (8.5)$$

据此计算出各城市中小银行从 2005 年到 2011 年的经营绩效综合得分，如表 8 - 10 所示。

表 8 - 10　　　　中国城市中小银行样本的经营绩效因子得分

年份 银行	2005	2006	2007	2008	2009	2010	2011
北京银行	- 0.4692	- 0.2088	0.0152	0.4564	- 0.0425	- 0.0589	1.4948
南京银行	- 0.9177	0.5056	0.2566	0.3656	- 0.2091	0.0482	0.3939
温州银行	- 0.2955	0.1748	0.2681	- 0.1762	- 0.1122	- 0.3095	- 0.3912
青岛银行	- 0.7640	- 0.2636	- 0.4212	0.1561	- 0.3796	- 0.1718	- 0.1090
天津银行	- 0.2033	- 0.1048	0.1505	- 0.2546	0.1010	0.3595	0.3841
九江银行	- 0.6237	- 0.5208	- 0.3505	- 0.8422	- 0.2119	0.1846	0.0245
上海银行	- 0.2256	- 0.0856	0.0203	- 0.7822	- 0.2520	- 0.0994	- 0.0845
宁波银行	0.7264	1.4303	0.9473	- 0.1207	- 0.1676	0.7783	0.6836
大连银行	- 0.3301	- 0.3734	- 0.4760	- 0.2426	0.2908	- 0.0608	- 0.0669
杭州银行	- 0.5778	- 0.2502	0.5418	0.6105	0.1676	- 0.0027	- 0.1605
徽商银行	- 0.2236	- 0.9428	- 0.2491	0.0132	0.1172	0.6717	1.0239
洛阳银行	- 0.2455	- 0.3870	0.0495	0.3552	0.2853	0.5625	0.7860
西安银行	- 0.8979	- 0.8861	- 0.4982	0.5134	0.2817	0.2341	0.4063

基于相同的指标和方法，收集中国农村中小银行 2006 年至 2010 年的相关数据，对中国农村中小银行的经营绩效进行了度量。111 家农村中小银行具体的绩效得分情况见表 8 – 11。从得分来看，中国农村中小银行近年来的经营绩效有明显提升。

表 8 – 11　　　　　中国农村中小银行样本的经营绩效因子得分

年份 绩效 银行	2006	2007	2008	2009	2010
零陵区农村信用合作联社	– 0.61489	– 0.19241	– 0.10411	– 0.02787	0.078007
冷水滩区农信联社	– 0.5976	– 0.48719	– 0.44076	– 0.05921	– 0.12834
祁阳农信联社	– 0.4164	– 0.5983	– 0.61005	– 0.23599	– 0.19561
东安县农信联社	– 0.53532	– 0.27181	– 0.14162	0.029112	0.089754
道县农信联社	– 0.61411	– 0.28553	– 0.20209	– 0.08933	0.043613
宁远县农信联社	– 1.24601	– 0.74166	– 0.41949	– 0.12004	– 0.12629
江永县农信联社	– 0.53472	– 0.25956	– 0.22597	0.148656	0.196211
江华县农商行	– 0.25629	0.233964	0.13272	2.045281	2.450242
蓝山县农信联社	– 0.27139	0.167505	0.017661	0.068155	0.2133
新田县农信联社	– 0.62321	– 0.39541	– 0.4024	– 0.18922	– 0.08528
双牌县农村信用合作联社	– 0.35094	0.135155	0.185985	0.28295	0.467614
岳阳楼区信用联社	– 0.31256	– 0.50221	– 0.58356	– 0.17152	– 0.09312
云溪区信用联社	– 0.98333	– 0.66372	– 0.40475	– 0.54713	– 0.43243
君山区信用联社	– 0.30277	0.548954	0.010901	0.764256	0.221753
华容县信用联社	– 0.22428	– 0.22594	– 0.19058	0.413683	0.197554
湘阴县信用联社	– 0.39903	– 0.61017	– 0.2539	– 0.02722	– 0.02091
平江县信用联社	– 0.91639	– 0.99507	– 0.92249	– 0.27425	– 0.01092
汨罗市信用联社	– 0.20356	0.334191	0.446196	0.354704	0.272557
临湘市信用联社	– 1.00094	– 0.68631	– 0.37692	– 0.06649	0.115685
岳阳县信用联社	– 1.45139	– 1.19807	– 1.1545	– 0.98574	– 0.54616
鼎城区农信联社	– 1.08396	– 0.30388	0.004089	– 0.0535	– 0.11607
武陵区农信联社	– 0.5649	– 0.13763	0.008637	0.399483	0.200875
汉寿县农信联社	– 0.71653	0.050101	0.025371	0.553488	0.423627
澧县农信联社	– 0.65569	0.056366	0.406827	0.42089	0.250621
临澧县农信联社	– 0.3468	0.196445	0.214431	0.333238	0.017676

续表

年份 绩效 银行	2006	2007	2008	2009	2010
津市市农信联社	- 0. 62145	- 0. 13005	0. 019526	0. 518398	0. 255587
石门县农信联社	- 0. 8428	- 0. 33108	- 0. 0166	0. 064713	0. 092372
桃源县农信联社	- 1. 09223	- 0. 23893	- 0. 44582	- 0. 26196	0. 048526
安乡县农信联社	- 0. 4653	0. 360042	0. 226442	0. 304095	0. 375207
北湖区农信联社	- 0. 48644	- 0. 18442	- 0. 1918	0. 315139	0. 104838
苏仙区农信联社	- 0. 6105	- 0. 15847	- 0. 19385	0. 08998	0. 179201
资兴市农信联社	- 0. 38163	- 0. 12951	- 0. 29738	0. 079636	0. 072523
安仁县农信联社	- 0. 85557	- 0. 5449	- 0. 25457	- 0. 01627	0: 163445
永兴县农信联社	- 0. 6542	- 0. 17306	- 0. 11502	0. 222272	0. 128153
桂阳县农信联社	- 0. 90353	- 0. 18976	- 0. 03469	0. 326059	0. 125567
嘉禾县农信联社	- 0. 6131	- 0. 08471	- 0. 03324	0. 048333	- 0. 01642
临武县农信联社	- 0. 18371	0. 224646	0. 091567	0. 287607	0. 540203
宜章县农信联社	- 0. 56034	- 0. 17584	- 0. 27661	0. 345212	1. 804857
汝城县农信联社	- 0. 44353	- 0. 17314	- 0. 17111	0. 165895	0. 067358
桂东县农信联社	- 0. 10222	0. 367745	0. 207884	0. 987575	1. 60656
常宁县农信联社	- 0. 62356	- 0. 13304	- 0. 26085	0. 180434	0. 315355
衡东农信联社	- 0. 45142	0. 243364	- 0. 01666	0. 028582	0. 104892
衡阳县农信联社	- 0. 49477	- 0. 09394	0. 34501	- 0. 14349	0. 031678
南岳农信联社	- 0. 30136	0. 422988	0. 24292	1. 002585	1. 15687
祁东县农信联社	- 0. 55259	0. 06481	- 0. 05311	0. 03656	0. 060632
珠晖区农信联社	- 0. 88709	- 0. 53341	- 0. 60396	- 0. 32371	0. 547116
雁峰区农信联社	- 0. 61205	- 0. 13005	- 0. 2392	0. 25263	0. 22777
耒阳市农村信用	- 0. 61944	- 0. 15817	0. 159221	0. 063662	0. 317821
蒸湘区农信联社	- 0. 44784	0. 273016	0. 253872	0. 261442	0. 536434
石鼓区农信联社	- 0. 55502	- 0. 18175	0. 013831	0. 758234	0. 66057
衡南农信联社	- 0. 80652	- 0. 00569	- 0. 2207	- 0. 17856	0. 119146
衡山县农信联社	- 0. 47351	0. 162558	0. 070603	0. 396848	- 0. 04748
鹤城区农村信用联社	- 0. 93475	- 0. 74617	- 0. 22057	0. 261507	0. 454623
洪江市农信联社	- 0. 46753	- 0. 05503	- 0. 00226	0. 164954	0. 711369
麻阳县农村信用联社	- 0. 64767	- 0. 28512	- 0. 35553	- 0. 19446	0. 188605

续表

银行 \ 绩效 \ 年份	2006	2007	2008	2009	2010
靖州县农村信用联社	− 0.58083	− 0.43001	− 0.31099	− 0.09783	0.087071
溆浦县农村信用联社	− 0.53924	− 0.65367	− 0.45953	− 0.2098	− 0.04866
洪江区农村信用联社农信联社	− 0.71337	− 0.44767	− 0.578	− 0.23111	− 0.15383
沅陵县农村信用联社	− 1.01594	− 0.50731	− 0.36207	− 0.22827	0.101553
会同县农村信用联社	− 0.44318	0.044338	0.061873	0.295691	0.365407
中方县农村信用联社	− 1.1199	− 0.32992	− 0.37246	− 0.07396	− 0.08634
芷江县农村信用联社	− 0.63653	− 0.28831	0.033375	0.729745	1.200057
新晃县农村信用	− 0.35532	− 0.08664	− 0.03863	0.262695	0.179171
通道县农信联社	− 0.11174	0.037741	0.090501	0.791201	0.544621
辰溪县农村信用联社	− 0.50603	− 0.01854	− 0.03915	0.199893	0.304841
娄星区农信联社	− 0.45351	− 0.05811	0.256045	0.181171	− 0.02946
双峰县农信联社	− 0.64302	− 0.59351	− 0.59067	− 0.3758	− 0.17778
冷水江市农信联社	− 0.66081	− 0.05912	− 0.25303	0.172995	0.896162
涟源市农信联社	− 0.79985	− 0.25876	− 0.1823	− 0.08203	− 0.11326
新化县农信联社	− 0.82056	− 0.46556	− 0.32876	− 0.25106	− 0.12567
隆回县农信联社	− 0.22936	0.191181	0.135655	0.293261	0.551378
洞口县农合行	0.177437	0.650238	0.401544	0.290377	0.611917
邵阳市中心农信联社	− 0.06483	0.82825	0.669671	0.980725	1.269022
城步县农信联社	− 0.32235	0.25563	0.266756	0.194776	0.052366
邵阳县农村信用信联社	− 0.11288	0.251288	0.188061	0.242406	0.406287
新邵县农信联社	− 0.11183	0.134957	0.120898	0.16329	0.297567
绥宁县农村信用合作联社	− 0.08058	0.331453	0.288383	0.252589	0.232401
邵东县农信联社	− 0.31801	0.298115	0.002795	0.130857	0.224966
城郊农信联社	− 0.17871	0.277813	0.205701	0.208417	0.250065
武冈市农信联社	− 0.14112	0.311256	0.514625	0.402686	0.239993
新宁县农信联社	− 0.30025	0.213526	0.106	0.15935	0.234413
湘潭县农信联社	− 0.49947	0.013326	− 0.02118	0.114573	0.171283
湘乡市农信联社	− 0.19009	0.04921	0.19189	0.178262	0.243354
韶山市农村信用合作联社	− 0.35484	0.095237	0.182049	0.339185	0.134108
岳塘区农信联社	− 0.25941	0.252164	0.302223	0.908833	1.611791

续表

年份 银行 / 绩效	2006	2007	2008	2009	2010
雨湖联社农信联社	− 0.07643	0.11655	0.306922	0.420849	0.573443
吉首市农信联社	0.056727	0.673558	0.396749	0.589867	0.686238
泸溪县农信联社	− 0.27539	0.266665	0.401944	0.429165	1.08316
凤凰县农信联社	− 0.09246	0.80342	0.609678	0.77233	1.160321
花垣县农信联社	0.031579	0.778111	0.267594	0.450919	0.774304
保靖县农信联社	− 0.24597	0.697511	0.135173	0.466565	0.532334
永顺县农信联社	− 0.24115	0.273772	0.536279	0.38892	0.765881
龙山县农信联社	− 0.21929	0.884324	0.723637	0.92164	1.005572
古丈县农信联社	0.170307	0.458647	0.525096	0.857285	1.214919
沅江市农信联社	− 0.87761	− 0.38905	− 0.01583	0.085089	0.042345
赫山区农信联社	− 0.72242	− 0.22628	0.113471	0.219879	0.202413
桃江县农信联社	− 0.37947	0.111844	0.259956	0.359508	0.276415
南县农信联社	− 0.65356	− 0.01518	1.291939	0.557861	0.692263
资阳区农信联社	− 0.57063	− 0.09959	0.156435	0.198676	− 0.15259
安化县农信联社	− 0.50844	− 0.25196	− 0.21192	0.002641	0.03247
永定区农信联社	− 0.55981	0.246306	0.123314	0.328753	0.540537
武陵源区农信联社	− 0.85814	0.272349	0.12303	0.306876	0.405262
桑植县农信联社	− 0.44615	0.104985	− 0.06176	0.040863	0.268945
慈利县农信联社	− 0.3414	0.182291	− 0.14386	0.105566	0.117043
醴陵市农信联社	− 0.3314	− 0.11134	− 0.13264	0.205289	0.5007
炎陵县农商行	− 0.10221	0.206342	0.857411	2.058364	2.824889
茶陵县联社农信联社	− 0.61983	− 0.34539	− 0.31455	− 0.25768	− 0.09185
株洲县农信联社	− 1.40208	− 0.51703	− 0.53728	− 0.0424	− 0.0974
攸县农村信用合作联社	− 0.34744	0.201282	0.793307	0.656377	0.446713
天元区农信联社	− 0.71045	0.073217	0.389019	0.802697	0.893906
株洲市城郊农信联社	− 2.39968	− 0.49907	− 0.59532	− 0.01742	0.059688

8.2   中美中小银行经营绩效的影响因素分析

8.2.1   中美中小银行经营绩效影响因素的分析框架

本章将中小银行可持续发展的影响因素分为宏观环境、市场结构、经营模式和公司治理四个方面，对中美中小银行的比较也是基于这四个方面展开。中小银行经营绩效的影响因素因而也分为这四个方面，其中宏观环境和市场结构为外部因素，指不受银行管理层控制的影响因素；经营模式和公司治理为内部因素，各银行的内部因素存在一定的差异，是影响银行经营绩效和可持续发展的内因。

下文将选择合适指标构建影响中小银行经营绩效的上述四个影响因素指数，收集相关的数据，试图检验这些因素的影响显著性如何。指标的选择是在借鉴参考了国内外研究银行经营绩效影响因素的相关文献基础上，根据样本数据的可得性，并通过变量的相关性检验，剔除了相关性较高的指标形成的。

8.2.1.1   美国中小银行经营绩效的影响因素的指标构成

根据美国中小银行相关数据的可获得性，本章选择反映美国中小银行经营绩效四个影响因素的指标体系如表 8 – 12 所示。

表 8 – 12   美国中小银行经营绩效影响因素的指标构成

影响因素	指标名称
宏观环境 F1	实际 GDP 增长率
	货币供应量
市场结构 F2	银行业集中度 HHI
经营模式 F3	存贷比
	净息差
	非利息收入比总资产
公司治理 F4	人均资产
	人均薪酬
	员工、股东贷款占总贷款的比例

宏观环境方面选择了实际 GDP 增长率和货币供应量指标。经济增长率的高低体现了一个国家或地区在一定时期内经济总量的增长速度，也是衡量一个国家或地区总体经济实力增长速度的标志，反映了经济社会发展状况。货币供应量反映了国家的货币政策，将其作为与银行制度相关的指标。

市场结构因素方面，选取银行业集中度 HHI 指标衡量，能够较好地综合反映市场竞争情况。适度的竞争能促进中小银行提高经营绩效水平，过于激烈的竞争格局和较为集中的市场结构都不利于中小银行关系型贷款的发展，会影响中小银行比较优势的形成。

银行经营模式的不同带来了银行在市场中的服务理念和业务定位的不同，使得银行在市场上的竞争力和市场份额存在差异，进而影响银行的经营绩效。选取美国中小银行的存贷比、净息差、非利息收入比总资产来代表银行经营模式的区别。存贷比体现了银行贷款与存款的匹配关系，存贷款作为传统的银行业务，银行在风险可控的情况下会追求对存款资金做最大化收益的投放，但存贷比过高又存在流动性风险，存贷比的不同体现了银行的不同经营模式选择。净息差 = （银行全部利息收入 – 银行全部利息支出）÷全部生息资产，能够反映银行利息收益状况。非利息收入比总资产指标则能够反映银行在传统业务之外的收入状况。

公司治理结构方面，选取人均资产、人均薪酬、员工和股东贷款占总贷款的比例三个指标作为银行公司治理水平的代表。人均资产与管理效率和规模经济相关。人均薪酬则体现公司治理中的激励机制。员工和股东贷款占总贷款的比例体现银行内部人士的贷款比例。

8.2.1.2 中国中小银行经营绩效的影响因素的指标构成

对中国城市中小银行的经营绩效影响因素进行分析，宏观环境和市场结构的外部影响因素指标构成与美国相同。而在内部影响因素指标设计方面，根据样本数据的可得性，与美国中小银行影响因素的指标有所区别。在经营模式方面，除了净息差、非利息收入比总资产、存贷比之外，还补充了最大十名客户贷款比例指标。最大十名客户贷款比例体现贷款的客户集中度，客户集中度越高，越不利于中小企业贷款。在公司治理方面，具体指标除了包括人均资产、人均薪酬外，还增加了前十大股东占比、董事会规模、员工素质指标。前十大股东占比反映银行的股权结构情况。董事会规模和员工素质反映银行的治理机制情况。中国城市中小银行经营绩效影响因素的具体指标构成如表 8 – 13 所示。

表 8 – 13　　　　　中国城市中小银行经营绩效的影响因素指标构成

影响因素	指标名称
宏观环境 F1	实际 GDP 增长率
	货币供应量
市场结构 F2	银行业集中度 HHI
经营模式 F3	存贷比、净息差、
	非利息收入比总资产、最大十名客户贷款比例
公司治理 F4	人均资产、人均薪酬
	前十大股东占比、
	董事会规模、员工素质

中国农村中小银行经营绩效影响因素的构成指标如表 8 – 14 所示。由于中国农村中小银行的完整数据较难获得，仅收集到 2010 年影响因素的指标样本数据。利用这些农村中小银行所在的县域金融生态评估得分、县域银行业集中度 HHI 分别代表宏观环境和市场结构因素。在经营模式方面，包括存贷比、非利息收入比总资产、单一贷款集中度指标。人均薪酬、内部职工持股占比、内部职工及其亲属贷款占总贷款比重则作为公司治理因素的代表指标。

表 8 – 14　　　　中国农村中小银行样本经营绩效的影响因素指标构成

影响因素	指标名称
宏观环境 F1	县域金融生态评估得分
市场结构 F2	县域银行业集中度 HHI
经营模式 F3	存贷比
	非利息收入比总资产
	单一贷款集中度
公司治理 F4	人均薪酬
	内部职工持股占比
	内部职工及其亲属贷款占总贷款比重

8.2.2　中美中小银行经营绩效影响因素的实证分析

8.2.2.1　影响因素的度量

根据中美中小银行经营绩效的影响因素具体构成指标，本章对四个影响因素分别进行了标准化指数度量。由于各个指标对应的原始数值量纲不同，本章在构建各因素具体度量指数时采用了对各指标原始数据予以标准化处理的方法，统一量纲。考虑到各指标对经营绩效的具体作用也存在正向和负向的不同影响，本章根据各指标与经营绩效得分的相关性检验，判断各指标对经营绩效的具体作用方向，将负相关的指标作正向化处理，从而将所有指标统一为正向指标。经过标准化和正向化处理后的指标，便可以通过加权汇总的方式，形成四个方面影响因素的具体指数。本章以简单平均的方式确定各指标的权重，即如公司治理影响因素由三个具体指标构成，则这三个指标各占三分之一的权重。本章在市场结构方面选择的指标仅包括银行业集中度 HHI，由于该指数已经能够较好地反映市场结构状况，因此市场结构因素不需要再做加权汇总。在对中国农村中小银行经营绩效的实证检验中，宏观因素采用的是县域金融生态评估得分。这是利用湖南大学金融管理研究中心与中国人民银行长沙中心支行合作进行的湖南省金融生态评估结果（本书作者参与了这一评估工作），该评估从经济基础、司法环境、行政环境、信用环境和金融服务环境五个方面综合地对湖南省的县域金融生态环境进行了考量，能较好地体现本章所指的宏观环境的整体情况。由于该得分已经是基于层次分析法计算的综合性得分，因此不需要再对该指标作处理，可以直接作为衡量宏观环境因素的指数。

8.2.2.2　模型构建和参数估计

在以上影响因素度量的基础上构建银行经营绩效的影响因素分析模型。将各银行经营绩效得分值作为被解释变量，将银行业经营绩效四个影响因素作为解释变量，建立模型进行回归分析。由于本章对四个方面影响因素的指标都经过了标准化和正向化处理，因此这四个因素的回归系数都应为正值，即存在正向影响，之间的差异仅表现为回归系数的大小和显著性水平。至于各因素的具体影响作用，则需要根据该因素的指标构成作具体分析。

通过对美国中小银行 2002 年至 2011 年样本面板数据进行 F 检验和 Hausman 检验。F 检验结果表明，该面板数据适合采用固定效应模型，拒绝混合模型；Hausman 检验结果表明该面板数据适合采用固定效应模型，拒绝随机效用模型。因此对美国中小银行的面板数据的回归模型采用固定效应模型如下：

$$Y_{it} = c_i + \alpha_1 F1_{it} + \alpha_2 F2_{it} + \alpha_3 F3_{it} + \alpha_4 F4_{it} + u_{it} \qquad (8.6)$$

基于模型（8.6）对美国中小银行的经营绩效得分回归结果如表 8 – 15 所示，R^2 为 0.830，回归模型具有较好的解释度。回归结果显示，宏观环境、市场结构、经营模式和公司治理四个因素都对美国中小银行经营绩效存在显著影响。其中，宏观环境对经营绩效的影响最为显著，其他三个方面的影响因素作用程度基本相当。

表 8 - 15　　　　　　　　　美国中小银行经营绩效的影响因素回归结果

影响因素	系数	标准差	T 统计量	P 值
宏观环境	0.516	0.111	4.655	0.000
市场结构	0.366	0.085	4.324	0.000
经营模式	0.347	0.116	3.000	0.003
公司治理	0.380	0.081	4.673	0.000
截距项	-4.159E-16	0.058	0.000	1.000
R²	0.830	—	—	—
F 统计量	53.693	—	—	—
F 统计量检验值	0.000	—	—	—

通过对中国城市中小银行 2005 年到 2011 年样本面板数据进行 F 检验和 LM 检验，结果表明，中国 13 家城市中小银行样本数据不适合采用固定效应模型和随机效应模型，因此，采用混合模型（8.7）进行回归分析：

$$Y_{it} = c + \alpha_1 F1_{it} + \alpha_2 F2_{it} + \alpha_3 F3_{it} + \alpha_4 F4_{it} + u_{it} \tag{8.7}$$

表 8 - 16 是对中国 13 家城市中小银行的经营绩效回归结果。四个影响因素中，只有市场结构因素对样本银行的经营绩效存在显著影响，其他三个方面因素都不显著。

表 8 - 16　　　　中国城市中小银行样本经营绩效的影响因素回归结果

影响因素	系数	标准差	T 统计量	P 值
宏观环境	0.108	0.267	0.406	0.687
市场结构	0.396	0.133	2.987	0.004
经营模式	0.354	0.355	0.999	0.322
公司治理	0.205	0.246	0.834	0.408
截距项	-0.198	0.101	-1.969	0.054
R²	0.727	—	—	—
F 统计量	43.091	—	—	—
F 统计量检验值	0.000	—	—	—
D - W 统计量	1.822	—	—	—

由于中国农村中小银行的完整数据更难获得，在仅收集到 2010 年的 111 家农村中小银行经营绩效影响因素的样本数据的基础上，采用截面回归模型（8.8）进行回归分析：

$$Y_i = c + \alpha_1 F1_i + \alpha_2 F2_i + \alpha_3 F3_i + \alpha_4 F4_i + u_i \tag{8.8}$$

对中国农村中小银行的经营绩效回归结果如表 8 – 17 所示。回归结果表明四个影响因素对中国农村中小银行经营绩效的影响都比较显著，其中经营模式和公司治理因素的影响程度更大，宏观环境的影响居中，市场结构的影响程度最小。

表 8 – 17   中国农村中小银行样本经营绩效的影响因素回归结果

影响因素	系数	标准差	T 统计量	P 值
宏观环境	0.206	0.091	2.266	0.025
市场结构	0.167	0.089	1.872	0.064
经营模式	0.375	0.168	2.228	0.028
公司治理	0.351	0.151	2.324	0.022
截距项	– 5.955E – 16	0.088	0.000	1.000
R^2	0.716	—	—	—
F 统计量	42.369	—	—	—
F 统计量检验值	0.000	—	—	—
D – W 统计量	2.021	—	—	—

8.3   中美中小银行经营绩效的影响因素对比分析

8.3.1   中美中小银行经营绩效的影响因素实证结果比较

表 8 – 18 总结了中美中小银行经营绩效的影响因素实证研究中的各因素回归系数结果。从表中回归系数的显著性水平来看，美国中小银行经营绩效的影响因素的模型回归结果最好，四个影响因素都达到了 1% 的显著性水平。对中国农村中小银行经营绩效的影响因素回归结果较好，四个方面的影响因素中只有市场结构是 10% 的显著性水平，其他三个方面因素都达到了 5% 的显著性水平。而对中国 13 家城市中小银行的经营绩效回归结果则只有市场结构因素对经营绩效存在 1% 显著性水平的影响，其他三个方面因素的影响都不够显著。这与样本容量较少和指标的数据可得性相关，美国中小银行的样本时间跨度较大，中国农村中小银行的样本数量也较多，因此回归结果相对较好。样本中，中国 13 家城市中小银行都属于中小银行中资产规模较大，数据披露比较规范的银行，各家银行的绩效表现在城市中小银行中都比较好，不存在大的差距；

而且从样本数量上看，尚不到中国城市商业银行 144 家总量的十分之一。因此，这 13 家样本银行的回归结果并不能完全代表中国城市中小银行经营绩效受各方面因素影响的程度。可以作出合理的推理，如果中国城市中小银行的样本数足够大，同样可得出中国农村中小银行和美国中小银行的实证分析结论，即四个影响因素均对经营绩效存在显著影响。

表 8 - 18　　　　　中美中小银行经营绩效的影响因素回归系数对比

影响因素　＼　银行样本	美国中小银行	中国城市中小银行	中国农村中小银行
宏观环境	0.516 *** (4.655)	0.108 (0.406)	0.206 ** (2.266)
市场结构	0.366 *** (4.324)	0.396 *** (2.987)	0.167 * (1.827)
经营模式	0.347 *** (3.000)	0.354 (0.999)	0.375 ** (2.228)
公司治理	0.380 *** (4.673)	0.205 (0.834)	0.351 ** (2.324)

注：括号内为 t 统计量，*** 、** 和 * 分别表示在 1% 、5% 和 10% 水平下显著。

从回归系数的大小来看，美国中小银行的回归系数表明宏观环境的影响最为显著。这一点从美国中小银行的经营绩效得分波动情况也可以看出，次贷危机之后，美国中小银行的经营绩效得分有了明显的下降，充分体现了中小银行经营状况受宏观环境的影响。中国农村中小银行的经营绩效同样受宏观环境的影响，但是受影响程度不如美国突出。这可能与中国近年来宏观环境比较稳定有一定关系。

从市场结构因素的影响来看，对美国中小银行、中国城市中小银行样本和农村中小银行样本的实证结果都表明，中小银行经营绩效受市场结构的显著影响。相对来说，美国中小银行和中国城市中小银行受市场结构的影响程度更大，而中国农村中小银行受市场结构影响的程度在四个影响因素中是最小的，且显著性水平为 10% 。对中国城市中小银行的经营绩效回归模型中，市场结构是唯一的显著性因素，充分表明了市场结构对中小银行经营绩效的重要影响。

从经营模式因素来看，美国中小银行受该因素的影响程度是所有因素中最弱的。这可能是由于美国中小银行整体而言经营模式比较近似，与大型银行的差异性更明显，因此受该因素的影响相对较小。而中国农村中小银行的经营绩效受经营模式的影响最大，说明中国农村中小银行尽管经营地域都在农村，服务对象都为农户，但是仍然存在经营模式的差异，可以带来经营绩效的不同表现。就中小银行比较优势的形成而言，经营模式也是最关键的核心。

公司治理是美国中小银行和中国农村中小银行的第二大影响因素。在中小银行关系型贷款比较优势的形成机制中，公司治理是与经营模式相关联配合的重要因素，从实证结果来看，美国中小银行和中国农村中小银行受公司治理因素的影响程度基本与受经营模式的影响程度是相当的。

总体而言，实证结果充分表明了前文总结的宏观环境、市场结构、经营模式和公司治理这四个方面的因素确实对中小银行经营绩效存在显著影响。因此，外部环境和内部动力的协同促进，有利于中小银行经营绩效的提高。

8.3.2　中美中小银行经营绩效的影响因素具体作用比较

由于本章对四个影响因素的构成指标都采用了标准化和正向化的统一处理，因此回归系数都为正值，但是各影响因素的具体构成指标对经营绩效的影响如何，还需要从各个指标来作细致分析。

1. 宏观环境因素

美国宏观环境因素的指标包括经济增长率和货币供应量，两者都对中小银行经营绩效存在正向影响。经济增长时期，市场会扩大；相反，经济停滞时，市场会萎缩。经济增长率越高，则说明经济发展处于上升期，需要大量信贷资金支持实体经济发展，故中小银行经营绩效也将相应得到改善。货币供应量的增加，则说明国家采取相对宽松的货币政策来刺激经济增长，相应的对中小银行经营有正向影响。对中国农村中小银行的实证研究利用了更全面反映宏观环境的金融生态评估得分，由于该得分能从经济基础、司法环境、行政环境、信用环境和金融服务环境五个方面综合地对金融生态环境进行度量，能较好地体现本章所指的宏观环境的整体情况，这五个方面的环境优化对农村中小银行机构的经营绩效存在显著的正向影响。

2. 市场结构因素

美国中小银行和中国城市中小银行的实证结果都表明银行业集中度 HHI 对银行经营绩效存在负向影响。当银行业集中度较高时，银行业进入和参与的难度较高，银行机构没有能够形成优胜劣汰的竞争机制，行业存在垄断的现象，银行风险意识和盈利能力都受到影响，对银行经营绩效存在不利影响。银行业越集中，越不利于中小银行的发展，会造成中小银行经营绩效的下降。美国银行业仍属于较为分散的市场结构，中国银行业集中度虽然近些年不断下降，但仍然显著高于美国，银行业竞争程度低于美国。从现实情况来看，优化市场结构和增加行业竞争对提高中国中小银行经营绩效是有利的。但是，县域银行业集中度 HHI 对中国农村中小银行的经营绩效却存在正向影响。这表明县域银行市场越集中，农村中小银行的经营绩效越好。从中国农村金融的现实状况来看，在四大国有银行撤出农村金融网点之后，农村中小银行在农村更是绝对的主力。这种高度集中的市场结构对于当前农村中小银行获取垄断利润是有利的，但从长远来看，垄断的市场结构不利于中小银行形成竞争意识和加强管理，更不利于中小银行关系型贷款的发展及解决农户和小微企业贷款难问题。长此以往，对农村中小银行的经营绩效反而会存在不利影响。因此，尽管实证结果表明目前县域银行集中度高对农村中小银行经营绩效存在正向影响，但从发展的角度来看，农村银行市场需要引入更多竞争，降低市场集中度，进一步优化农村银行市场结构。

3. 经营模式因素

美国中小银行经营模式指标中的存贷比和净息差指标对经营绩效存在正向效应。美国银行业的存贷比并不是银行监管部门的监管指标，整体而言美国中小银行的存贷比明显低于大型银行，从安全性角度来看更为稳健。美国中小银行在稳健经营的同时，通过提高存贷比能更充分地利用存款获取贷款收益，有利于银行经营绩效的提高。美国中小银行的中小企业贷款比重更大，净息差相对大型银行更高。净息差的正向影响表明美国中小银行的传统型存贷款业务的重要性。存贷比对中国农村中小银行经营绩效存在负向影响，表明资产与负债的对称性有利于银行经营绩效提高。存贷比在中国是银行业的重要监管指标，在《中华人民共和国商业银行法》中明确该比例不得超过 75%。从整体来看，中国中小银行的存贷比要高于大型银行，吸收存款压力更大。贷款是中国银行业的主要资产，也是中小银行收入的主要来源，要降低该比例意味着要相应地增加存款。在 2012 年 6 月中国人民银行首次允许存款利率一定区间的浮动后，几乎所有银行都将存款利率上浮，特别是中小银行更多选择"一浮到顶"，表明了其吸收存款压力较大。非利息收入比总资产对美国中小银行的经营绩效存在正向影响，表明美国中小银行虽然以传统业务为核心，但是在竞争激烈的情况下注重业务开拓，发展非利息收入有利于提高其经营绩效。而对中国农村中小银行的经营绩效存在负向影响，说明突出银行的存贷款基本业务更有利于农村中小银行经营绩效的提高。单一贷款集中度指标对中国农村中小银行的经营绩效存在负向影响，集中的贷款投放与农村中小银行服务"三农"和中小企业的目标定位也不相符。

4. 公司治理因素

从公司治理方面的具体指标来看，人均薪酬对美国中小银行和湖南省农村中小银行的经营绩效都存在正向影响，表明收入激励能提高员工的工作积极性，促进中小银行经营绩效的提高。美国中小银行的人均资产对绩效同样存在正向影响。通常人均资产大的银行由于规模的增加，在组织协调等管理方面的难度也增大。该指标的正向影响表明，美国中小银行在人均资产增长的同时可以通过提高管理效率、减少组织协调摩擦等手段，享有规模经济性带来的有节约成本、提高绩效的好处。美国中小银行的员工、股东贷款占总贷款的比重对经营绩效存在正向影响。美国中小银行对员工和股东发放的贷款明显高于大型银行，这些内部贷款看似表明内部人控制现象严重，但对经营绩效的正向影响说明内部贷款有利于提高中小银行绩效，正体现了中小银行公司治理与经营模式定位相适应，贷款业务以对熟悉的客户发展关系型贷款业务为主。而中国农村中小银行的内部职工及其亲属贷款占总贷款比重对经营绩效存在负向影响，其原因可能在于中国农村中小银行的内部贷款投放存在一定的讲人情因素，内部人士可能侵占了银行利益，对银行经营绩效造成了不利影响。中国农村中小银行的内部职工持股占比的正向影响则表明了产权激励的作用，提高内部持股比例有利于加强激励和监督，提高中小银行经营绩效。

8.4　本章小结

本章是在前文理论分析和中美中小银行的现实比较的基础上，通过选择样本数据度量了中小银行的经营绩效，综合考察宏观环境、市场结构、经营模式和公司治理因素对中小银行经营绩效影响的显著性如何。实证结果表明以上因素对中小银行的经营绩效均存在显著影响。宏观环境是中小银行生存和发展的基础，对中小银行经营绩效存在显著的正向影响。加大银行业竞争力度，降低市场集中度更有利于促进中小银行经营绩效的提高；中国农村中小银行的经营绩效目前与市场集中度正相关，但从长远来看，引入更多的农村中小银行业机构，加大金融市场竞争的力度，更有利于促进中小银行比较优势的发挥即促进关系型贷款的发展。经营模式对中小银行经营绩效具有显著影响，但存贷比、非利息收入比总资产等具体指标对美国中小银行和中国农村中小银行的具体作用存在区别。从公司治理因素来看，人均薪酬、员工持股比例、员工及其亲属贷款比重等指标都对经营绩效存在影响，表明中小银行的发展应注重银行的产权结构、薪酬激励、内部人控制等方面。实证结果证明了，外部环境和内部动力的协同促进有利于中小银行经营绩效的提高。良好的宏观环境、市场结构、经营模式和公司治理对中小银行的可持续发展具有关键促进作用。

9

中国中小银行发展的战略思考与对策建议

中小银行是中国金融体系的重要组成部分，其发展战略定位应服从和服务于国家整体经济和金融发展战略。在前文比较的基础上，借鉴美国中小银行的银行发展经验，中国地方中小银行可持续发展有赖于进一步优化外部宏观环境，培育竞争型的银行市场结构，加快推进经营模式转型，并构建激励相容的公司治理结构。

9.1 中国中小银行发展的战略方向

现代金融发展理论认为，经济发展与金融发展密不可分，经济发展是金融发展的基础，同时金融发展也对经济发展有推动促进作用。因此，经济发展水平和阶段决定了银行发展的深度与广度，银行的发展既取决于经济发展所提供的基础，也可以为促进经济发展提供金融资源。中国中小银行发展的战略方向应该立足于中国经济发展的水平和阶段，服从于国家整体经济发展战略，特别要与经济结构相适应，与产业结构相契合，与企业结构相匹配。根据国际上关于经济结构、产业比例的经验判断，中国已步入中等收入国家行列，处于初等发达时期，经济发展的主要任务是弱化二元经济结构，经济发展的战略选择是非均衡协同发展战略，建立和培育不同层次的经济发展极体系是实施中国初等发达时期经济发展的战略重点之一。[9]中小银行发展的战略使命应是当地发展极的金融支撑，这是中小银行的历史使命，也是其生存发展的基础。中小银行发展的战略目标应为：立足发展极建设，有效提供资金融通和其他金融服务，充分发挥在发展极形成、极化和扩散过程中金融支撑的特定功能，促进符合现代经济发展需要的生产方式快速转变，建成具有自身特色的社区型现代金融企业。

有了这样的发展战略定位，许多关于中小银行发展中的争议就能够很好地化解。首先，大力发展中小银行应该成为中国金融发展与改革的主要方向。中国目前中小银行虽然为数众多，但市场份额还比较低，与经济结构严重不匹配。开放民间资本，组建更多的中小银行是题中应有之义。其次，中小银行尤其是城市商业银行跨区域经营的问题，不仅学界争论激烈，就连国家政策也是摇摆不定。但如果把这一问题放在前述发展战略的框架中去讨论就很容易解决了。中小银行发展的战略定位是为整个发展极提供金融支撑，这要求中小商业银行自始至终地为地方发展极提供金融支撑。在目前中国已有五大国有商业银行、邮政储蓄银行和 12 家全国性股份制商业银行服务全国的基础上，更多中小银行应该立足于所在地区服务，发挥与地方联系密切、熟悉当地文化的比较优势。跨区域的扩张发展，不仅与经济发展战略相悖，而且会导致人才流失、资本消耗、脱离地方和中小企业，不利于中小银行的可持续发展。最后，要辩证看待"大"与"小"之间的关系。长期以来，"大而不倒"的理念根深蒂固，但事实表明，大不一定意味着强、不一定意味着稳，历史上轰然倒下的大型金融机构并不少见。小也不意味着弱，小也可以有所为，小而强、小而精同样是健全银行体系和社会发展所需要的。因此，中小银行应安分守"小"，不要盲目追求规模扩张。

9.2　优化中小银行发展的宏观环境

宏观环境是中小银行生存和发展的基础，一方面中小银行应适应宏观环境的变化，灵活地调整发展思路和战略定位。另一方面，中小银行的可持续发展和功能的发挥，需要良好的宏观环境。强调中小银行自身建设的同时，构造有助于中小银行发展的金融生态环境至关重要。

9.2.1　创造稳定的宏观经济环境

从长期来看，宏观经济的稳定，取决于中国经济增长模式的改变。经过30 多年的高速增长，投资的资本边际效率正在下降，随着时间的推移，大规模的政府投资拉动只会造成更大的产能过剩和政府债务，给中国经济埋下巨大的隐患。出口方面，2011 年中国出口总量同比增长 20.3%，应该说仍然是相当高的速率，但全年对 GDP 的贡献却为 -5.8%。这说明投资和出口的高峰期已过。而收入分配差距不断拉大，不仅使低收入阶层没能力消费，造成内需乏力，也容易带来不稳定的社会因素。2012年中国经济前进的脚步有所放慢，出口的下滑、产能的过剩，再加之消费的疲软让原本动力十足的"三驾马车"开始举步维艰。应该认识到这种趋势不是暂时出现的，中国宏观经济问题的根源，在于靠投资和出口驱动的经济增长模式需要转变。要解决这一问题的根本出路在于深化经济体制改革和转变经济发展方式，从既有的外源式经济增长、出口导向型经济增长、资源消耗性经济增长，转向内生性经济增长、协调内需市场与外需市场关系的增长、资源节约环境友好型经济的增长。党的十八大所提出的经济建设、政治建设、文化建设、社会建设、生态文明建设并重，全面建设小康社会的总体布局，为创建稳定的宏观经济环境提供了保障，是中小银行业健康发展的前提。

9.2.2　优化中小银行发展的制度环境

优化中小银行发展的制度环境首先需要建立良好的法律环境，不断完善法律法规，提高司法效率。健全的法律制度和严格有效的执法力度是对产权和市场经济原则的有效保护，既能保障金融主体权益，遏制信用欺诈和逃废金融债务等不良行为发生；又能促使银行机构加强内部控制和加强经营管理。

在金融制度方面，历史因素造成中小银行与国有大银行并不在同一个起跑线上，过去政府政策更偏重大银行，对中小银行的发展在诸多方面形成不利约束。随着国家对中小银行的经营发展问题的高度重视，应有更多制度安排促进中小银行发展，体现国家扶持中小银行发展的政策意向。由于竞争的加剧，个别中小银行不可避免地会陷入困境，甚至破产倒闭，在信息不对称的条件下，有可能带来连锁反应，诱发金融危机。因此有必要借鉴发达国家做法，尽快建立存款保险制度。建立健全金融机构风险预警机制，强化对中小银行的监管。同时还应尽快制定颁布有关金融机构市场退出的法律法规，完善与之相配套的实施细则和操作原则，使中小银行市场退出依法有序规范进行。这一系列配套制度既有利于形成良好的市场秩序，促进银行业正常的优胜劣汰和竞争机制的形成；又能够提高中小银行的抗风险能力，增强公众对中小银行的信心，维护金融体系的稳定性。

优化中小银行发展的制度环境，还体现在改善中小银行经营发展所处的行政环境。政府对中小银行要多一些支持，少一点负面干预，要为中小银行确立准确战略定位创造外部的约束与激励机制。[150]激励机制主要在于通过差别性金融政策和税收优惠制度等，促进中小银行制定并坚守其服务地区经济、服务

"三农"和中小企业等的战略定位，通过政策和制度的激励引导中小银行为中国二元经济结构的改变发挥作用；约束机制在于政府和金融监管部门可以通过提高监管标准、制定政策和规则等限制中小银行的盲目扩张、贷款过度集中等不理性行为。不过约束机制应规范，既要加强监管力度，又要注重科学手段，不能一味强制性地过多干涉。

9.2.3　培育良好的社会信用环境

现代市场经济是信用经济，信用交易是现代经济的核心，更是银行经营的核心。银行经营以信用为基础，也面临着信用风险，良好的社会信用环境是市场经济健康发展的基础，更是银行稳健经营的基础。与法律制度相比，信用本是一种成本更低的维持交易秩序的约束，但现实生活中信用的缺失往往需要法制框架将信用制度予以强化。银行则是天然与信用联系在一起的，良好的信用制度对中小银行的产生和发展十分重要。根据中国银行业协会与普华永道联合发布的《中国银行家调查报告（2011）》显示，72.2%的银行认为中国社会信用环境亟须改善，排在金融生态环境亟须改善的各方面的首位。[151]培育良好的信用环境首先从建立健全全国统一的企业和个人信用信息基础数据库入手，积极推动征信立法，建立健全征信管理制度，加强对征信市场的监督管理，依法推动基础数据库逐步与具有合格资质的信用评级、信用评分和信用调查等社会征信机构以及信用担保等市场中介服务机构开展业务合作，以满足市场全方位、多层次、个性化的征信增值服务需求。各级政府要在社会信用建设中发挥带头作用，不断提高政府信用水平。有了廉洁、高效、诚信的政务环境，加上公平公正的良好司法环境，政府带动司法、工商、税务、金融机构、媒体等社会各部门发挥整体合力，及时揭露逃废金融债务行为，联合制裁逃废债严重的企业，有助于形成共同维护社会信用的局面。此外，作为社会信用环境建设基础的企业，应高度重视信用建设，视信誉为生命，创建以诚信为核心的企业文化。作为社会信用环境建设主体的个人，应不断增强信用意识。总之，要在全社会形成守信光荣、失信可耻的氛围和环境，为中小银行的发展创造良好的市场经济信用基础。

9.3　培育有利于中小银行发展的市场结构

合理的银行业市场结构下适度的市场竞争是中小银行比较优势形成和发挥

的关键外部市场因素，因此培育竞争型的市场结构是通过外部激励和压力促进中小银行发展的有效途径。

9.3.1　逐步完善竞争型的市场结构

中国银行业市场集中度近些年来继续降低，银行业市场竞争在不断增强。但是目前中小银行市场份额仍然较小，现阶段中国亟须中小银行发挥更多金融支持作用，需要进一步提升中小银行的市场份额和竞争力。要培育竞争型的银行市场结构，应适当放宽中小银行准入门槛，通过"增量"供给增加市场竞争，大力发展地方中小银行，进一步提高中小银行的市场份额，降低银行市场集中度，逐步优化银行市场结构。中国长期以来民间金融表现活跃，一定程度上弥补了正规金融供给不足，对促进个体私营经济、民营经济和农村经济的发展作出了一定贡献。由于民间金融通常将借贷对象限定在熟知的群体或业务往来单位，能低成本地克服信息不对称问题。这种特点与中小银行通过积累客户关系和充分利用地方信息，从而有效解决信贷活动中信息不对称问题的做法类似，相似特点决定了民间金融与中小银行对接的可能性和必然性。[152] 因此，通过引导民间资金进入中小银行，促进民间金融向村镇银行等地方中小银行发展，是一种增强银行业市场竞争性的有效途径。近年来监管政策已经明确了要鼓励和引导民间资金进入银行业，温州的金融改革试点方案也已经有了促进民间资金进入银行业的具体细则。在试点的基础上，今后可以在全国范围内推广经验，提高银行业市场准入的透明度和增强民间资金进入的可操作性，大力发展地方中小银行，降低银行市场集中度，逐步培育竞争型的银行市场结构。另一方面，应该抓紧建立银行机构的市场退出机制，以市场化的优胜劣汰机制促进银行机构加强风险意识和提高管理能力。这种市场结构不仅能引入更多中小银行机构，增加市场竞争主体，而且能够促进银行业整体效率的提升和盈利能力的增强。

9.3.2　形成差异化的分层竞争格局

从目前现实来看，中国银行市场中的银行机构已经多元化，银行市场中最关键的不是缺乏市场竞争主体，而是还没有形成一种真正的、完全的市场竞争机制，市场中更多是同质化的低层次竞争。借鉴美国中小银行在激烈的市场竞争中通过提高服务水平和突出服务特色，与大型银行在竞争的市场结构下形成分层错位竞争的经验，中国中小银行也应该实施产品差异化手段。从不同地区的银行市场来看，经济发达地区的银行机构较多，经济发展相对落后地区的银行机构相对较少，那么不同地区的竞争格局也存在差异。同样，目前中国城市地区的银行机构较多，竞争比较激烈，而农村的金融供给相对不足，银行机构少。因此，针对市场竞争不足的地区，应该引入更多竞争主体，增加金融供给，促进银行机构的效率提高；而竞争已经充分激烈的市场，更需要银行机构形成差异化的竞争意识，避免恶性竞争。就银行业务而言，中小企业在中国国民经济中起着越来越重要的作用，过去以国有大银行为主的寡头型的市场结构是以国有大中型企业为主要服务对象的，这使得中小企业的发展难以获得与之相适应的金融体制的支持。而且，大型银行在全国或跨区域范围内调配资金，由于资金的逐利性，必然会造成落后地区的资金向发达地区转移，从而加剧了地区发展不平衡。而中小银行具有成本低、经营灵活便捷、集中经营、人缘地缘等方面的优势，与中小企业还具有体制上的对称性，在服务中小企业方面具有比较优势，同时，其资金来源与运用都集中在当地，有利于防止资金地区流动的"马太效应"。因此，不同规模的银行机构在市场竞争中应该形成正确的市场竞争战略，避免盲目竞争和恶性竞争，彼此之间形成差异化的分层竞争，这才是真正有效的竞争机制。国有大型银行和全国性的股份制商业银行具有网点范围广和资金实力强的优势，中小银行就不能与大型银行拼网点数量、遍布范围和扩张速度，更应该利用其当地优势，立足当地，发展当地业务，发展关系型贷款业务，尽可能利用自己的比较优势。在城市与农村不同的银行市场上，银行业竞争格局也有所区别。

9.4　明晰中小银行的经营模式定位

中国中小银行的发展本身承担了特定的历史使命，但作为自主经营的现代金融企业，只有自身明晰了经营模式的定位，自主地根据市场定位选择具体的经营发展模式，才能在可持续发展的基础上，真正完成历史使命。根据前文的分析，总体而言，中国地方中小银行应采取求异型的经营模式，重点体现在服务对象、经营区域和收入结构三个方面。

9.4.1　客户结构中小化

为了突出自身特色，中小银行在客户选择上，应避免与国有大型银行重叠，避免"傍大款"、"垒大户"，避免脱离自身比较优势与大银行争夺大客户、大项目。一是由于中小银行议价能力有限，一味追求与大企业联姻，中小银行可能付出更多成本和更大的代价。二是随着中国资本市场的逐步发展，资本性"脱媒"日益加剧。"十一五"期间资本市场累计融资 2.5 万亿元，2006年中国股市市值全球排名第 13 位，2011 年底全球排名第三，仅次于美国和日本。从债券市场看，2011 年底中国公司信用类债券余额也位居世界第三。这意味着银行间接融资的市场份额面临直接融资的抢夺。大企业通过直接融资渠道相对于中小企业而言更为便利，对间接融资的依赖逐渐减弱。这种形势下，中小银行服务大企业的议价能力越来越低，中小企业更将是中小银行的主要服务对象。三是随着中国经济的快速发展，中小企业在经济发展中的作用也越来越突出，将逐渐受到银行机构的重视，更应该是中小银行的主流客户。中小银行应该注重培养稳定的具有忠诚度的客户，毕竟优质的大客户也可以是由小企业发展壮大而来的。如果中小银行通过关心初创期的小企业，扶持成长期的小企业，可以与小企业共同成长，经过同舟共济、相互支持，有利于形成更稳固和持久的银企关系。小企业金融服务将会成为中国银行业越来越关注的重点，更应该是中小银行选择的"大未来"。同样，对于以服务农村地区为主的农村中小银行而言，专注服务"三农"，培养忠诚客户，才是理想选择。

9.4.2　经营对象地方化

美国社区银行经营模式的最主要特点就是专注于为有限区域内的企业和居民提供服务，其资金主要来源于社区，也运用于当地。社区银行这种扎根当地、服务地方市场的特点，有利于其建立较为稳定的客户关系，也对当地的经济发展起到了推动作用。实践证明，这种经营模式是可持续性的、充满生命力的。当前，中国经济发展中表现出典型的二元经济结构特征，加快改变二元经济结构是新世纪中国经济发展的重大战略任务。社区银行模式能够很好地弱化二元经济结构，促进经济发展。而且，中小银行利用地缘优势打造成真正的社区银行，才能够有效地积累和充分地利用当地信息，发挥关系型贷款优势，低成本地克服信息不对称，从而规避逆向选择和道德风险发生的概率。建议中国中小银行充分借鉴美国社区银行发展经验，不要盲目求大求快求全、超越风险控制能力追求跨区域经营和远距离设立村镇银行，而应脚踏实地、着眼地方、找准定位、做精做细做实，走符合自身实际的特色化、差异化、精细化发展之路。

9.4.3　产品服务个性化

长期以来，中国中小银行的盈利模式较为单一。尽管净手续费及佣金收入份额不断增加，但净利息收入总和在营业收入总和中的占比依然保持绝对的高份额，规模较小的银行对存贷款规模增长的依赖性更强。各家银行之间就只有规模的差别，而无盈利模式的差异。金融危机后，银监会已着手从资本要求、杠杆率、拨备率、流动性等方面厘定最新的监管标准，旨在科学引入《新巴塞尔资本协议》中的新监管指标。新的资本充足率监管标准对核心一级资本、一级资本和总资本三个最低资本要求更加严格，并要求所有银行都设置超额资本以抵御经济周期波动。新的监管标准表明，今后中国商业银行过度依赖于存贷利差的盈利模式是不可持续的，中小银行也必须加快业务结构调整，实现收入结构多元化。此外，中国金融"十二五"规划已经明确表明将加快利率市场化进程，原来靠利率管制政策盲目追求粗放式发展是不可持续的。在利率市场化的初期，银行业所受到的冲击最大，净息差水平将会有明显的下降。在净息差大幅收窄之后，大型银行可以"以量补价"，但中小银行在资产规模和机构网点方面都没有优势，无法与大型银行拼规模，更不可能"以量取胜"，这就势必促进中小银行主动进行创新和发展模式转变，在努力提高贷款收益水平的同时，不断拓展收入来源，开拓有针对性的个性化服务领域，实现收入结构多元化。从资本消耗型业务向资本节约型业务转变，进一步优化业务结构，提升零售业务、中间业务、新兴业务占比，将是未来中国中小银行转型的必由之路。受制于规模实力和技术条件，中小银行在产品开拓和业务创新方面不能与大型银行比丰富程度，而应该充分认识到人性化和面对面的服务是美国中小银行受客户欢迎的关键。在大型银行借助技术优势发展电子化、自动化业务的同时，中国中小银行应该注重交流的人性化，利用个性化的贴心服务赢得客户。

9.5   构建激励相容的公司治理结构

中国中小银行已经建立了股东大会、董事会、监事会和经营管理层的公司治理结构，结构分工明确，各司其职，相互制衡。在实际运行中，部分中小银行的公司治理效率并不高。中国地方中小银行应按照有关法律法规和监管部门的要求，进一步厘清"三会一层"的职责界限，完善公司治理机制，使公司治理机制实现由"形似"到"神似"的转变。

9.5.1　促进产权结构多元化

产权清晰和股权结构优化是公司治理的关键。地方政府处于控股地位是现阶段中小银行产权结构的一大特征。这种产权结构在提升银行信誉、扩大资金来源、化解不良资产包袱、推动地方经济发展方面起到一定的积极作用，但同时地方政府可能出于地方利益和官位升迁的特殊考虑，存在不同程度的行政干预，使地方中小银行公司治理机制弱化。对中国中小银行而言，股权结构的优化更多的是为了解决国有产权虚位或"一股独大"的问题，通过股权优化来明晰产权关系，形成有效的权力制衡关系。为了能够更好地发挥地方政府的积极作用，减少地方政府干预的负面影响，现实选择就是在保持地方政府股权的基础上，通过增资扩股引入新的（包括已有的）的产权主体，能够形成对地方政府的牵制力，具有与地方政府对等的谈判与交易能力，这样，多方博弈均衡的结果必然能寻找到一种有效率的产权结构。这种产权结构要具有"适度集中，相对分散"的特征，形成一定的牵制力。在增资扩股过程中，要规定股东准入的条件，鼓励产权清晰、管理水平高、发展前景好的民营资本、境外战略投资者、其他金融机构等参与入股。

中小银行股权结构的改革，可以通过引进特定战略投资者的方式推进。不过不同的中小银行因为现实条件存在差异，引进战略投资者也应采取不同的路径。对于规模相对较大的城市商业银行，可以通过引进境外战略投资者优化股权结构。成熟的境外战略投资机构如果具有相对规范的公司治理结构、较为健全的内控制度和较高的业务创新能力，那么境外战略投资者的入股还可以引入先进的公司治理机制，有利于增强对管理层的监督，降低代理成本，提高中小银行公司治理水平和经营业绩。近些年，上海银行、南京银行、北京银行已相继引入国际金融公司等外资金融机构，对于其完善公司治理结构、增强经营管理水平均起到积极的作用。今后，有一定实力的、相对成熟和规模较大的中小银行可以继续选择这种股权结构完善和公司治理改进之路。当然，引进后的制度重建和业务创新工作也非常关键。从近年来的中外资银行合作实践看，必须从本土化、文化融合、长期合作目标等方面对外资银行进行遴选，以免因中外文化差异与融合等原因，阻碍中小银行关系型贷款的发展和服务当地经济的功能发挥。公开上市也是成熟的城市或农村商业银行优化股权结构的有效途径之一，通过上市在募集了资金的同时也优化了股权结构，还可借此转换经营机制，完善法人治理结构。

而对于主要在县域经营的农村中小银行而言，引进境外战略投资者的效果则不如实力较强的银行明显，应该注重引进的是战略投资者在业务资源和客户渠道等方面的优势，尽可能形成优势互补，发挥合力。从中小银行立足本地发展的角度考虑，应以本地化经营需要为前提，多引进本地战略投资者，能更好地发挥自身对当地经济和社会环境充分了解的优势，使公司治理与立足当地的业务定位相适应，与当地客户保持长期、稳定的合作关系，发展适合当地企业和经济发展需要的特色服务。对增量的村镇银行，应该尤其注重股权结构问题，加大对民间资本的开放和引进。

9.5.2 充分发挥董事会和监事会职能

由于现代企业股权结构越来越多元化和分散化，生产经营的专业化程度不断提高，因此现代公司治理逐渐由以股东大会为中心向以董事会为中心转化。中小银行必须适应这种趋势，围绕发挥董事会的核心作用、监事会的辅助功能，进一步改革和完善公司治理机制。一是健全董事会的组织架构，下设相应的专业委员会，切实做到协助董事会工作，提出专业意见。二是依法定程序推荐专业素质高、责任心强、懂现代金融管理的优秀人才进入董事会，改善董事会人员构成结构，引进具有专业经验的人出任独立董事，并使之占有相当比例，确保董事会真正拥有决策能力。三是进一步强化监事会的监督职能。一方面要赋予监事会更多的实际权力，包括聘任和解聘董事和经理、监督董事会的决策行为和经理的业务经营、对部分监事的提名权、审核董事会交来的财务报告并提交股东大会审议等。另一方面，严格按照相关法规任职资格条件的规定选配监事，尤其要选择一些具有较强专业水平的外部监事，通过建立内容透明、程序开放的工作流程和评估机制来提高监事会的监督功能和效率，有效地监督银行决策，充分保护利益相关者的利益。四是建立规范的信息报告制度，明确具体的报告内容、时间、频率以及路线等，有效解决董事会、监事会与经营管理层之间的信息不对称问题，避免出现内部人控制现象。

9.5.3 健全科学的激励考核机制

有效的激励考核机制是吸引人才的关键，也是决定中小银行治理水平的重要因素，还是中小银行机制改革创新和增强综合竞争力的重要推动力。一是要建立动态的薪酬管理体系，体现报酬和绩效挂钩，高管收入水平应与银行的盈利状况、资产质量、股东回报、内部控制等主要财务指标和非财务经营指标挂钩。二是体现长期激励与短期激励相结合，使银行董事会成员和高管既要考虑银行的当期收益，又要有利于银行的长期发展。三是积极探索适合银行实际的对员工的多层激励机制，除了薪酬之外，还要采取培训、拓宽员工职业发展、岗位晋升等多元化的激励方式，提升激励效果。四是要建立科学的考核内容和考核办法，在实际运用中要结合银行自身特点，注意减少偏差，排除干扰，定位准确，结构合理，不能简单套用其他银行的固有的考核和评价体系。

结　　论

　　本书基于中国二元经济结构下发展中小银行的积极意义，围绕中小银行比较优势的形成和发挥，系统地比较了中美中小银行的发展历史、现状和影响因素等，希望通过总结美国中小银行发展过程中的经验，结合中国的现实状况，为中国中小银行形成和发挥比较优势提供借鉴，提出促进中国中小银行可持续发展的对策建议。本书的主要结论如下：

　　1. 中小银行可持续发展的理论依据在于中小银行在关系型贷款领域具有比较优势。这一比较优势也是中小银行可持续发展的必要条件。通过对相关理论的梳理并通过对中美中小银行发展实践的比较研究，可以总结出中小银行比较优势所在及其形成机理。金融中介理论说明了银行中介在减少信息不对称方面的积极作用，但金融中介的具体功能和特点随宏观环境变化而发生改变，并受到银行市场的竞争压力影响。银行业规模经济性和范围经济性的存在使得大型银行与中小银行在业务特点、贷款技术、组织结构等方面形成了典型区别。由于中小银行在解决信息不对称问题时存在软信息处理的优势，同时其组织结构和决策机制等公司治理特征更有利于减轻委托—代理问题，因此奠定了中小银行的关系型贷款优势论。本书对中美中小银行的比较研究建立在上述理论基础之上，研究的逻辑是分别从宏观环境、市场结构、经营模式和公司治理四个方面展开，最后形成一个整体的中小银行发展的理论框架。

　　2. 发展中小银行对于缩小地区经济差异、解决二元经济结构和促进经济增长具有积极作用。实证分析表明，地区经济差异和金融差异对于经济增长存在不利影响，缩小地区金融差异对于减少地区经济差异有显著的积极作用。相对于国有银行而言，以农村信用社为代表的中小银行的发展对缩小地区经济差异的影响更加显著。因此，中小银行的功能定位应当在于，在当地经营，服务于地方经济发展。美国中小银行在历史的长期发展过程中为服务地方和减少地区差异方面发挥了重要作用，虽然美国中小银行数量随经济环境和银行业制度的变化在不断减少，但这些中小银行的整体盈利能力、经营稳定性和地方服务功能等都表现良好。中国的中小银行发展迅速，在服务中小企业、增强农村金融供给、缩小地区经济差异等方面都发挥了重要作用。中国现阶段的二元经济结构特征明显，中小银行应利用其比较优势进一步突出自己的特色，为地方的中小企业和"三农"服务，为改变二元经济结构作出贡献。

3. 宏观环境和市场结构是影响中小银行可持续发展的外部因素。宏观环境是中小银行生存和发展的基础；适度的市场竞争是中小银行形成比较优势的外部压力。美国较长时期的单一银行制和严格地域管制一定程度上为中小银行隔离了大银行的竞争威胁，中小银行在经济、制度、技术等宏观环境影响之下，奠定了以关系型贷款为核心的经营定位。美国银行业较为宽松的准入制度和完善的退出机制使中小银行能够较为充分地竞争，适度的市场竞争压力有利于中小银行关系型贷款的发展，为中小银行发挥比较优势提供了条件。中国中小银行的产生与发展同样受宏观环境的综合影响，根植于中国的经济、制度和文化土壤。中国银行业市场集中度在持续降低，对于增强中小银行的竞争意识和提高经营绩效有积极作用。适当放宽市场准入政策和逐步完善市场退出机制，将有利于银行业市场结构进一步优化。目前，中国农村地区的银行业市场集中度较高，加大金融市场竞争的力度，引入更多的农村中小银行业机构，将促进中小银行比较优势的发挥即促进关系型贷款的发展。

4. 经营模式和公司治理是中小银行比较优势形成的内因。中小银行客户对象以社区居民、农户和中小企业为主；经营地域集中在当地有限范围内是为了便于对当地软信息的收集和利用；服务产品以传统存贷业务为主，突出人性化和针对性服务，与客户建立紧密和稳定的关系。这些充分体现了中小银行经营模式的选择以关系型贷款为核心。中小银行组织结构简单、管理层次少，便于软信息的传导和使用；所有权集中的特点有利于对关系型贷款形成有效激励和监督，减轻代理成本。因此，中小银行比较优势的形成和发挥需要经营模式和公司治理的整体配合，采取适合中小银行比较优势发挥的同构形式才是可取的。

5. 良好的宏观环境、市场结构、经营模式和公司治理是中小银行可持续发展的充分条件。实证结果证明了这四种因素对中美中小银行的经营绩效均存在显著影响。因此，这四种因素是促进中国中小银行进一步发展的着力点。中国地方中小银行可持续发展有赖于进一步优化外部宏观环境，培育竞争型的银行市场结构，突出经营模式的特色定位，并构建激励相容的公司治理结构。

中美中小银行的比较研究是一个难度较大的选题，涉及的内容很多。限于时间关系和本人的研究水平，仍有一些工作需要作进一步的深入研究。例如，对中小银行比较优势的形成机制仍需继续研究；对中国中小银行发展的对策建议需要根据不同地域、不同机构类型作进一步的细分研究。

附　　录

作者发表的与本选题相关的学术论文

[1] Peng Jiangang, He Jing, Li Zhangfei, Yi Yu, Nicolas Groenewold. Regional Finance and Regional Disparities in China, *Journal of Australian Economic Papers*, 2010, 49（4）. 本文的 SSCI 入藏号：WOS：000285753500005.

[2] Bong – Soo Lee, Peng Jiangang, Li Guanzheng, He Jing. Regional Economic Disparity, Financial Disparity, and National Economic Growth：Evidence from China, *Journal of Review of Development Economics*, 2012, 16（2）. 本文的 SSCI 入藏号：WOS：000302864600011.

[3] 何婧、彭建刚、周鸿卫：《美国放松银行业地域管制与中小企业贷款》，载《财贸研究》（CSSCI 期刊），2011（2）。人大报刊复印资料《金融与保险》2011 年第 8 期全文收录。

[4] 彭建刚、何婧：《论民间金融与地方中小金融机构的对接》，载《内蒙古社会科学》（CSSCI 期刊），2008（2）。人大报刊复印资料《金融与保险》2008 年第 9 期全文收录.

[5] 何婧：《中小银行经营绩效影响因素的实证研究——基于中美数据的对比分析》，载《财经理论与实践》（CSSCI 期刊），已录用，将刊载于 2014 年第 1 期。

[6] 何婧：《民间金融的规范与发展：基于二元经济结构的视角》，载《海南金融》（中文核心期刊），2006（9）。

[7] 何婧、王修华：《发行两型社会建设市政债券的思路》，载《求索》（CSSCI 期刊），2011（5）。

[8] 王修华、贺小金、何婧：《村镇银行发展的制度约束及优化设计》，载《农业经济问题》（CSSCI 期刊），2010（8）。

[9] 彭建刚、王惠、何婧：《引导民间资本进入新型农村金融机构》，载《湖南大学学报》（社会科学版）（CSSCI 期刊），2008（3）。

参 考 文 献

［1］ 王去非、应千凡、焦琦斌、易振华：《美国中小银行"倒闭潮"的回顾与启示》，载《银行家》，2012（1）。

［2］ Dymski Gray A. . The Bank Merger Wave – The Economic Causes and Social Consequences of Financial Consolidation. ME. Sharp Inc，1999，2 – 37.

［3］ Gratton Heather. Regional and Other Midsize Banks. Recent Trends and Short – term Prospects. FDIC，http：//www. fdic. gov/bank/analytical/ future/，2004.

［4］ 周立、戴志敏：《中小商业银行竞争力与发展》，1 – 2 页，150 – 182 页，北京，中国社会科学出版社，2003。

［5］ 程惠霞：《中小银行生存与发展研究》，15 – 46 页，北京，中国经济出版社，2004。

［6］ 李炜：《论区域经济发展中中小金融机构的市场选择》，载《经济学动态》，2000（12）。

［7］ 林毅夫、李永军：《中小金融机构发展与中小企业融资》，载《经济研究》，2001（1）。

［8］ 赵平：《中国中小银行机构发展不足的制度性障碍》，载《现代经济探讨》，2004（4）。

［9］ 彭建刚：《中国地方中小金融机构发展研究》，北京，中国金融出版社，2010，4 – 79 页。

［10］ Diamond，D. W. . Financial Intermediation and Delegated Monitoring，*Review of Economic Studies*，1984，393 – 414.

［11］ Diamond，D. W. . Debt Maturity Structure and Liquidity Risk，*The Quarterly Journal of Economics*，1991，106（3）：709 – 737.

［12］ Ramakrishnan，R. T. S. ，Thakor，A. V. . Information Reliability and a Theory of Financial Intermediation，*Review of Economic Studies*，1984，51（3）：415 – 432.

［13］ Berger，A. N. ，Udell G. F. . Relationship Lending and Lines of Credit in Small Firm Finance，*Journal of Business*，1995，68（3）：351 – 382.

［14］ Berger，A. N. ，Udell，G. F. . Universal Banking and the Future of Small Business Lending，edited by A. Saunders and I. Walter，Financial system design：The case for universal banking，Burr Ridge IL，Irwin Publishing，1996，559 – 627.

［15］ Hauswald，R. ，Marquez，R. . Competition and Strategic Information Acquisition in Credit Markets，*Review of Financial Studies*，2006，19（3）：967 – 1000.

［16］ Cole，R. A. ，Goldberg，L. G. ，White，L. J. Cookie Cutter vs. Character：The Micro Structure of Small Business Lending by Large and Small Banks，*The Journal of Financial and*

Quantitative Analysis, 2004, 39 (2): 227 – 251.

[17] Berger, A. N., Miller, N. H., Petersen, M. A.. Does Function Follow Organizational Form? Evidence from the Lending Practices of Large and Small Banks, *Journal of Financial Economics*, 2005, 76: 237 – 269.

[18] Berger A. N., Udell G. F.. Small Business Credit Availability and Relationship Lending: The Importance of Bank Organizational Structure, *Economic Journal*, 2002, 112: 32 – 53.

[19] DeYoung, R., Spong, K., Sullivan, R. J.. Who's Minding the Store? Motivating and Monitoring Hired Managers at Small, Closely Held Commercial Banks, *Journal of Banking and Finance*, 2001, 25: 1209 – 1243.

[20] Brickley, J. A., Linck, J. S., Smith. C. W.. Boundaries of the Firm: Evidence from the Banking Industry, *Journal of Financial Economics*, 2003, 70 (3): 351 – 383.

[21] 张捷:《中小企业的关系型借贷与银行组织结构》,载《经济研究》,2002 (6)。

[22] 林毅夫、李永军:《中小金融机构发展与中小企业融资》,载《经济研究》,2001 (1)。

[23] 李志赟:《银行结构与中小企业融资》,载《经济研究》,2002 (2)。

[24] Ongena, S., Smith, D. C.. What Determines the Number of Bank Relationships? Cross Country Evidence, *Journal of Financial Intermediation*, 2000, 9 (1): 26 – 56.

[25] Petersen, M. A., Rajan, R. G.. Does Distance Still Matter? The Information Revolution in Small Business Lending. NBER. 2000, http://www.nber.org/papers/w7685.

[26] 殷孟波、翁舟杰:《关系型贷款和小银行优势论述评》,载《财贸经济》,2007 (6)。

[27] Cetorelli Nicola., Michele Gambera. Banking Market Structure, Financial Dependence and Growth: International Evidence from Industry Data, *Journal of Finance*, 2001 (2): 617 – 648.

[28] Rajan, Raghuram G., Zingales, Luigi. The Firm As A Dedicated Hierarchy: A Theory Of The Origins And Growth of Firms, *The Quarterly Journal of Economics*, 2001 (3): 805 – 851.

[29] Striroh K. J., Strahan, P. E.. Competitive Dynamics of Deregulation: Evidence From U. S. Banking, *Journal of Money*, *Credit and Banking*, 2003, (5): 801 – 828.

[30] Dick, A. A. Nationwide Branching and Its Impact on Market Structure, *Quality and Bank Performance of Business*. 2004, (2): 567 – 592.

[31] 季恒:《论中国银行市场结构重组的制度约束与改革设想》,载《金融论坛》,2003 (4)。

[32] 赵紫剑:《银行规模经济问题研究综述》,载《经济学动态》,2004 (10)。

[33] 宗良、朱汉江:《国际银行业并购的历史、现状和发展前景》,载《国际金融研究》,1999 (4)。

[34] 邱兆祥、范香梅:《中小银行地域多元化问题研究述评》,载《经济学动

态》，2009（6）。

[35] Frame, W. Scott, Kamerschen, David R.. The Profit – Structure Relationship in Legally Pro-tected Banking Markets Using Efficiency Measures, *Review of Industrial Organization*, 1997, （12）: 9 – 22.

[36] Boyd, J. H., Runkle, D. E.. Size and the Performance of Banking Firms: Testing the Pre-dictions of Theory, *Journal of Monetary Economics*, 1993, （31）: 47 – 67.

[37] Berger, A. N., Saunders, A., Scalise, J. M., Udell, G. F.. The Effects of Bank Merg-ers and Acquisitions on Small Business Lending, *Journal of Financial Economics*, 1998, 50: 187 – 229.

[38] Berger, A. N.. The Profit – Structure Relation in Banking: Test of Market Power and Efficient – Structure Hypothesis, *Journal of Money*, *Credit*, *and Banking*, 1995, （27）: 404 – 431.

[39] DeYoung Robert, Hasan Iftekhar, Kirchhoff Bruce. The Impact of out of – state Entry on the Efficiency of Local Banks, *Journal of Economics and Business*, 1998, （50）: 191 – 204.

[40] Berger Allen N. Hannan, Timothy H.. The Efficiency Cost of Market Power In The Banking Industry: A Test of The "Quiet Life" and Related Hypotheses, *The Review of Economics and Statistics*, 1998, （3）: 454 – 465.

[41] Petersen M. A., Rajan R. G.. The Benefits of Lending Relationships: Evidence from Small Business Data, *Journal of Finance*, 1994, （49）: 3 – 37.

[42] Petersen, M. A., Rajan, R. G., The Effect of Credit Market Competition on Lending Re-lationships, *The Quarterly Journal of Economics*. 1995, 110 （2）: 407 – 443.

[43] Yafeh, Y., Yosha, O.. Industrial Organization of Financial Systems and Strategic use of Relationship Banking, *European Finance Review*, 2001, 5 （1 – 2）: 63 – 78.

[44] Berger, A. N., Scott, F. W.. Small Business Credit Scoring and Credit Availability, *Jour-nal of Small Business Management*, 2007, 45 （1）: 5 – 22.

[45] Craig, Steven G., Hardee, Pauline. The Impact of Bank Consolidation on Small Business Credit Availability, *Journal of Banking & Finance*, 2007 （4）: 1237 – 1263.

[46] 李江：《中小企业关系型融资研究新进展》，载《经济学动态》，2009（8）。

[47] 于良春、鞠源：《垄断与竞争：中国银行业的改革和发展》，载《经济研究》，1999（8）。

[48] 袁鹰：《中国银行业市场结构效应分析——兼论其对中小商业银行市场定位的影响》，载《财经研究》，2000（12）。

[49] 李建国、曹昱：《商业银行利润的变迁与竞争力、组织形式转换》，载《上海金融》，2001（11）。

[50] 赵旭、蒋振声、周军民：《中国银行业市场结构与绩效实证研究》，载《金融研究》，2001（3）。

[51] 徐传谌、郑贵廷、齐树天：《中国商业银行规模经济问题与金融改革策略透析》，载

《经济研究》，2002（10）。

［52］高波、于良春：《中国银行业规模经济效应分析》，载《经济评论》，2003（1）。

［53］许庆明、应智明：《中国商业银行规模效率分析》，载《生产力研究》，2004（4）。

［54］陆益美：《银行结构与区域经济发展》，载《经济体制改革》，2005（1）。

［55］蔡卫星、曾诚：《市场竞争、产权改革与商业银行贷款行为转变》，载《金融研究》，2012（2）。

［56］Keeton Willianm，Harvey Jim，Willis Paul. The Role of Community Banks in the U. S. E-conomy，*Economic Review*，2003，（2）：15 – 43.

［57］Hoenig，Thomas M. . Maintaining Stability in a Changing Financial System：Some Lessons Relearnd Again，*Economic Review*，2008，（1）：5.

［58］Bassett，William F. ，Thomas Brady. The Economic Performance of Small Banks，1985 – 2000，*Federal Reserve Bulletin*，2001，（11）：719 – 728.

［59］Robertson Douglas D. A Markov View of Bank Consolidation：1960 – 2000，Office of the Comptroller of the Currency，*working paper*，2001，（4）.

［60］DeYoung Robert，Hunter William C. ，Udell G. F. . The Past，Present，and Probable Future for Community Banks，*Journal of Financial Services Research*，2004，（25，2 – 3）：85 – 133.

［61］Hein Scott E. ，Timothy W. Koch，Macdonald S. Scott. On the Uniqueness of Community Banks，*Economic Review*，2005，（1）：1 – 22.

［62］林毅夫、孙希芳：《银行业结构与经济增长》，载《经济研究》，2008（9）。

［63］王聪、邹朋飞：《中国商业银行效率结构与改革策略探讨》，载《金融研究》，2004（3）。

［64］孙秀峰、迟国泰、杨德：《基于参数法的中国商业银行规模经济研究与实证》，载《中国管理科学》，2005（4）。

［65］刘宗华、邹新月：《中国银行业的规模经济和范围经济——基于广义超越对数成本函数的检验》，载《数量经济技术经济研究》，2004（10）。

［66］李扬、杨思群：《中小企业融资与银行》，30 – 59 页，上海，上海财经大学出版社，2001。

［67］彭建刚、向实：《基于关系型信贷的中小金融机构与中小企业选择一致的理论诠释》，载《金融研究》，2007（6）。

［68］陈晞、叶宇：《2007—2009 年中小银行跨区域经营效率与影响因素分析》，载《金融理论与实践》，2011（7）。

［69］傅勇、邱兆祥、王修华：《中国中小银行经营绩效及其影响因素研究》，载《国际金融研究》，2011（12）。

［70］樊大志：《中小银行的特色化经营战略》，载《中国金融》，2011（20）。

［71］李扬：《金融全球化问题研究》，载《国际金融研究》，2002（7）。

[72] 陈小宪：《中小股份制银行公司业务的战略思考》，载《银行家》，2007（4）。

[73] 赵新军：《基于政治法域的中国中小银行发展问题研究》，载《求索》，2011（10）。

[74] Gurley, J. G.. Shaw, E. S.. Financial Aspects of Economic Development, *American Economic Review*, 1955, (45)：516 – 522.

[75] Goldsmith, R. W.. Financial Structure and Development, *New Haven：Yale University Press*, 1969, 52 – 89.

[76] King, R. G., Levine, R., Finance and Growth：Schumpeter Might Be Right, *Quarterly Journal of Economics*, 1993, (3)：717 – 737.

[77] Gurley, J. G., Shaw, E. S.. Money in a Theory of Finance, Washington DC：Brookings Institution, 1960, 42 – 68.

[78] 王曙光：《金融发展理论》，19 – 53 页，北京，中国发展出版社，2010。

[79] 张维迎：《博弈论与信息经济学》，5 – 25 页，上海，上海人民出版社，1996。

[80] Leland, H., Pyle, D.. Information Asymmetries, Financial Structure and Financial Intermediation, *The Journal of Finance*, 1977, 32：371 – 387.

[81] Allen Franklin. Santomero Anthony M.. The Theory of Financial Intermediation, *Journalof Banking and Finance*, 1998, (21)：1461 – 1485.

[82] Scholtens Bert., Wensveen Dick van. A Critique on the Theory of Financial Intermediation, *Journal of Banking and Finance*, 2000, (24)：1243 – 1251.

[83] Merton, R. C.. A Functional Perspective of Financial Intermediation, *Financial Management*, 1995, (2)：23 – 41.

[84] Eichberger, Jurgen. Harper, Ian R.. Financial Economics, Oxford：Oxford University Press, 1997, 89 – 100.

[85] Thomas, Christopher R. 等：《管理经济学》，232 – 242 页，北京，机械工业出版社，2010。

[86] Lawrence, C.. Banking Costs, Generalized Functional Forms, and Estimation of Economies of Scale and Scope, *Journal of Money, Credit and Banking*, 1989, (3)：368 – 379.

[87] Shaffer, S., David, E.. Economies of Superscale in Commercial Banking, *Applied Economics*, 1991, (23)：283 – 293.

[88] Berger, A., DeYoung, R.. The Effects of Geographic Expansion on Bank Efficiency, *Journal of Financial Services Research*, 2001, (2 – 3)：163 – 184.

[89] Engler Henry, Esinger James：《银行业的未来》，58 页，北京，中国金融出版社，2005。

[90] Cetorelli N., Hirtle, B., Morgan, D., Peristiani, S., Santos, J.. Trends in Financial Market Concentration and Their Implications for Market Stability, *Federal Reserve Bank of New York Economic Policy Review*, 2007, (13)：1 – 18.

[91] Berger A. N., Udell G. F.. Small Business Credit Availability and Relationship Lending：The

Importance of Bank Organizational Structure, *Economic Journal*, 2002, 112: 32 – 53.

[92] Sharpe, S. A.. Asymmetric Information, Bank Lending and Implicit Contracts: A Stylized Model of Customer Relationships, *Journal of Finance*, 1990, 45（4）: 1069 – 1087.

[93] Allen, A., Udell, G. F.. The Pricing of Retail Deposits: Concentration and Information, *Journal of Financial Intermediation*, 1991,（1）: 335 – 361.

[94] Cole, R. A.. The Importance of Relationships to the Availability of Credit, *Journal of Banking and Finance*, 1998, 22（6 – 8）: 959 – 977.

[95] Berger, A. N., Klapper, L. F. Udell, G. F.. The Ability of Banks to Lend to Informationally Opaque Small Businesses, *Journal of Banking and Finance*, 2001, 25: 2127 – 2167.

[96] Elsas, R.. Empirical Determinants of Relationship Lending, *Journal of Financial Intermediation*, 2005, 14（1）: 32 – 57.

[97] Stein, J. C.. Information Production and Capital Allocation: Decentralized Versus Hierarchical Firms, *The Journal of Finance*, 2002, 57: 1891 – 1921.

[98] Stiglitz, J. E.. Reforming the Global Financial structure: Lessons from Recent Crises, *Journal of Finance*, 1999,（4）: 1508 – 1522.

[99] Macey, J. and M. O' Hara. . The Corporate Governance of Banks, *Federal reserve Bank of New York*, *Economic Policy Review*, 2001,（1）: 1 – 15.

[100] Williamson, O.. Corporate Finance and Corporate Governance, *Journal of Finance*, 1988,（43）: 567 – 591.

[101] Berger, Allen N., Demsetz, Rebecca S., Strahan, Philip E.. The Consolidation of the Financial Services Industry: Causes, Consequences, and Implications for the future, *Journal of Banking & Finance*, 1999, 23（2 – 4）: 135 – 194.

[102] Bain Joe S. . Industrial Organazation, New York: Wiley, 1968, 66 – 70.

[103] Stigler George J. . The Organization of Industry, Homewood IL: Richard D. Irwin, 1968, 65 – 67.

[104] 魏华:《中国商业银行公司治理研究》, 15 – 60 页, 北京, 经济科学出版社, 2010。

[105] 鲁丹、肖华荣:《银行市场竞争结构、信息生产和中小企业融资》, 载《金融研究》, 2008（5）。

[106] 周鸿卫、文慧:《基于小银行优势影响因素的中国社区银行改造研究》, 载《上海金融》, 2011（6）。

[107] DeYoung Robert, Hunter William C., Udell G. F.. The Past, Present, and Probable Future for Community Banks, *Journal of Financial Services Research*, 2004,（25, 2 – 3）: 85 – 133.

[108] 巴曙松:《活跃的美国社区金融》, 载《银行家》, 2002（9）。

[109] Bong – Soo Lee, Peng Jiangang, Li Guanzheng, He Jing. Regional Economic Disparity, Financial Disparity, and National Economic Growth: Evidence from China, *Journal of Review of*

Development Economics，2012，16（2）：342－358.

［110］Peng Jiangang，He Jing，Li Zhangfei，Yi Yu，Nicolas Groenewold. Regional Finance and Regional Disparity in China，*Australian Economic Papers*，2010，49（4）：301－322.

［111］白钦先、马东海、刘刚：《中国中小商业银行发展模式研究》，180－221页，北京，中国金融出版社，2010。

［112］Black，Sandra E.，Strahan，Philip E.. Entrepreneurship and Bank Credit Availability，*Journal of Finance*，2002，（6）：2807－2833.

［113］Pilloff，Steven J.. Bank Merger Activity in the United States1994－2003. Staff Studies 176，Board of Governors of the Federal Reserve System（U. S.），2004，downloaded at http：// www. federalreserve. gov/pubs/staffstudies/ 2000 － present/176sum. htm.

［114］Hancock，Diana，and James A. Wilcox. The "Credit Crunch" and the Availability of Credit to Small Business，*Journal of Banking and Finance*，1998，（22）：983－1014.

［115］本·伯南克、石弦：《美国社区银行及其监管》，载《银行家》，2006（5）。

［116］辛子波：《银行监管体系的国际比较》，北京，中国财政经济出版社，2008，65页。

［117］邹力行：《金融帝国——美国的发展与启示》，1－48页，长沙，湖南大学出版社，2009。

［118］Barr，Michael S.. Credit Where It Counts：The Community Reinvestment Act and Its Critics，*New York University Law Review*，2005，（80）：513－652.

［119］DeYoung Robert，Hunter William C.，Udell G. F.. Whither the Community Bank? Relationship Finance in the Information Age，*Chicago Fed Letter*，*Federal Reserve Bank of Chicago*，2002，178：1－4.

［120］白钦先、郭翠荣：《各国金融体制比较》，北京，中国金融出版社，2001。

［121］王婧：《后危机时代中国银行业发展变革研究》，载《中国证券期货》，2012（6）。

［122］中国农业银行山东省分行课题组：《经济结构战略性调整与商业银行经营对策研究》，载《农村金融研究》，2012（4）。

［123］郑新立：《运用科技力量推动发展方式转变》，载《经济日报》，2010－03－15。

［124］王曙光：《金融发展理论》，257－290页，北京，中国发展出版社，2010。

［125］Allen Franklin，Qian Jun，Aian Meijun. Law，Institutions，Finance，and Economic Growth in China，*Journal of Financial Economics*，2005，（77）：57－160.

［126］刘煜辉：《中国地区金融生态环境评价（2006—2007）》，北京，中国金融出版社，2007。

［127］Rose，Peter S.，Hudgins，Sylvia C.：《商业银行管理》，17页，北京，机械工业出版社，2011。

［128］杨琨、韩蓓：《加拿大银行业的高集中度与金融稳定》，载《中国金融》，2012（5）。

［129］Buckle，Mike，Thompson John. the UK Financial Systern－Theory and Practice（3 ed.），Manchester：Manchester Uni. Press，l998，53－54.

[130] 吴庆、高宇辉:《对广州市银行业市场集中度的调查与分析》,载《调查研究报告》,2004（91）。

[131] 黄隽、李慧、徐俊杰:《美国银行业市场结构分析》,载《国际金融研究》,2010（7）。

[132] 吴庆:《1980 年以来美国银行业结构的变迁》,载《调查研究报告》,2002（122）。

[133] Boot, A. W. A., Thakor, A. V.. Can Relationship Banking Survive Competition? *Journal of Finance*, 2000, 55（2）: 679 – 713.

[134] Hauswald, R., Marquez, R.. Competition and Strategic Information Acquisition in Credit Markets, *Review of Financial Studies*, 2006, 19（3）: 967 – 1000.

[135] 程惠霞:《中小金融机构可持续发展与金融生态》,北京,北京师范大学出版社,2009。

[136] 何婧、彭建刚、周鸿卫:《美国放松银行地域管制与中小企业贷款》,载《财贸研究》,2011（2）。

[137] 赵世勇、香伶:《美国社区银行的优势与绩效》,载《经济学动态》,2010（6）。

[138] Kolari James E.. Assessing the Profitability and Riskiness of Small Business Lenders in the Banking Industry, *Proceedings*, *Federal Reserve Bank of Chicago*, 2003,（5）: 184 – 199.

[139] Johnson Christian, Rice Tara.. Assessing a Decade of Interstate Bank Branching, *Washington and Lee Law Review*, 2008,（65）: 73 – 127.

[140] 刘春航:《美国社区银行的经营模式及启示》,载《中国金融》,2012,（14）。

[141] 孙章伟:《美国社区银行的最新发展和危机中的财务表现》,载《新金融》,2009。

[142] 熊利平:《解析美国社区银行经营模式》,载《金融与经济》,2006（6）。

[143] 中国人民银行沈阳分行课题组、王顺:《城商行跨区经营的再思考》,载《中国金融》,2012（7）。

[144] 中国银行业协会:《中国银行业发展报告 2010 – 2011》,271 – 299 页,北京,中国金融出版社,2011。

[145] 王家强:《亚太地区商业银行收入结构:特征、成因及其前景——基于全球视角的比较分析》,载《国际金融研究》,2007（7）。

[146] DeYoung, R., P. Driscoll and A. Fried. Corporate Governance at Community Banks: A Seventh District Analysis, Federal Reserve Bank of Chicago, in Chicago Fed Letter. 2005.

[147] Myers, J. and F. Padget. Corporate Governance—Where Do Tenth District Community Banks Stand, *Financial Industry Perspectives*, 2004,（4）: 39 – 56.

[148] 彭建刚:《商业银行经济资本管理研究》,25 – 56 页,北京,中国金融出版社,2011。

[149] 彭建刚:《商业银行管理学（第二版）》,1 – 18 页,北京,中国金融出版社,2011。

[150] 傅勇:《比较优势、市场定位与中国中小金融机构发展战略研究》,载《金融研究》,2011（12）。

［151］中国银行家协会、普华永道：《中国银行家调查报告》，北京，中国金融出版社，2011。

［152］彭建刚、何婧：《论民间金融与地方中小金融机构的对接》，载《内蒙古社会科学》，2008（2）。

后　　记

　　本书是在我的博士学位论文基础上修改完成的。在本书即将出版之际，回首写作的过程和求学的岁月，心中倍感充实，也感慨良多。

　　首先谨以最诚挚的敬意感谢我的导师彭建刚教授。从硕士到博士，我师从彭教授多年，导师始终对我悉心指导，关怀有加。导师的谆谆教导和严格训练培养了我的学术研究能力，参与导师的课题研究和国际学术合作给予了我学习锻炼的机会。正是在他的带领下，我进入了中小金融机构的研究领域，开始对中小银行机构的发展问题产生了研究兴趣并进行了认真的思索。论文在导师的悉心指导下完成，在论文的选题、写作和修改定稿过程中，导师付出了很多宝贵时间和心血汗水。导师以严谨的治学之道、深厚的专业功底、孜孜不倦的工作态度，为我树立了一辈子学习的典范。他的言传身教和鼓励鞭策使我受益匪浅，也将激励我在今后的工作和科研道路上勤勉奋进。

　　在此还要向湖南大学研究生院、金融与统计学院的领导和老师们致以诚挚的感谢，感谢他们对我的培养和教育。感谢我的师兄弟姐妹和同学朋友们，与他们的交流探讨使我受益颇多，本书的完成也得到了他们许多的帮助与鼓励。所有的关怀与帮助，我都铭记在心。感谢我的家人，家人的理解和支持使我能够顺利完成本书，家庭的温暖永远是我前行的动力。

　　感谢中国金融出版社，感谢王效端主任和张超编辑及其他工作人员为本书的出版所付出的辛勤劳动。由于本人时间和水平有限，书中难免有不足之处，望读者批评指正。在研究中小银行发展的过程中，本人深感这一问题的现实意义和重要性，也将在以后进一步深入研究。

何　婧

2013 年 10 月于岳麓山下

金融博士论丛